Bänkelsang

Bänkelsang

Texte – Bilder – Kommentare

HERAUSGEGEBEN VON
WOLFGANG BRAUNGART

PHILIPP RECLAM JUN. STUTTGART

Universal-Bibliothek Nr. 8041 [5]
Alle Rechte vorbehalten. © 1985 Philipp Reclam jun., Stuttgart
Gesamtherstellung: Reclam, Ditzingen. Printed in Germany 1985
ISBN 3-15-008041-X (kart.)   ISBN 3-15-028041-9 (geb.)

Inhalt

Vorbemerkung

Der Bänkelsang ist eine Kunstform des Jahrmarkts. Er vereint Text, Bild und Musik: ein populäres Gesamtkunstwerk. Trotzdem bietet die vorliegende Sammlung mit einer gewissen Berechtigung vor allem *Texte*. Denn man muß in den Heftchen der Bänkelsänger auch populäre *Lese*stoffe sehen. Daß sich im nachhinein nur noch für einige Drucke aus der Spätzeit des Bänkelsangs mit Gewißheit sagen läßt, ob, was sie erzählen, auch tatsächlich singend und zeigend vorgestellt wurde, braucht deshalb kaum ein Problem zu sein. Zudem waren die Bänkelsänger ja eigentlich Kolporteure, Heftchenkrämer. Vom *Verkauf* ihrer Billigdrucke lebten sie. Und verkauft wurde gewiß nicht bloß, was zuvor vom Bänkel – jener namengebenden kleinen Bank – herab vorgetragen wurde.
Wenn also aus den genannten Gründen in dieser Sammlung gedruckte Zeugnisse vom audiovisuellen Medium ›Bänkelsang‹ dominieren, so sollen doch zahlreiche Abbildungen und einige in den Kommentaren zu findende Notenbeispiele auch das Gesamtphänomen anschaulich werden lassen.
In den Kommentaren und im Nachwort wird auch versucht, Beziehungen zwischen Hochliteratur und populärer Literatur zu zeigen – durchaus in kritischer Absicht: sich mit Massenlesestoffen zu befassen darf nicht heißen, das Wertungsproblem einfach zu suspendieren. Im übrigen bedeutet Kritik an solcher Literatur noch lange nicht, die Bedürfnisse ihrer Leser zu diskriminieren.

Zur Textauswahl: Dokumentiert wird hier allein der *historische Bänkelsang*, der Bänkelsang der Straße. Es wurden also keine historisch-politischen Bänkellieder (Karl Riha hat für sie den Ausdruck ›Bänkelsong‹ geprägt), keine literarischen Adaptionen à la Wedekinds *Brigitte B.* oder Brechts *Apfelböck* und auch keine der berühmt-berüchtigten Küchenlieder[1] aufgenommen.

1 Die Küchenlieder, immer wieder zum Bänkelsang gerechnet, machen ein

Die Sammlung umfaßt Beispiele vom frühen Bänkelsang bis zu dem des 20. Jahrhunderts. Beabsichtigt war, möglichst viele noch nicht veröffentlichte Texte zu berücksichtigen. Obwohl auf stofflich-thematische Vielfalt geachtet wurde, ergab es sich ganz von selbst, daß die Schilderungen ›schauderhafter Mordthaten‹ überwiegen, denn die wurden von den Texten ja auch wirklich bevorzugt aufgegriffen.

Wenngleich der Bänkelsänger auf den Marktplätzen ganz Europas zu Hause war[2], beschränkt sich diese Anthologie auf *deutschsprachige* Texte. Unterschiede zwischen einzelnen Ländern können mit den Abbildungen von zwei niederländischen Bänkelsängertafeln nur angedeutet werden (s. Abb. 16 und 17).

Anordnung und Wiedergabe der Texte: Statt der üblichen Gruppierung nach Themen, Stoffen, Motiven, wurde hier versucht, chronologisch zu ordnen, um so Umrisse einer Geschichte des Bänkelsangs entstehen zu lassen: seine zunehmende Professionalisierung und Kommerzialisierung, seine stofflichen und motivischen Veränderungen, auch ›Säkularisierungstendenzen‹. Natürlich war die Datierung (vor allem bei den späten Texten) oft nur grob möglich. Auf den Titelblättern angegebene Daten (wann dieser Mord oder jene Überschwemmung sich ereignet haben soll) werden allerdings im Regelfall kaum sehr vom eigentlichen Erscheinungsdatum abweichen, eher vom Datum des tatsächlichen Vorfalls. Als frühe Sensationspresse liegt dem Bänkelsang an Aktualität; da verlegt er eine Geschichte schon einmal in seine Gegenwart, um den Text ›aktuell‹ zu halten (vgl. etwa die Texte S. 72, 87 und 136).

nicht ganz leicht zu beurteilendes populäres Genre aus. Vgl. die Kontroverse zwischen Schenda und Fügen: Hans Norbert Fügen, »Triviallyrik – Küchenlieder«, in: *Kölner Zeitschrift für Soziologie und Sozialpsychologie* 21 (1969) S. 106–122; Rudolf Schenda, »Noch einmal: Triviallyrik – Küchenlieder«, ebd., 22 (1970) S. 129–134; Hans Norbert Fügen, »Antwort auf die Kritik von Schenda«, ebd., 22 (1970) S. 135–139.

2 Vgl. etwa die Arbeiten von Hirdt und von Rudolf Schenda, »Der italienische Bänkelsang heute«, in: *Zeitschrift für Volkskunde* 63 (1967) S. 17–39.

Alle Texte werden vollständig abgedruckt, d. h. – soweit vorhanden – mit Prosa- *und* Liedteil. Sie bleiben in Orthographie und Interpunktion unverändert. Allein offenkundige Druckfehler wurden stillschweigend korrigiert, auch wenn es im Einzelfall nicht immer ganz leicht war, zwischen orthographischen Eigenheiten und Druckfehlern zu unterscheiden. Nun geben zwar gerade die zahlreichen Druckfehler einen Eindruck von der hastigen und möglichst billigen Produktion dieser Literatur. Jeden Druckfehler zu vermerken hätte jedoch den Anmerkungsapparat zu stark belastet, Hinweise direkt im Text hätten die Lesbarkeit empfindlich gestört. So muß es genügen, an dieser Stelle nachdrücklich auf die reichlichen Druckfehler in den Originalen hinzuweisen. Das gewählte Verfahren mag überdies damit entschuldigt sein, daß im Neusatz Antiqua verwendet wird, während die Originale in Fraktur gesetzt sind. Freilich würde ein photomechanisches Reproduktionsverfahren am ehesten eine authentische Vorstellung von den Heftchen vermitteln, doch ginge das dann ebenfalls oft auf Kosten der Lesbarkeit: Einige Texte waren schon im Original sehr blaß, andere hätte man stark verkleinern müssen. Wo immer es von Bedeutung oder Interesse ist, werden jedoch die Titelseiten der Texte reproduziert. Nicht berücksichtigt wird die ursprüngliche Seitenzählung der Texte.

Ausführlichere Erläuterungen finden sich im Kommentar, kurze Wort- und Sacherklärungen in den Fußnoten. Dabei werden auch, soweit das nicht schon aus den Texten selbst hervorgeht, Angaben zur geographischen Lage kleinerer Ortschaften gemacht. Schließlich kann es aufschlußreich sein, den Aktionsradius eines Verbrechers zu kennen.

Texte

Wohl-verdientes

End-Urtheil

Einer

Ledigen Manns-Persohn Nahmens

Andre N.

Von Hannsacker bey Regenspurg gebürtig / Catholischer Religion und bey 33. Jahr alt / seiner Profession ein Kellner;

Um weilen derselbe mit dem vor 3. Tägen durch den Strang hingerichten Friderich H. und noch mehr anderen Diebs-Cammeraden unterschiedliche und zum Theil sehr übel qualificirte Dieb-Stähle gethan und ausüben helffen / als unter anderen er Andre N. den 14ten Novembr. 1730. von 3. Billiarden die Tücher ausgeschnitten / und also 149. Fl.[1] Schaden verursachet / so dann den 24ten dito darauf auf der Land-Strassen mittels gewalthätiger Einbrechung an Zinn / Kleydung / Bett-Gewand / etc. 69. Fl. 6. Kr.[2] werth entfrembden geholffen / wie nicht weniger den 4ten Tag darauf in der Leopoldstadt[3] an der Donau einen sichern Wildprät-Handler mittels ebenmässiger Einbrechung an Geld / und Gelds werth 236. Fl. 21. Kr. entfrembden geholffen; dann wiederum 2. Täg vor Weyhnachten obigen Jahrs ausser den Maria-Hülff-Linien[4] verschiedene Geflügelwerck und 60. Stuck Zeller-Wurtzen[5] (so zusammen auf 4. Fl. 37. Kr. taxirt / jedoch ihnen Thättern nachgesehen worden) entfrembdet.

1 Florin (Gulden).
2 Kreuzer.
3 Wiens »vornehmste Vorstadt« (Zedlers *Großes vollständiges Universal-Lexikon aller Wissenschaften und Künste*, Bd. 56, Halle/Leipzig 1748, Sp. 86).
4 *Maria Hülf*. Kirche in der Wiener Vorstadt »Leimgrube«; *Maria-Hülf-Linien* demnach Begrenzungen, Befestigungen des Stadtteils, in dem die Kirche liegt (ebd., Sp. 97).
5 Sellerie; galt als Aphrodisiakum und als Mittel zur Abwehr von Hexen.

Als wird derselbe anderen zum Beyspiel heut Freytag den
14. Januarij 1735. auf dem Wienner-Berg mit dem Strang
vom Leben zum Todt hingerichtet werden.

Gedruckt bey Johann Bapt. Schilgen / N. O. Landschafts-
Buchdr.

Der Innhalt des Verbrechen ist in
Nachfolgenden zu vernehmen.

1.

O Abschieds-Tag! O strenger Tag! bist du nunmehr
vorhanden /
Der mich erlôset meiner Plag / aus schwåren Ketten und
Banden /
O Tag der mir zu Leyd und Freud anheut ist
aufgegangen /
Darum will ich heut seyn bereit den Himmel zu erlangen.

2.

Das Scheiden fallet zwar gar schwår bey frisch-gesunden
Tagen /
Doch ists zu spath es hilfft nichts mehr / muß es von selbsten
sagen.
Das Sprich-Wort lautet: vor gethan und nacher erst
betrachten /
Ist gar Vielen der Untergang drum soll mans beobachten.

3.

Wann man vergessen thut auf GOtt auf Geistliches
Ermahnen /
Dann stûrtzet Er auch in die Noth thut nur mit Straff
belohnen /
Er thut zu sehen lange Zeit / thut nicht den Sûnder tôdten /
Er will ihn fûhren in die Freud und von der Hôll erretten.

4.

Diß alles wuste ich gar wohl der da anheut muß hangen /
Doch war ich ståts der Sůnden voll / kein Besserung thåt
anfangen /
Kein Beicht / kein Buß thåt achten ich / thåt ståts in Laster
schweben /
Ob dieses schon jetzt reuet mich kost es heut doch mein
Leben.

5.

Hått ich gefolgt der Geistlichkeit / der Predig / guten Lehren /
Dôrffte ich von der Obrigkeit das Urtheil nicht anhôren /
Dann jene will nur wahre Buß und Besserung des Leben /
Warum ich aber sterben muß will ich die Ursach geben.

6.

Vor dreyen Tågen thåt man seh'n mein Cammeraden
sterben /
Weil ich ein gleiches thåt begeh'n muß ich den Galg'n auch
erben /
Ich wurd Catholisch gut gebohr'n / thåt doch in Laster
leben /
All Wahrnung war bey mir verlohr'n / hab mich dem
Stehl'n ergeben.

7.

Die Cameraden lehreten mich auf Billiarden spiellen /
Doch nebst dem Spielen gleichfals ich thåt nur aufs Spiel-tuch
ziehlen /
Beym rothen Hahn kennt man mich wohl weg'n 69.
Gulden /
Darum ich heute gleichfalls soll bezahlen gleiche Schulden.

8.

Von der Leopoldstadt hab ich auch mein Theil richtig
bekommen /
Ich håtte auch nach Diebs-Gebrauch nicht weniger
angenommen /

17

Doch ist die Cassa jetzt zu schwach diß alles zu bezahlen /
Auch der Credit last zimlich nach bin banquerot gefallen.

9.

Letztlich hab ich mich auch so weit im Diebes-Weeg
vergangen /
Daß ich so gar mit Kleinigkeit / und Eß-Waar thåt anfangen /
Hab weder Arm noch Reich verschon't wolt ståts von
jeden erben /
Darum werd ich auch heut belohn't / daß ich muß
schåndlich sterben.

10.

Wåsch und Kleydung ich / mich thåt theilhafftig machen /
Vergreiffen thåt ich mehrers mich an Geld und andern
Sachen /
Diß Blatt ist heut schon viel zu klein all Dieb-Ståhl zu
beschreiben /
Welch Orthen ich gebrochen ein / was grosse Diebereyen.

11.

Gantz kůrtzlich will ermahnen all so gleiche Laster ůben /
Damit euch nicht der Todtes-fall wie mich heut mòcht
betrůben /
Mit Kleinen thut anfangen nicht das Grosse doch
betrachtet /
Sonst werdet ihr auch durch das G'richt zu Schand und
Spott gemachet.

12.

Nun JESU in die Wunden dein thue ich mich heut befehlen /
Thue mich in selbe schliessen ein / sey gnådig meiner Seelen /
Laß mein Seel durch dein Creutzes Stamm im Himmel bey
dir Oben /
Dich und auch deinen hòchsten Nahm in Ewigkeit dort
loben.

13.

Maria liebste Mutter mein thue mich heut nicht verlassen /
Laß mich dir doch befohlen seyn weil ich reiß Todtes-
Strassen /
Auch Magdalena steh mir bey mit dein Bereuungs-
Thrånen /
Damit ich heut noch bey dir sey / mich mòcht glückseelig
nennen.

ENDE.

Eine wahrhafte

Begebenheit,

welche sich in der Stadt Rentzburg zugegen, daß ein gottloser Sohn seine Mutter im Backofen stecken und verbrennen wollen; wie er hierauf gefänglich eingezogen, und zum Schwert verurtheilet worden.

Zweytens:
Ein erstaunendes und

Schreckliches Wunder,

welches sich den 14ten Februar. 1747. über der türckischen Residentz Constantinopel in der Lufft hat sehen lassen, und von sehr vielen Menschen gesehen und bewundert worden.

Drittens:
Von dem frühzeitigen und erschröcklichen

Donner = Wetter,

welches sich zu Lion in Franckreich den 26ten May 1747. zu Mittage zugetragen, und welches gantz erbärmlich anzuhören gewesen; sintemalen Blitz, Schlag und Knall dermassen erschräcklich gewesen, daß erstaunend viele Menschen zur Erden gefallen, und auf etliche hundert Häuser abgebrannt, und grosser Schade geschehen ist.

Gedruckt 1747.

Eine wahrhafte

Begebenheit,

welche sich in der Stadt Rentzburg zuge[tra]gen, daß ein gottloser Sohn seine Mutter im Backofen stecken und verbrennen
wollen; wie er hierauf gefånglich eingezogen, und zum
Schwert verurtheilet worden.

Zweytens:
Ein erstaunendes und

Schreckliches Wunder,

welches sich den 14ten Februar. 1747. über der türckischen
Residentz Constantinopel in der Lufft hat sehen lassen, und
von sehr vielen Menschen gesehen und
bewundert worden.

Drittens:
Von dem frühzeitigen und erschröcklichen

Donner-Wetter,

welches sich zu Lion in Franckreich den 26ten May 1747. zu
Mittage zugetragen, und welches gantz erbårmlich anzuhören gewesen; sintemalen Blitz, Schlag und Knall dermassen
erschråcklich gewesen, daß erstaunend viele Menschen zur
Erden gefallen, und auf etliche hundert Håuser abgebrannt, und grosser Schade geschehen ist.

Gedruckt 1 7 4 7.

Ein denkwürdiges Exempel der göttlichen gerechten Vorsehung und der Rache, die denen unbußfertigen Sündern allzeit nacheilet, schreibt der selige Hr. Magister Scriver[1], also hat es sich auch vor kurzer Zeit zu Rensburg[2] zugetragen: Es wohnete daselbst in der Vorstadt unter des Raths Gebiete eine Witwe, welche sich mit Backen und Grützmachen ernährte, diese hatte einen einigen Sohn, welches sie von Kindesbeinen an mit grosser Nachlässigkeit hatte erzogen. Es muste das einzige Söhnlein allen Willen haben, niemand muste es sauer ansehen, es ward seines Taufbundes und seiner Kindespflicht, welche es nach dem vierdten Gebot, seiner Mutter schuldig war, gar nicht, oder doch mit keinem gebührenden Ernst erinnert, also verwilderte die Pflantze, und da die Mutter meinte einen Weinstock zu haben, von dem sie wolte Trauben lesen, so fand sie einen Dornenstrauch, der nichts als stechen, kratzen und reissen konte. Als er herangewachsen, wollte er stets bey guter Gesellschafft seyn, und solte die gute Mutter immer Geld zum Sauffen und Spielen geben, wenn sie sich dessen weigerte, dräuete er sie zu schlagen, schalt sie mit bösen Worten, und schwur, er wolte sie ums Leben bringen. Als nun einmahl die Mutter den Ofen zum Backen heiß machen, das Feuer aber nicht recht angehen will, kreucht sie hinein, und bläset zu, der Sohn, der vom Teufel angetrieben, stehet an der Thür des Backhauses, so bald er siehet, daß die Mutter in den Ofen ist, gehet er hinzu, vermachet[3] den Ofen mit vielen Stützen, dräuet dabey mit vielen Fluchen und Schwehren, er wolle die Alte verbrennen, indessen beginnet das Feuer ziemlich zu brennen, welches dis arme Weib so gut sie kan von einander wirft, dabey aber vom Rauch ersticken muß, sie redet dem gottlosen Sohn beweglichst zu, hält ihm vor, daß er ja ihr Kind sey, daß sie ihn unter ihren Hertzen getragen, mit ihren Brüsten gesäuget, erbeut[4] sich dabey, sie

1 Christian Scriver (geb. 1629 in Rendsburg, gest. 1693 in Quedlinburg); protestantischer Pfarrer und bedeutender Erbauungsschriftsteller.
2 Rendsburg.
3 versperrt.
4 bietet an.

wolle ihm alles geben, was er begehre, er solte doch an seiner leiblichen Mutter kein Mörder werden. Aber alles umsonst, den gottlosen Menschen saß der Mordgeist in den Ohren und Hertzen, daß er also seiner Mutter ängstlich Flehen sich nicht bewegen ließ, sondern das Backhaus zumachte, und davon eilete: Es schickte aber GOtt, daß eine Frau aus der Nachbarschafft eben ins Hauß kam, und als sie sich dem Backhause näherte und das Winseln und Zetergeschrey hörete, fragte sie dem Sohn, wo seine Mutter wäre! Der antwortete ihr nichts, sondern gehet fort; die Frau eilet zum Ofen, wirft alles, womit er vermacht, weg, und bringet die halb-todte Mutter heraus, welche, als sie erquicket worden, den ganzen Handel erzehlet, auch bald nachher in die Stadt zu dem Richter (welcher damals mein Groß-Vater von MütterlicherSeiten war) gehet, und den bösen Menschen als einen ungehorsamen Sohn und Mutter-Mörder selbst anklaget, er wird bald gefangen und in wenig Tagen, nach eingeholten Rath der Rechts-Gelehrten, zum Schwert verurtheilet, die Mutter bezeugte sich hiebey sehr getrost, sonderlich weil der Sohn durch der Prediger Zureden gewonnen, grosse Reue über seine Bosheit spühren ließ; So ließ sie den Sand, welcher das Blut auffangen solte, auf den Marckt führen, kaufte ein roth Tuch darauf er knien solte, bestellete seinen Sarg, Todtengeräthe und Leichbegängniß. Der Missethäter als er für Gericht stehet, sein End-Urtheil zu empfahen, bezeuget grosses Leyd über seine Gottlosigkeit mit vielen Thränen, bittet heftig um sein Leben, und erbeut sich mit einem Schiff in Indien zu gehen, daß weder seine Mutter noch sonst jemand in seiner Vater-Stadt nichts mehr von ihm hören solte, das häuffig umstehende Volck und sonderlich die Frauen und Jungfrauen, werden zum Mitleiden bewegt, fahen an mit ihm zu weinen, und weil dorten die Bürgerschafft das End-Urtheil schöpfen muß, bewegen sie die Männer, daß ihm das Leben geschenket wird, doch mit dem Zusatz, daß er, seinem Versprechen nach, nimmermehr sich seiner Vater-stadt nähren solte. Die Mutter betrübet sich hierüber hertzlich und spricht: Sie sehe, daß ihn der gerechte GOtt eines so guten Todes nicht werth achte.

Der Sohn machet sich davon, und bleibet 7. Jahr aussen, daß man von ihm nichts gewust, nach Verfliessung derselben findet er sich in der Nähe wieder, und weil er viel Diebstal begangen, und über das Schwein-Stehlen in der Stadt-Gebiet ergriffen worden, geräth er abermahl in der Obrigkeit Hände, und wird an den Galgen gehenkt, da denn die Mutter nie aus ihres Hauses Hinter-Thür sehen können, daß ihr nicht wäre das traurige Bild zu Gesichte kommen. Und dis war zweiffelsfrey die göttliche Straffe wegen der üblen Erziehung dieses ihres Sohnes, und dieser muste mit seinen Exempel lehren, daß kein unbußfertiger böser Mensch dem göttlichen Gericht entlauffen kan.

Das Zweyte.[5]

O frecher Flucher, spiegle dich, schwör künftig nicht so liederlich, sonst möchte dich des Höchsten Grimm, zerschlagen mit der Donner-Stimm

Ach fleuch zu JEsu Wunden zu, und suche darin deine Ruh, thu Busse, bete, lebe rein, so wird dein Ende selig seyn.

Betrachte dis Exempel an, was kürtzlich hier ein Mensch gethan, dem seine Mutter hat verführt, zu thun, was sich doch nicht gebührt.

Sie sprach: mein Sohn, ach schwere nur, ist gleich gantz ungerecht dein Schwur, so wird die That nicht offenbahr, sie wird nicht vor der Sonnen klar.

Die Mutter stirbt hierauf so fort, allein sie kommt aus ihrem Ort, sie kan nicht in dem Grabe ruhn, sie sagt den Sohn sein böses Thun.

Sie sagt zwar: ich bin Schuld daran, daß mein Sohn ein'n falschen Eyd gethan, ach Gott sey doch gnädig mir, und straf nicht dorten sondern hier.

Der Sohn wird vors Gericht citirt, da man ihn nun so über-

5 Das Titelblatt kündigt zwar nur drei Texte an, das Lied zum ersten Text wird dann aber doch separat gezählt.

führt, so sinckt und fält er todt dahin, und liegt vor GOttes Zorn und Grimm.

Ach Menschen, ach seht doch zurück, last euch des Satans List und Tück, durch Bosheit nicht zur Höllen ziehn, ach thut zu JESU Wunden fliehn.

Das Dritte.

ACh GOtt wie schrecklich Wunder groß, hört man jetzund auf Erden, von erschrecklichen Zeichen groß, ach GOtt, was wil daraus werden: Es hilft keine Straf noch Warnung mehr, es geschehn Zeichen nah und fern, niemand wil sich dran kehren.

Ein Engel sich im Lüften fand, seine Hände er kläglich wunde, o Weh! o Weh! Türkeyer-Land! GOtt wird dich straffen geschwinde, mit Krieg, Pestilentz und theurer Zeit, wie schon vor längsten prophezeit, das wird gewiß geschehen.

Der grosse Muffel[6] in der Stadt, thât bey Seragli[7] laufen, mit grossen Pomp und grosser Pracht und konte doch kaum schnaufen, die Bassen[8] und auch die Sophiâ[9], die thâten fallen alle hie, und wolten fleißig beten.

Es war gantz finster Tag und Nacht, bis an den andern Morgen, eine Hand mit einem Schwerdt man sah, ein Volk mit grossen Sorgen, eine Stimm man hört über der Stadt, ach Weh, ach! Weh, von Sünd absteht, sonst müsst ihr all verderben.

6 Mufti, islamischer Rechtsgelehrter.
7 Serail, Palast des Sultans.
8 Veraltete Form für ›Pascha‹; hohen Beamten und Offizieren verliehener Titel.
9 Hier vermutlich »ein Titel, welcher den Königen in Persien gegeben wird. [...] Es zeiget aber dieses Wort den ersten König derjenigen Familie an, aus welcher die heutigen Könige abstammen. Es hat nehmlich der erste Urheber der ietzigen Regierung, der zu Ende des XIV Jahrhunderts gelebet hat, Sophi oder Sephi geheissen, und zum Andencken dessen wird dieser Nahme noch bis ietzo von seinen Nachfolgern beybehalten.« (Zedlers *Großes vollständiges Universal-Lexikon aller Wissenschaften und Künste*, Bd. 38, Halle/Leipzig 1743, Sp. 850.)

Es wird doch werden grosser Aufruhr, wohl über türkischen Schaare, GOtt hat gethan einen theuren Schwuhr, daß Christus gewiß und wahre, strafen bis ans jüngste Gericht, die seine Lehre achten nicht, und wollen sich nicht bekehren.

Als nun der Engel wieder verschwand, hinauf im Himmel oben, gar lieblich in den Lüften sang, das Erdreich thät erbeben, die Türcken stunden da in Noth, sie schrien all zu ihren GOtt, daß er sie solt erhören.

Die Türken thäten weinen sehr, über die Zeichen geschwinde, und wusten ihnen keinen Rath, konten keinen Trost nicht finden, die Christen die darinnen sind, den war angst über Weib und Kind, dachten was wil daraus werden.

Ach laß uns doch von Sünd abstehn, weil so viel Wunder jetzt geschehn, weil sich verfärbet Sonn und Mond, am Himmel schrecklich eben, eine Stimm man hört über die Stadt, die Constantinopel den Namen hat, und in Türkey gelegen.

Erbarme dich, o HErr JEsu Christ, über uns Christen auf Erden, erweis uns Gnad zu dieser Frist, auf daß wir selig werden, hilf uns durch deine Wunden roth, aus aller Trübsahl, Angst und Noth, damit wir nicht verderben.

Das Vierdte.

IHr lieben Christen tret't heran, und höret meine Zeitung[10] an, die ich euch jetzt anzeige: Lion in Franckreich, in der Stadt, groß Jammer sich zugetragen hat, daß ich euch nicht verschweige.

Die Luft war schöne hell und klar; Man sah nichts von Gewitter dar, der Morgen war verschwunden, da sahe man die Wolken ziehn, den Blitz so hin und wieder fliehn, daß mocht sich Gott erbarmen.

Die Menschen schreyen ängstiglich, ach GOtt, ach GOtt, erbarme dich, und sey uns Sündern gnädig. Ach thu an uns

10 Nachricht.

Barmhertzigkeit, weil unser Hertze zu dir schreyt! Laß uns nicht werden beschädigt.

Als nun 2. Uhr herander kam, da fing sich ein groß Geprassel an, daß Blitz und Donner schlug; Es war gleich Feuer überall, es brennten Häuser, Scheun und Stall, daß schrecklich anzusehen.

Viel hundert Häuser sollen auch, durch Blitz und Donner in dem Rauch sehr schnell seynd aufgenommen, dreyhundert Menschen sind auch todt, die Blitz und Schlach[11] und Knall ertödt, und gänzlich weggerissen.

Dort lag ein Arm, dort lag ein Bein, dort lag viel Schutt, und Holtz und Stein; das jämmerlich anzusehen; Ach lieber Christ, ach thue Buß! geh, falle deinen GOtt zu Fuß:
    Der wird dein Unglück wenden.

11 Schlag (mhd. *slahen*).

Natürliche Vorstellung u. accurater Abriß

des ermordeten

Franciscus Hortig

ehemal. Franciscaners aus dem Kloster Rastadt

welchen im 30. Jahr seines Alters

den 1. May d. J. früh um 1. Uhr

ein Soldat zu Erlangen

Namens Freymann

der ein gelernter Jäger, aus dem Fränkischen gebürtig, u. bey 20. Jahr alt ist,

auf eine erstaunliche und unerhörte Art

erbärmlich um das Leben gebracht

nebst einer Ode

von der ganzen Begebenheit

dieser

grausamen Mordthat

Anno 1756.

Natürliche Vorstellung u. accurater Abriß

des ermordeten

Franciscus Hortig

ehemal. Franciscaners aus dem Kloster Rastadt

welchen im 30. Jahr seines Alters

den 1. May d. J. früh um 1. Uhr

ein Soldat zu Erlangen

Namens Freymann

der ein gelernter Jäger, aus dem Fränkischen gebürtig, u. bey 20. Jahr alt ist, auf eine erstaunliche und unerhörte Art erbärmlich um das Leben gebracht

nebst einer Ode

von der ganzen Begebenheit

dieser

grausamen Mordthat

———————————————————

Anno 1756.

Abschilderung des schmählig zugerichteten Cörpers,

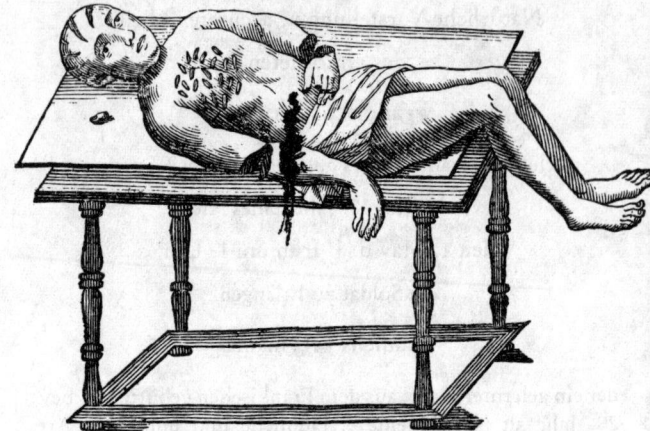

wie er auf einem Tische liegend ausgesehen, nachdem er aus dem
Bette genommen und vom Blute gereiniget ward; woran die
nach solcher Lage bemerkten Wunden-Mahle deutlich
zu sehen sind.

1.

Ein Mordgeschrey! o Uebelthat!
Hört man in Erlang wimmern,
　Ein böser Mensch, der ein Soldat,
Haut einen fast in Trümmern.

2.

Derselbe fromme Mann, der war
Aus Sulzbach[1] her gebürtig;
　Dort stellt' er sich als Mönche dar,
Und lebte stets ehrwürdig.

---

1 Vermutlich Sulzbach in Bayern, am Ostrand der Fränkischen Alb.

3.

Als er nun schon geraume Zeit,
Im Kloster Rastadt[2] lebte;
  So sah er ein, daß er sehr weit
Im Glaubens Irrthum schwebte.

4.

Deswegen gieng er aus der Zell,
Und wollte Luth'risch werden;
  Ihm schien das Licht des Glaubens hell
Bey evangel'schen Heerden.

5.

Von Erlang gieng er nach Bayreut,
Sich etwas zu erflehen.
  Drauf kommt er wiedrum an, bereit
Nun weiters fort zu gehen.

6.

Was er daselbst geschenkt bekam,
Erzehlt er hier mit Freuden;
  Der Soldat, so diß auch vernahm,
That sich zum Mord bereiten.

7.

Da er dem Fremdling dienen soll,
Wie ihm Jemand befohlen;
  So denkt er, wie ers machen woll',
Sein Gut an sich zu hohlen.

8.

Er wart't biß jener schlafend ruht,
Dann greift er nach dem Gelde;
  Sticht, haut und wŭrgt, versprizt mehr Blut,
Als je ein Feind im Felde.

2 Franziskanerkloster in Rastatt (Baden), gegr. 1699, aufgehoben 1805.

9.

Der Unschuld half kein wůnselnd Ach,
Ja kein erbarmend Bitten;
  Zwey Waffen ůbten solche Rach,
Daß alle Glieder litten.

10.

Der grôsern Wunden sind sehr viel,
Das Bild bemerkt sie fleisig,
  Ohn' daß man kleinre rechnen will,
So zehlt man ůber dreysig.

11.

Die linke Hand war ganz entzwey,
Ein Finger weg geflogen;
  Man sah auch gleiche Tyranney
Am rechten Ellenbogen.

12.

Viel Hiebe hat das Haupt gefůhlt.
Leib, Brust, Herz, hat der Degen
  Viel mehr als 20mal durchwůhlt.
O schrôckliches Erlegen!

13.

Der Bôsewicht hat selbst die That
Sogleich an Tag gegeben,
  Und vorgebracht: ein andrer hat
Genommen ihm das Leben.

14.

Doch als er sich bald selbst verrieth,
Mit eignen Worten schluge;
  So nahm man ihn gefangen mit:
Gleich g'stund er vom Betruge.

15.

Es wird der mörderische Dieb
Sein Urtheil bald empfangen;
　Dann soll, was jezt noch dunkel blieb,
Ans Tages Licht gelangen.

16.

Ein jeder nehme sich in acht
Für Satans bösen Wegen;
　Wer stets für seine Seele wacht,
Geniest des Himmels Seegen.

† † †

Wo Raub u. Mord geschah, wie grausam er gewesen, Auch wie der Thäter floh und im Gefängniß lag,

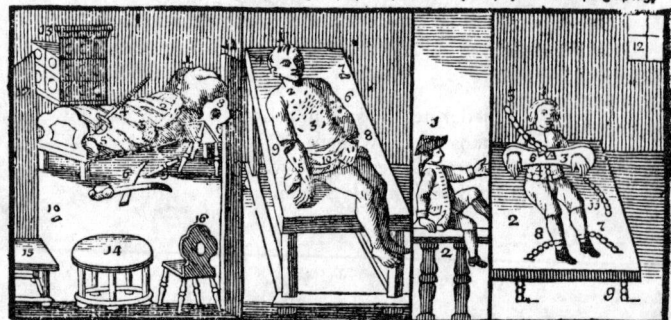

Zeigt hier der Augenschein; u. was man nie gelesen, Legt nun die Wahrheit selbst durch diese Schrift an Tag.

Des Todes Urtheil wird allhier gerecht gesprochen: Es soll des Mörders Leib das Rad von unten auf

Zu seinen Lohn empfahn; nun wird die That gerochen, Und also endet sich des Sünders Lebenslauf.

ERLANGEN,
gedruckt und zu finden bey Johann Dietrich Michael Kammerer, Universit. Buchdr.

Erklärung der auf der vorhergehenden Seite in vier Feldern sich befindenden Figuren und Zahlen.

Das erste Feld präsentirt die Stube, wo der Mord geschehen. 1) Das mit dem Kopfküß halb bedeckte Gesicht. 2) der Arm mit zweyen Wunden. 3) die entzwey gehauene Hand. 4) der über die Helfte mit Blut überzogene Degen. 5) der herausgestreckte Fus. 6) der auch mit Blut gefärbte hingeworfene Säbel u. die Scheide. 8) ein an dem Bett angelehnter Stuhl. 9) der eine Stolle davon. 10) der abgehauene Finger. 11) die Kammerthür. 12) die Stubenthür. 13) der Ofen, 14) ein Tisch, 15) noch einer. 16) ein Stuhl.

Das zweyte Feld mit dem Entleibten. 1) Eine grose u. 4 kleine Wunden am Kopf. 2) die Brustwunden. 3) in beyden regionibus hypochondriacis[3] 2 Wunden. 4) eine grose über das rechte Ohr. 5) zwey Wunden am rechten Arm. 6) zwey W. im linken Arm. 7) der Finger. 8) die entzwey gehauene Hand. ingl. 9) der rechte Arm. 10) die lädirte linke Hand mit 2 Wunden.

NB. Auf dem Rücken waren noch 11. Stiche, wovon 6. von oben durchgedrungen, die übrigen 5. aber von hinten beygebracht wurden. Ein mehreres hievon findet man in dem gedruckten Sections Bericht[4], worauf man bey gegenwärtigem Abriß ein genaues Augenmerk gerichtet.

Das dritte Feld zeiget 1) den Mörder, wie er 2) über den Gang in Schloßgarten springt.

Im vierten Feld ist 1) der Mörder auf einer 2) abhängigten grosen Bank. 3) das Joch, 4) mit einer Kette am Leib, und 5) an der Wand befestiget. 6) die 2 Schlösser. 7) die Springer am linken u. 8) rechten Fus, welche unten 9) befestiget. 11) eine Kette die er bey Tag ohne Joch an der linken, gleichwie die Nro. 5) an der rechten Hand hatte. 12) Fenster.

Erinnerung. Nachdeme sich zeither durch benachbarte gewinnsichtige Leute (die man hier nicht nennen will) verschiedene unwahr-

3 Magen und Gedärme galten als Sitz der Hypochondrie bzw. Melancholie.
4 Obduktionsbericht.

hafte Gerüchte von dieser Mordthat ausgebreitet, woran jeder Christ-
lichgesinnter billigen Abscheu hat; zumal da von denselbigen der
Ermordete ganz verkehrt, oder durch eine übel angebrachte Figur aus
dem Evangelienbuch, und der Mörder aus einer Fabel vorgebildet
wird: Als warnet man hiedurch nicht sowol jene sich selbst schadende
Menschen für falschen u. unbefugten Nachdruck aller derjenigen
Schriften, welche hievon unter des rechtmäsigen Verlegers Namen
heraus gekommen; sondern erinnert vielmehr wohlmeynend diejenigen Personen, welche durch dergleichen schändliche Erdichtungen
um Geld u. Wahrheit betrogen worden, daß sie sich künftig
hüten, und keinen anderen, als gegenwärtigen Original
Nachrichten Glauben beymessen mögten.

Urgicht[5]

des Mörders

Johann Leonhard Freymanns

Inquisit[6] Johann Leonhard Freymann, von Deutenheim
gebürtig, 20. Jahr alt, hat bey seinem Verhör ausgesagt und
gestanden, er habe zu Münchaurach[7] drey Jahr lang die Jäge-
rey erlernet, nach erhaltenen Lehrbrief sich verwichenen
Winter bey seinen Eltern aufgehalten, und im heurigen Frühjahr in die Fremde, und zwar nach Cassel gehen wollen, hätte
aber bey seiner Ankunft dahier unter den hiesigen Soldaten
Bekannte angetroffen, welche ihn beredet, daß er sich als
Mousquetier[8] habe anwerben lassen, wäre darauf bey dem
Fähndrich N. Fourier-Schütz[9] worden, in dessen Quartier

5 Geständnis eines Angeklagten nach dem Verhör (insbes. nach der Folter).
6 Angeklagter nach dem Hauptverhör (vorher: Inculpat).
7 Deutenheim und Münchaurach sind Ortschaften in Franken.
8 Musketier (Fußsoldat).
9 Kompanieschreiber oder Mitglied der Mannschaft, die fürs Quartiermachen
  zu sorgen hat.

der Studirens wegen anhero gekommene Franciscaner, Nahmens Franz Hortig, sich aufgehalten, welcher aber 8. Tage darauf von hier wieder weggereiset wäre.

Er hätte weder gewust, wo derselbe hingereiset, noch auch, ob er wieder kommen werde? Als Inquisit Freytags den 30. Apr. zu Nachts um 10. Uhr in sein Quartier gekommen und in seines Herrn Fähndrichs Stube Licht gesehen, hätte ihn dieses befremdet, indeme er wohl gewust, daß derselbe nicht zu Hausse, sondern auf der Wache gewesen: Er wäre deßwegen in die Stube gegangen, und hätte bemeldten Hortig daselbst angetroffen, welcher ihm erzehlet, daß er in Bayreuth gewesen: Er habe demselben seine Stieffel ausgezogen, und auf dessen Verlangen eine Maas Bier geholet, so sie beede mit einander ausgetrunken, worauf Hortig sich zu Bett begeben, Er Freymann aber seye noch da sitzen geblieben, und habe erst seine Pfeiffe Toback vollends ausrauchen wollen. Als Hortig bald hierauf eingeschlaffen, seie ihm in den Sinn gekommen, demselben sein Geld zu nehmen, als welches Hortig vorhero bey Bezahlung obiger Maas Bier ihm hätte sehen lassen; Er seie in dieser Absicht etliche mahl aufgestanden, und gegen das Bett hingegangen, es hätte ihn aber allemahl wieder gereuet, und wäre wieder zurückgetretten, endlich habe er sich das Herz genommen, des Hortigs Hosen angefasset, und solche unter dessen Kopfküß herfürziehen wollen, worüber aber dieser erwachet, sich im Bett aufgesetzet und ihn gefragt: was er wollte? Wobey dann auch derselbe nach seinem über dem Kopf an der Bettstadt gelainten Degen gegriffen hätte. Inquisit hätte deswegen auch sein unten zu des Hortigs Füssen an der Wand gehangenes Seiten Gewehr ergriffen, und als Hortig indessen seinen Degen entblöset, und im Bett auf einen Bein kniend nach ihm gestossen, mit solchem seinem Seiten Gewehr ihn über den Kopf gehauen, von welchem Hieb derselbe ins Bett zuruckgesunken und seinen Degen aus der Hand fallen lassen, worauf Inquisit weiters noch auf ihn zugehauen, endlich sein Seiten Gewehr weggeschmissen, und des Hortigs Degen genommen, auch damit auf denselben noch so lange hineingestochen, bis er recht tod gewesen. Er habe sodann den Beutel mit Geld aus des Hortigs Hosen herausgenommen, und nachdem er das Licht, so biß dahin noch gebrennet, ausgelöschet, habe er die Hosen über die Althane[10] in den Schloß Garten hinabgeworffen, seye darauf selbst in blossen Strümpfen da hinab gesprungen, und auf die Hauptwach gelauffen, woselbst er seinem Herrn Fähndrich das vorgegangene Unglück mit falschen Umständen und unter Erdichtung eines andern Thäters angezeiget hätte.

Erlang den 6. Jul. 1756.

Urtheil.

In Inquisitions Sachen entgegen den in Kriegsdienste dahier getrettenen Jägerspursch, **Johann Leonhard Freymann,** ist auf die ex Commissione Serenissimi[11] von dem allhiesigen Hoch Fůrstl. Justiz-Collegio verfůhrte – und mit Bericht eingesandte Inquisitions Acta, auch darůber von Hochfůrstl. Regierung abgestattetes rechtliches Gutachten, fůr Recht erkannt:

Daß bemeldter Inquisit Freymann, nachdeme derselbe bey seinem summarisch – und articulirten Verhör in Gůte gestanden und bekannt, was massen[12] er den von Sulzbach gebůrtigen Franciscaner, Nahmens Franciscus Hortig, einen Convertenten, am Freytag den 30. April, h. a.[13] des Nachts in seinem Quartier und Bett, durch verschiedene demselben mit seinem Seitengewehr gegebene tödtliche Hiebe, dann mit des Entleibten eigenen Degen noch versetzte tödtliche Stiche, ermordet, und darauf seines Gelds an 39 fl.[14] 16. kr.[15] so er

10 Söller (balkonartiger, untermauerter Vorbau).
11 in fürstlichem Auftrag.
12 welchermaßen.
13 *hoc anno* (in diesem Jahr) oder: *huius anni* (dieses Jahr).
14 Florin (Gulden).
15 Kreuzer.

in den Beinkleidern gehabt, beraubet, nach Vorschrifft der Kaysserlichen auch Hochfürstl. Brandenburgl. reformirten peinlichen Halsgerichts Ordnung[16], als ein fürsetzlicher muthwilliger Mörder und Rauber, durch den Nachrichter gebunden, zur gewöhnlichen Gerichtsstatt zu führen, und daselbst mit dem Rade von unten auf zu zerstossen[17], und vom Leben zum Tod zu bringen, dessen Cörper aber auf das Rad zu flechten, ihm zur wohlverdienten Straff und andern zum Exempel und Abscheu. V. R. W.[18] Publicatum[19] Erlang den 6. Jul. 1756.

---

16 Strafrecht und Strafprozeßrecht; gemeint ist hier wohl die »Constitutio Criminalis Brandenburgica« von 1516, welche die »Bamberger Halsgerichtsordnung« von 1507 geringfügig modifizierte; wird auch als ›Schwester‹ der »Constitutio Criminalis Carolina«, der Gerichtsordnung Karls V. von 1532, bezeichnet, weil beide auf der Bamberger Ordnung beruhen; Neuauflage der »Brandenburgica« als »Reformirte Brandenburgische Peinliche Hals-Gerichts-Ordnung«, Bayreuth 1709 (vgl. Paul Daniel Longolius, *Sichere Nachrichten von Brandenburg-kulmbach*, Vierter Theil, Hof 1755, S. 138 f., § 29).
17 Eine besonders grausame Hinrichtungsart, weil der Verurteilte dabei länger lebt.
18 von Rechts wegen.
19 veröffentlicht.

Lebens Abschieds Lied
des Missethäters
Johann Leonhard Freymanns
der ein gelernter Jäger, bey 20 Jahr alt u. aus Deutenheim in Franken gebürtig ist
Welcher
den ehem. rhl. Franciscaner aus dem Kloster Rastadt bey Straßburg
Franz Hortig
aus Sulzbach in der Pfalz gebürtig
im 30sten Jahr seines Alters
den 1ten May 1756. früh vor 1. Uhr zu Erlangen
auf eine jämmerliche Art ermordet
und daselbst
den 6ten Julii dieses Jahrs

mit dem Rad von unten auf
vom Leben zum Tod gebracht wurde.

Lebens Abschieds Lied

des Missethåters

Johann Leonhard Freymanns

der ein gelernter Jäger, bey 20 Jahr alt
u. aus Deutenheim in Franken gebürtig ist
Welcher
den ehemahl. Franciscaner
aus dem Kloster Rastadt bey Straßburg

Franz Hortig

aus Sulzbach in der Pfalz gebürtig
im 30sten Jahr seines Alters

den 1ten May 1756. früh vor 1. Uhr zu Erlangen

auf eine jämmerliche Art ermordet
und daselbst
den 6ten Julii dieses Jahrs

mit dem Rad von unten auf

vom Leben zum Tod gebracht wurde.

Im Ton: Ich armer Mensch, ich armer etc.

1.

Soll ich dann in der Jugend Blüthe,
  In meines schönsten Alters Lauf,
Da ich noch nicht des Lebens müde,
  Ja, da noch kaum die Knospe auf,
  Ergriffen werden von dem Tod,
  O welcher Schmerz, o welche Noth!

2.) Die lezte Stund soll uns nicht kränken,
  Den Tod erheischet die Natur,
Sie kann kein daurend Leben schenken,
  Doch mir schlägt nun die Todes Uhr
  Nicht so, wie sie Gerechten schlägt;
  Diß ist, was Kummerleid erregt.

3.) Ich zog mir Leibs- und Lebens-Strafen
  Durch Raub und Mord ja selbsten zu,
Den Frommen, der schon sanft geschlafen,
  Ermordete ich in der Ruh;
  Sein Geld beraubte meine Hand,
  Drum werd ich von der Welt verbannt.

4.) Ich darf ein gnädigs Urtheil höhren;
  Die Obrigkeit spricht ganz gerecht:
Die Rache soll den Leib zerstöhren,
  Er werde nun geradgebrecht.
  Bricht jezt gleich Angst und Schrecken ein;
  So wird der HErr mein Beystand seyn.

5.) Ich bin mit meinem GOtt versöhnet.
  Durch Reu und Buse angeflammt,
Hab ich des Teufels List verhöhnet.
  Das Blut, so von dem Mittler stammt,
  Woran ich mich im Glauben hielt,
  Hat meine Sünden abgespült.

6.) Mein Vater, der noch auf der Erden,
   Und Mutter, Brüder sind betrübt,
Sie wollen um mich trostlos werden,
   Nichts ist, das ihnen Labsal giebt;
   Weil ich sie durch den Fall gebeugt,
   Der mir zu meinen Tod gereicht.

7.) Doch aber hemmet eure Thränen,
   Vergebt mir auch die Missethat.
Läst sich mein Vater nur versöhnen,
   Der aus der Höhe Schutz und Rath
   Für arme Sünder stets ertheilt;
   So ist mein Leib und Seel geheilt.

8.) Die meinen Geist bisher genähret,
   Und oft für selbigen gewacht,
Bis er sich gläubig hat bekehret
   Zum Lichte aus der finstren Nacht,
   Soll, statt des Danks für ihren Fleis,
   GOtt mehr erhöhn, zu seinen Preis.

9.) Die, so an mir ein Beyspiel sehen,
   Wie sich der Mensch selbst stürzen kan,
Und die auf gleichen Wegen gehen,
   Vermeiden nun die lüstre[20] Bahn;
   Damit nicht gleiche Seelen Noth
   Auf sie auch bringe gleichen Tod.

20 lockende.

Mit Belehrungen vermischte Geschichte
der

Kinds-Mörderin

M. H. von T.

Welche

zu Arau den 2. Merz 1779. mit dem Schwerd
ist hingerichtet worden.

Die Laster-Bahn ist Anfangs zwar,
Ein breiter Weg durch Auen:
Allein sein Fortgang wird Gefahr,
Das Ende Nacht und Grauen.

Sie verließ in dem 17ten Jahr ihres Alters ihr våterliches
Haus; und fand Gelegenheit hinter Neuenburg[1] einen Dienst
anzunehmen, wo die Meisterleut våterlich für sie gesorget
haben. Darnach trate sie in einen andern Dienst, wo sie das
Unglück hatte, von ihrem treulosen Meister unschuldig
gelocket zu werden. Ihr Zustand riethe ihr, sich bis nach
etwan verborgener Kindbetti zu entfernen.

Sie verfügte sich dahero nach ihres Vaters Hause, und wie
derselbe sie wegen ihrer vermutheten Verånderung zur Rede
stellte, so empörte sie sich; stolz und des Låugnens gewohnt
gieng sie fort, hielte sich noch eine Zeitlang anderswo auf. Im
May 1777. aber kam sie auf Arau[2], fand da einen rühmlichen
Dienst in einem Ehren-Haus, und wußte durch die geschick-
teste und getreuste Geschäfts-Verrichtung allen Verdacht zu
vereiteln – Allein was geschah? in einer am Himmel und in
ihrem Herzen finstern Mitternachts-Stunde gebahr sie, – und

1 Neuchâtel, Hauptstadt des gleichnamigen Schweizer Kantons.
2 Aarau, Hauptstadt des Schweizer Kantons Aargau.

44

nur zu glücklich – ihr erstes Kind. – Satanas – verdrängtes Seelen-Gefühl – stolze Zuversicht auf Welt-Klugheit und aufs zu lange gelungene Läugnen – und Gelegenheit – beschloßen den zuvor kaum halbgewagten Entschluß – ihr Kind in ein hölzernes Gefäß unter das Bett zur Verschmachtung hinzulegen: – doch das unschuldige, von Gott gestärkte Kind ließ einen Schrey, der Mitleiden in ihre harte Mutter-Seele hätte hineinrufen sollen! – Und was thate sie? – Damit es das kaum einen Schritt von ihr schlafende fast erwachsene Mägdlein nicht höre – verhaltet sie dem Kind Mund und Nase; und wird so vollends – Namenlose Verbrecherin – Mörderin ihrer Leibes-Frucht. Um aber ihren Zustand zu bemänteln, gab sie der bald hernach mitleidig sie besuchenden Frau, eine Blutstürzung vor; stuhnd aber noch gleichen Tag auf – und es gelang ihr, ihr entseeltes Kind in dem obersten Gemach fast ein halb Jahr lang in einem Kasten verborgen zu halten. – Freylich stieg es ihr oft in den Sinn, ihr Kind um das Haus herum zu verscharren: – allein sie dorfte es nicht wagen. – Aber, um dem Andenken des Mord-Orts zu entfliehen, rüstete sie sich zur Hinreise nach Basel in einen angenommenen Dienst; und ware Willens, das Kind mitzunehmen: aber auch da ersahe sie Schwierigkeiten – Endlich trug sie gegen Weihnacht das Kind in einer unter dem Fürtuch[3] verborgenen Schachtel (Trucken) am hellen Morgen fast mitten durch die Stadt gegen die Aar-Bruck hinaus; Willens, dieselbige hinter das dasige viele Holzwerk zu legen; allein auch soll ein mächtiger geheimer Trieb, o GOttes Finger! sie genöthiget haben, selbige in die Aar hinaus zu werfen. – Sie that es; und siehe, die Schachtel wurde von Biberstein[4]-Schiffern eine halbe Stunde hernach aufgefangen und von dasigem Herrn Amtmann sogleich nach Arau zur Untersuchung übersandt; hier aber, da einige Personen die Unglückliche etwas unter dem Fürtuch gegen die Bruck hinab tragen gesehen, auch ein Burger, der gleich aussenher der Bruck gestanden, den Fall und das Schwimmen der Schachtel wahrgenommen; wurde

3 Schürze.
4 Ort bei Aarau (Aare-abwärts).

der vorhin gefaßte Argwohn eines Mords sogleich auf diese M. H. verstärkt, und von dem E. Stadt-Magistrat die Gefangennehmung dieser dazumal in Basel sich befindlichen Magd alsobald bewerkstelliget: Sodann wurde sie nach Arau in die Gefangenschaft geführt. – Alle Beweis-Gründe wurden ihr scharf angedrungen – aber vergebens; – Sie wußte durch die geschicktesten Wendungen alles wegzuläugnen. – Da aber der gemeine Weg Rechtens nichts verfangen wollte, so wurden obige Zeugen an der Zahl 12, beyderley Geschlechts, zur eidlichen Erhärtung ihres Zeugnisses: Daß sie nemlich die Beklagte an dem und dem Tage und Stunde, etwas grosses unter dem Fürtuch tragend, gegen die Aar-Bruck hinaus haben gehen gesehen – aufgefordert: und diese versiegelten ihre Aussage mit einem körperlichen Eide zu Gott. – Nun durch diese wichtigst scheinende Zeugnisse und übrige verdächtige Umstände bewogen, liesse der E. Stadt-Magistrat die Beklagte an die Folter schlagen: aber auch da läugnete sie standhaft alles. Und hierauf gieng desselben endlicher Schluß dahin: Daß sie M. H. in dem dasigen Spital unter harten Umständen, von aller Gesellschaft der Menschen – auch der Geistlichen – entfernt, bis zur Bekenntniß ihres Verbrechens, oder bis an ihr Lebens-Ende soll eingekerkert werden. Da wurde sie nun zur Verläugnung der Irdischgesinntheit – zu Ergebung in Gottes Willen und zum Verlangen nach Heil und Rettung umgearbeitet. Harte Buß- und Glaubens-Kämpfe giengen da wie sie hernach dankbar gerühmt, in ihrer Seele vor; sie sagte auch: daß gleich nach vollbrachter Ermordung ihres Kinds der Herr ihr Herz zur Reue umgeschmelzet; sie deßhalb auch oft neben dem Kasten, darin ihr Kind lag, bitterlich geweinet, auch den Vorsatz gefasset habe: freylich aus Liebe zum Leben, und aus irriger Beglaubniß, sie könne, ohne durch das Schwerd zu sterben, Gnade vor Gott finden – der Rachhand der Oberkeit zu entgehen, doch aber ein in allwege gebessereteres Leben zu führen. Endlich besiegte der Allmächtige ihr Herz, daß sie ihr Verbrechen bekannte. – Freylich soll es ihr, bey ihrer darauf erfolgten finstern Einkerkerung mehr als einmal in Sinn gestiegen seyn: Sie wolle wie-

der alles weglåugnen; doch aber, da sie mit zur Erde niederge-
worfenem Antlitz und Knien, den Herrn um die Gnade eines
standhaften und glåubigen Aushaltens in der Bekenntniß
angeflehet, seye bald darauf ihre Seele mit der grösten Bereit-
willigkeit erfüllt worden – sich dem Wille Gottes und der
Oberkeit freudig zu überlassen. Sie wurde hiernåchst der See-
len-Sorge vier Herren Geistlichen empfohlen, und diese zåh-
len die Stunden, in denen sie sich mit dieser Sünderin unterhalten, noch jezt unter die lehrreichsten und angenehmsten
ihres Lebens; – sie hatten das beruhigende Glück – zu sehen!
wie der Allgütige das angefangene Gotteswerk herrlich in ihr
vollendete – wie sie aufmerksam zuhörete, der Heil. Schrift
ungemein kundig, verståndig und freymüthig antwortete –
ihr ganzes Herz, und auch ihre begangene andre etwelche
Thorheiten ihnen reuend entdeckte – wie sie stets die Miene
der Redlichkeit und die Sprache der Aufrichtigkeit führte –
keine Schuld auf jemand schobe – unter vielen Thrånen-Emp-
findungen der herzlichsten Reu – aber auch des glåubigen
Verlangens nach dem Heil in Christo Jesu ihrem Gott Ver-
söhner, åußerte – wie sie Früchte eines gebesserten Herzens
zeigen zu können wünschte; und darum auch die meisten
Zeugen, die wieder sie geschworen, zu sich erbetten liesse,
und sie des gegebenen Aergernisses halben gerührt um Verzeihung bate – wie sie auch herzlich wünschte: daß doch alle,
vorzüglich junge Leute, sich durch ihren Fall warnen, und
sich insonderheit vor Lugen, Hochmuth und Wollust möchten abschrecken lassen; Wie sie beydes gegen ihre Seelsorgere
und auch gegen die Gefangenwårtere sich ungemein dankbar
bezeiget – Christlich-schön und unerschrocken von allen
Umstånden ihres nahen Todes redte; Ja, o schöner Morgen
ihrer Hinrichtung – nie müssest du meinem Andenken entfal-
len! Wie sie – die dem Tode geweihte – da allbereit die Ster-
bens-Glocke erschallte – wie sie mit Thrånen der Erkennt-
lichkeit – des Heils-Eifers und der frohen Hofnung im Auge,
von jedem der fünf anwesenden Herren Geistlichen, der
Reihe nach, den letzten Segen sich ausbate – denselben unter
dankvollsten Ausdrücken anhörte, und so sich verabschei-

dend getrost dem Richterstuhl sich darstellte, denen sie aus-
tröstenden Herren Pfarrherren kein Aug entzog – und endlich im 26. Jahr ihres Alters starbe – ja o Gott! wir dörfen, wir
sollen hoffen – des Todes einer begnadeten Sünderin starbe.

Ein Lied.

Ihr Christen kommt und thut anhören,
  Wie Satan uns sucht zu bethören;
Daß er uns bringen mög zu Fall:
  Exempel hat man abermal.

2. Es ist wohl herzlich zu beklagen,
  Daß man zu den heutigen Tagen,
Bey reichem Gnaden-Ueberfluß,
  Von solchen Lastern hören muß.

3. Zu Arau hat es sich begeben,
  Mit einer jungen Dienstmagd eben
Im Neun und Siebenzigsten Jahr,
  Es ist bekannt und offenbar.

4. Sie hatte sich lassen verführen,
  Thät durch Unzucht ihr Ehr verlieren;
Wie es zwar leider viel geschicht,
  Doch offenbar wirds vielmal nicht.

5. Die Schwangerschaft thät sich erzeigen,
  Ob sie es gleich wollte verschweigen,
So kommt doch endlich die Zeit an,
  Daß sie gebahr, und hat kein Mann.

6. Als nun das Kind zur Welt gekommen,
  Hat sie ihr alsbald fürgenommen,
Daß sie ein Mörderin wollt seyn
  Am unschuldigen Kindelein.

7. Das Tiger-Herz thât es nicht achten,
   Sie macht ihr Kindlein zu verschmachten,
Versteckte es mit allem Fleiß,
   Ein halbes Jahr daß niemand weiß.

8. Sie wollte nun auf Basel reisen,
   Dann sie hat ein unruhig Gewissen;
Sie wollt nicht bleiben an dem Ort,
   Wo sie begangen hat ein Mord.

9. Damit es ihr nicht môcht auskommen,
   Hat sie den Leichnam mitgenommen,
Und als sie niemand wurd gewahr
   Warf sie die Trucken[5] in die Aar.

10. Kaum ist ein halbe Stund vergangen
   Da wurd die Trucken aufgefangen,
Von Fischern zu Bieberstein
   Und dem Amtsmann gegeben ein.

11. Er thât es gleich auf Arau schicken,
   So bald als man es thât erblicken,
So bald fâllt ihnen plôtzlich ein
   Wer die Kindsmôrderin môchte seyn.

12. Da hatt der Magistrat befohlen,
   Man solle sie von Basel holen;
Darauf ward sie gleich eingesperrt,
   Und auch gar scharf examinirt.

13. Zwôlf Zeugen gegen ihr gestellet,
   Welche sie eidlich han verfâllet,
Doch wollt sie es gestehen nicht,
   Und lâugnete vor dem Gericht.

14. Man thât sie an die Folter schlagen,
   Doch wollt sie den Mord nicht aussagen;

5 Schachtel; auch Truhe, Kiste.

Da thåt man sie hart sperren ein
Daß sie ihr Lebtag da sollt seyn.

15. Endlich hat sie sich doch ergeben
Alles bekennet frey und eben,
Bezeugte auch recht Reu und Leid
Und hat sich wohl zum Tod bereit.

16. Gott wŏll uns doch Gnade geben,
Weil wir noch in der Freyheit leben;
Allhier in dieser bŏsen Welt
Zu thun was unserm Gott gefållt.

ENDE.

Beschreibung

der

gräußlichen Mordthaten

sammt

dem Todesurtheil über die Menschenfresser,
und Räuber-Bande in Hungarn.

Nach der wahren Geschichte geschildert

von

Christoph Einsiedl.

WIEN,

gedruckt mit Jahnischen Schriften[1], 1782.

Nach eingelangten mehrern sichern Berichten wurden un-
längst in Hungarn zu Giermende im Hortenser[2] Komitate[3]
zween Bursche wegen bezüchtigten Gänße-Diebereyen
gerichtlich eingezohen, und wären beinahe lediglich darüber
abgeurtheilt worden, wenn nicht dem Herren Fiskalen des
löbl. Komitats die überaus finstere, und sehr freche Ge-
müthsart der zween Inquisiten glücklicher Weise besonders
aufgefallen wäre.

1 Johann Josef Jahn, Wiener Buchdrucker im 18. Jh.
2 Vermutlich: Hontenser.
3 Gespanschaften (Verwaltungsbezirke in Ungarn, denen ein Gespan vorsteht).

Ueber langes fruchtloses Nachforschen, wie sie sich die lange Zeit über ernährt hätten, konnte der Herr Fiskal[4] ihnen doch kein mehrers Geständniß ablocken, als daß sie der Feldarbeit, den Kleinhandel, dem Viehtrieb, (und was sie noch alles mehr lügten) nachgiengen, bis dem Fiskalen endlich eine wohl ausgesonnene List gelang, und den abscheulichen Räubern die Bekänntniß ihrer übrigen Laster abjagte.

Denn kaum zoh gedachter Fiskal ein altes Brief-Couverte mit der Erinnerung aus der Tasche, daß nämlich hierinn alle ihre schändliche Thaten bereits genau angezeigt wären, (und so was ist zum Besten der Menschheit immer erlaubt,) so bekennten die Arrestanten, welche schon gänzlich verrathen zu seyn glaubten, auch mit einem übernatürlichen Schröcken überfallen wurden, daß sie Glieder einer Rauber-Bande von 80. bis 100 Köpfen wären, die aus Kohlbrennern, Zigeunern, und andern müßigen Gesindel bestünden, und sich blos durch Rauben und Morden unter allen nur ersinnlichen Ausschweifungen schon in das zwölfte Jahr ernährten. Wie Sie dann ferners erzählten, daß während dieser Zeit nur allein durch ihre Hände wenigstens 40 Personen meistens Reisende, Leinwathändler, Schleifer, Oehl- und andere Krämer umgebracht worden seyn, und daß Sie die Reisende unter dem Vorwande etwas von ihnen kauffen zu wollen, in den Wald als ihren Aufenthaltsort hinausgelockt, alldort sonach sämmtliche auf verschiedene Arten ermordet, und damit die Vorübergehende kein Gewinsel, der unglücklich Zusammgemezelten hören möchten, eine Gesellschaft Musikanten von 10 Köpfen beständig unterhalten hätten, die stäts musizieren musten.

Nach verübten grausamsten Todtschlägen verbargen diese Unholden unter Tags die Leichnam unter ihren Betten, zur Nachtszeit hingegen zohen selbe ihnen die Haut ab, zertheilten die Körper in verschiedene Stücke, kochten, brüeten[5], und räucherten das Fleisch nach ihrem Geschmack. Sie schauerten selbst öfters bei Erzählung ihrer Grausamkeiten,

4 Finanz- und Steuerbeamter, auch Ankläger in Kriminalprozessen.
5 Hier wohl: brieten.

wovon sie noch viele andere scheußliche Schilderungen machten.

Auf diese Entdeckung suchte das löbl. Komitat alsogleich die Mitschuldige mit gewafneter Hande auf, drang in ihre Hütten ein, und bekamm andurch nach bestrittenen starken Wiederstand, über 40 dieser Unmenschen gefangen, mit welchen nächstens das gefällte Urtheil vollzohen werden wird.

Die Haupträdelsführer, deren dermals sechs eingebracht wurden, sind verurtheilt, Lebendig gespießt, die meisten gebrennt, und von unten auf – wenige aber nur von oben herab gerädert zu werden.

Die benachbarten Komitater bemühen sich gemeinschaftlich, die flüchtigen Mitglieder aufzusuchen, solche gänzlich auszurotten, und bringen wöchentlich einige derselben gefänglich ein.

Eine erschreckliche und merkwürdige

Wundergeschichte,

von einem im Wald sitzenden und schlafenden

Böhmischen Bauern,

Namens

Anton Lenke,

aus dem Dorfe Stockbum, ohnweit Eger, in Böhmen, welcher
auf einen heiligen Festtag einen Wagen Holz im Wald geholet,
wie sich solches zu jedermans Verwunderung und Schrecken
zugetragen, ist in der Folge gründlich und deutlich
zu lesen.

Nach dem Böhmischen Original
gedruckt zu Eger bey Johann Jacob Bauman, 1786.

Eine erschreckliche und merkwürdige

Wundergeschichte,

von einem im Wald sitzenden und schlafenden

Böhmischen Bauern,

Namens

Anton Lenke,

aus dem Dorfe Stockhum, ohnweit Eger, in Böhmen, welcher auf einen heiligen Festtag einen Wagen Holz im Wald
geholet, wie sich solches zu jedermans Verwunderung
und Schrecken zugetragen, ist in der Folge
gründlich und deutlich zu lesen.

———————

Nach dem Böhmischen Original
Gedruckt zu Eger bey Johann Jacob Bauman, 1787.

Der Leichtsinn und die Spötterey über GOtt und die Religion wird bey allen Menschen, Grosen und Kleinen, Jungen
und Alten, Vornehmen und Geringen, so allgemein, daß man
ohne Schrecken und Entsetzen fast gar nicht daran denken
kan. So viele merkwürdige Exempel und Wunderzeichen
auch geschehen, so läßt doch niemand diese allgemeine Buß-
stimme ins Herz dringen, sondern die Menschen fahren in
ihren Bosheiten ungescheut fort, bis endlich Gott gleichsam
gezwungen ist, sie in ihren Sünden dahin zu raffen, allen
Menschen zum Abscheu und Warnung vorzustellen, und sie
in das zeitliche und ewige Verderben zu stürzen. Es ist fast
jederman bekannt, was sich auch jetzt wieder für eine merkwürdige, traurige und bußerweckende Geschichte zugetragen hat, davor die ganze Natur erschrickt, wenn man sie

hőret und lieset, und die auch einem jeden zur Warnung zurufet: Wer das lieset, der merke darauf!

In dem Dorfe S t o c k h u m, ohnweit Eger in Bőhmen, gegen die Bayrische Grånze zu, lebte ein Bauersmann, welcher zwar ziemlich bemittelt, aber vom Geitz und Habsucht dermassen besessen war, daß es ihm einerley zu seyn dunkte, ob er durch Recht oder Unrecht sich bereichern, und des Nåchsten Gut an sich bringen konnte; so, daß ihm weder der Sabbath und Ruhetag, noch ein anderer hoher Fest- und Feyertag zu heilig war, wenn er nur seine gottlose Absichten erreichen konnte. Er fragte weder nach Gott noch Menschen, und Spőtterey und Scherzreden űber Gott und sein Wort giengen bestándig aus seinem gottlosen Munde. Es hieß auch hier: Wessen das Herz voll ist, des gehet der Mund űber. Endlich kam die betrűbte Stunde heran, in welcher ihn Gott zum Abscheu und Schrecken aller Menschen machen wollte. Am 2 Februar 1786, als am Mariå Lichtmeßtage, unterfieng sich dieser freche und boßhafte Mann, Namens A n t o n L e n k e, einer abermals gotteslåsterlichen und sűndhaften That, die aber gar bald den gerechten Lohn nach sich zog. Er hatte einen Knecht, mit Namen J o s e p h H u g o, der ein Gottesfűrchtiges und stilles Leben fűhrte. Dieser Knecht hatte sich vorgenommen, den Gottesdienst mit andern Christen nach Vorschrift der Kirche an diesem Tage abzuwarten, und hatte sich bereits angekleidet, in die Frűhkirche zu gehen. Der Bauer fragte ihn, wo er hin wollte? Als dieser antwortete: Er wolte in die Kirche gehen; so gab ihm der Bauer nebst andern spőttischen Reden zur Antwort: Es wåre heute keine Zeit zur Kirche, er műßte anspannen und in den Wald nach Holz fahren; es wåre heute ein Tag, da die Főrster und Vőgte nicht in Wald kåmen, und da kőnnte man desto sicherer einen Baum fållen. Der Knecht stellte ihm vor, daß dieses ein heiliger Festtag wåre, den die Kirche und die Obrigkeit zu feyern geboten håtten. Was Festtag, was Festtag! antwortet der Bauer, desto besser, so stőhret uns niemand. Der Knecht sprach: so műßte man sich doch vor Gott fűrchten. Der Bauer sprach: Ey was! Gott schláft, er weiß viel ob wir Holz fahren oder nicht; mit diesen noch vielen andern Spottreden trieb er den Knecht an, daß er anspannen, und mit ihm in das Holz fahren mußte. Als sie nun in dem Wald einen grosen Baum gefället und aufgeladen hatten, sagte der Bauer nochmals zu dem Knecht: siehest du, Joseph, Gott hat geschlafen und der Jäger auch; fahre nur zu, daß du aus dem Wege kommst, ich will nur eine Pfeife Tobak anstecken und hinten nach kommen; und hiemit setzte sich der Bauer auf den Stock, wo sie den Baum davon gefället hatten, der Knecht aber fährt nach Hause. Man wartete bereits einige Stunden, es kam aber kein Bauer nach. Der Knecht, welcher voller Angst und Betrübniß ist, gehet alsdann wieder zuruck den Bauern zu suchen, und zu sehen, ob ihm etwa ein Unglück aufgestossen sey. Er findet ihn aber im Wald schlafend auf dem Stock sitzen, und die Tobakspfeife glimmend. Er will ihn aufwecken, aber der Bauer höret und empfindet nichts; er suchet ihn mit Gewalt von dem Stock zu ziehen, er kann aber nicht von der Stelle gebracht werden, und mußte wieder nach Hause eilen, wo er die ganze Sache meldete, und es der Obrigkeit und dem Prediger anzeigte. Man machte hierauf Anstalt, ihn aus dem Wald zu holen. So sehr man sich aber bemühete, ihn von der Stelle zu bringen, so war doch alles vergeblich. Man spannete Pferde an ihn, aber keines zog einen Strang. Endlich wollte man den Stock unter ihm durchschneiden, sobald man aber mit der Säge ansetzte, gieng Blut aus dem Stocke, und also konnte man auch hiermit nichts ausrichten. Viele hundert Menschen hatten sich dabey versammlet, um dieses Spektakel anzusehn, und Zeugen dieser Begebenheit zu seyn.

Man hat nunmehro ein Dach über ihn gebauet, und er wird vermuthlich allen Frevlern zum Beyspiel und der Nachwelt zum Entsetzen, immer und ewig sitzen bleiben. Dergleichen Strafgerichte sind endlich der Lohn frecher Lästerzungen Sünden. Ein jeder lasse sich dieses erschreckliche Beyspiel zu einem Buß- und Tugendspiegel dienen, und auch diese Lehre und Warnung, Gal. 6, v. 7. ins Herz dringen: Irret euch nicht, Gott läßt sich nicht spotten.

Trauriges Buß-Lied,
von dem schlafenden Böhmischen Bauer.

Mel. Trau schau wem du thust vertrauen, etc.

Merket auf, ihr Christen Leute, merkt und hört zur Warnung an: Was der grosse Gott anheute, dort in Böhmen hat gethan. Zittert bey den Strafgerichten; denkt: er kann euch auch zernichten; Wo ihr sein Gesetz veracht, Und, was heilig ist, verlacht.

2. Meine Feste sollt ihr feyern, keine Arbeit sollt ihr thun: Mein Gebot sollt ihr erneuern, und auf meinen Sabbath ruhn. So spricht Er zu allen Zeiten, zu den Juden, zu den Heyden: Und diß Wort, das steht noch jetzt unverbrüchlich, unverletzt.

3. Wehe dem, der es verachtet, und nach seinen Lüsten thut. Nach dem Himmlischen nicht trachtet, sondern nur nach Geld und Gut. Aber Gott läßt sich nicht spotten, von der Welt und ihren Rotten. Nein! er straft auf frischer That, den, der ihn beleidigt hat.

4. Hört ein Beyspiel dieser Sache, und erzittert, wenn ihrs hört. Gleiche Strafe, gleiche Rache, ist auch der gewißlich werth, Dessen Herze stets verriegelt sich nicht an Exempeln spiegelt, Und der andrer Schaden sieht, und nicht Nutzen daraus zieht.

5. Anton Lenke hieß der Bauer, Böhmen war sein Vaterland, Der noch lang mit Furcht und Schauer, seinen Nachbarn bleibt bekannt. Dieser ließ vor andern allen sich aus Boßheit jüngst einfallen, Gottes Feste zu entehrn, und durch keine Warnung störn.

6. Spanne an, sagt er zum Knechte, der ihn stets zu warnen sucht, Und mit ausgemachtem Rechte diesem Unternehmen flucht. Spanne an und laß uns fahren, laß uns keine Mühe spahren, Heute ist kein Jäger da, und uns auch kein Förster nah.

7. Was machst du dir ein Gewissen, und befürchtest diesen Tag? Wird der Knecht nicht wohl thun müssen, was sein Herr

ihn heissen mag. Gehe, Joseph! Joseph! gehe, was ich sage, das geschehe: Gott der schläft vielleicht im Wald, und sieht uns nicht also bald.

8. Zudem ist es auch noch frühe, alles lieget noch im Schlaf, Ohne Furcht und ohne Mühe, ohne Angst und ohne Straf, Fahrn wir hin und kommen wieder, gehn ins Wirthshaus, singen Lieder; Und sind Freudenvoll entzückt, daß es uns so gut geglückt.

9. Also sprach der kühne Bauer, und die Pferde eilen fort, Sehn den Wald in kurzer gnauer, und schon sind sie an dem Ort. Eilend greift er zu dem Beile, sprach zum Knecht: geschwinde eile; Haue, säge, lade, fahr, niemand krümmet uns ein Haar.

10. Und nun ist der Baum gefället, kurz gesäget, klein gemacht. Alles richtig und bestellet, so wie es der Bauer dacht. Auch der Knecht sitzt auf den Pferden, sieht sich um nach dem Gefehrden, Dieser aber sagt: fahr zu, ich bleib hier noch in der Ruh.

11. Holt die Pfeif aus seiner Tasche samt dem Zunder und dem Stahl, Reinigt sie von Quark und Asche, stopft und rauchet ohne Qual. Als er aber will auf stehen, bleibt er sitzen, kan nicht gehen; Kan nun keinen Schritt mehr fort, und muß bleiben an dem Ort.

12. Nach viel Zeit und vielen Stunden, geht der Knecht nach ihm zurück. Endlich hat er ihn gefunden auf dem Stock. Was vor ein Blick! Man sucht ihn da aufzuheben, Trost und Hilfe ihm zu geben. Dieser aber rührt sich nicht, Aufzustehn vermag er nicht.

13. Man versucht ihn abzusägen, und durch Pferde weg zu ziehn; Sucht den Stock nur zu bewegen, eitel ist auch dieß Bemühn. Er bleibt unbeweglich sitzen, und fängt an vor Angst zu schwitzen: Und so sieht ihn jederman furchtsam mit Erstaunen an.

14. Aus der Ferne, aus der Nähe, eilet jederman herbey, Daß er dieses Wunder sähe, und ein Augenzeuge sey. Um ihn endlich zu bewahren, vor dem Wetter vor Gefahren, Baut man über ihn ein Haus, Ach! das sieht erbärmlich aus.

Dank= und Freuden=Lied

des

aus der türkischen Sklaverey in der Gegend bey
Cana in Galiläa (nebst noch fünf feiner Ca=
meraden) losgekauften Sklaven

Joh. Ehrenfried Weißhaupt,

des Schorsteinfeger=Handwerks Zugethanen,

welcher,

nachdem er unter vielen Jammer und Elend 9.
Jahr in der Sklaverey zugebracht, und endlich ganz
wunderbar und unverhoft zu Ausgang des
Jahrs 1788.

durch einen Maltheser=Ritter

Grafen von Persie

losgekauft worden,

und ben 28. Januar 1789. wieder in seine Va=
terstadt Liegnitz zurück gekommen ist.

Nebst

einen Abschieds=Liede auf sein bald erfolg=
tes Ende.

Ganz neu gedichtet und aufgesetzt

von

Johann Jacob Lewerer,

Rade= und Stellmachergeselle von Burgfarrnbach bey
Nürnberg, vorjetzo in Arbeit bey Johanna Hedewi=
ga verwittb. Quinternin, vor dem Breßlauer
Thore der Stadt Liegnitz.

Gedruckt im Jahr 1789.

Dank- und Freuden-Lied

des

aus der tůrkischen Sklaverey in der Gegend bey
Cana in Galilåa (nebst noch fůnf seiner Cameraden) losgekauften Sklaven

Joh. Ehrenfried Weishaupt,

des Schorsteinfeger-Handwerks Zugethanen,
welcher,

nachdem er unter vielen Jammer und Elend 9.
Jahr in der Sklaverey zugebracht, und endlich ganz
wunderbar und unverhoft zu Ausgang des
Jahrs 1788.

durch einen Maltheser-Ritter

Grafen von Persie

losgekauft worden,

und den 28. Januar 1789. wieder in seine Vaterstadt Lignitz zurůck gekommen ist.

Nebst

einen Abschieds-Liede auf sein bald erfolg-
tes Ende.

Ganz neu gedichtet und aufgesetzt

von

Johann Jacob Lewerer,

Rade- und Stellmachergeselle von Burgfarrnbach bey
Nůrnberg, vorjetzo in Arbeit bey Johanna Hedewi-
ga verwitb. Quinternin, vor dem Breßlauer
Thore der Stadt Liegnitz.

Gedruckt im Jahr 1789.

Gottlob! ich bin nun von den Banden,
Und von den Sklavenketten frey!
Ach GOtt! was hab ich ausgestanden,
In der so schweren Sklaverey:
Den harten Dienst, die Grausamkeit,
Wovon mich GOtt nun hatt befreyt!

2. Ich muste an den Pflug stets ziehen,
Gekuppelt an ein schweres Joch;
Bey harter Arbeit und Bemühen,
Traktiret auch mit Schlägen noch,
Daß über meiner Noth und Pein
Erbarmen mochte sich ein Stein.

3. Die Kost, die ich aldort genossen,
War meist nur wildes Affenfleisch,
Das wurd' in einen Trog gestossen,
Dazu der Abgang von den Reiß,
War noch das Best' zur grösten Noth,
Und damals keinen Bissen Brodt.

4. Kein Kleid wurd mir zur Deck gegeben,
Als Leder um die Lenden rum;
Auf meinem Lager gleichfalls eben
Lag ich sehr ofte hart und krumm,
Weil mit noch Fünfen, paar und paar,
Ich an die Kett' geschlossen war.

5. Die harte Arbeit, Durst und Blösse,
Die Hitze, da man fast verschmacht;
Die schlechte Kost, die Schläg' und Stösse,
Die schweren Fesseln Tag und Nacht,
Die pressten uns Jahr ein Jahr aus,
Oft manches Ach und Seufzen aus.

6. Ob wir uns gleich oft sehnen thäten
Zurück in unser Vaterland,
Und GOtt anruften in den Nöthen,

Um Rettung aus dem Sklavenstand,
So war doch keine Hoffnung da,
Weil keiner keinen Helfer sah.

7. Doch nach so vielen Unglückswetter,
Da man GOtt immer weinend bat,
Sandt GOtt uns endlich den Erretter,
Der uns dann losgekaufet hat,
Und Zehrungsfrey weit übers Meer
Bracht glücklich uns nach Deutschland her.

8. GOtt schenk ihm tausend Glück und Segen,
Für die so edle Liebesthat!
Er schütze ihn auf seinen Wegen
Für allen Unfall früh und spat!
Und schenk ihn einst auch nach der Zeit
Dafür die ew'ge Seligkeit.

9. Dir aber, GOtt, der du ihn sandtest
Zu uns als einen Engel hin,
Und unsre Trübsalsnoth wohl kanntest,
In der wir sind gesteckt vorhin,
Dir sey Dank, Preis, Lob, Ehr und Macht,
In Ewigkeit dafür gebracht!

10. Erbarme ferner dich auch deren,
Die noch in Fesseln müssen gehn.
Erhör ihr Schreyen und Begehren,
Und lasse sie auch Hülfe sehn,
Und mache sie durch deine Treu,
Von ihren Sklaven-Ketten frey.

11. Ist Zeit und Stunde noch nicht kommen,
Sie von den Dienst zu machen frey,
So steh, o Vater aller Frommen!
Doch ihnen in der Noth stets bey,
Und führe sie durch fromme Leut
Auch einst aus ihrer Dienstbarkeit.

12. Solt' aber mancher in dem Lande
Auch sterben in der Sklaverey,
So leg für ihre Kett'n und Bande,
Dort ihnen goldne Kronen bey,
Und führ' sie aus dem Sklavenstand
Zu dir ins himmlisch' Vaterland!

Abschieds-Lied
des
Johann Ehrenfried Weishaupts

welcher, nachdem er bey seinen Eltern noch 4. Wochen gelebt, und 8. Tage bettlägerig war, endlich den 11. Febr. 1789.
im Herrn selig verschieden, und den 15. darauf auf den Gottesacker zu St. Peter und Paul christlich beerdiget worden ist,
nachdem er sein Alter auf 31. Jahr, 10. Monath
und 12. Tage gebracht hat.

Mel. Herzlich thut mich verlangen etc.

Nun hab' ich überstanden
Die schwere Sklaverey,
Ich bin von Kett und Banden
Und allen Elend frey;
Mein Wunsch ist mir gewähret,
Im Vaterlande doch,
Wie ich schon längst begehret,
Selig zu sterben noch.

Ich hab im Sklavenstande,
Erlitten manches Leid,
Welch's GOtt am besten kannte,
Und mich davon befreyt,

64

Nun macht er meine Seele
Auch von den Banden los,
Führt aus des Leibes Höhle
Sie ein in seinen Schooß.

Ich hatt' ein' weite Reise
Heim in mein Vaterland,
Oft schlechte Kost und Speise,
Zu Wasser und zu Land.
Nun wird ein Engel-Wagen
Von JEsu eingesandt,
Der meine Seel thut tragen
Ins himmlisch' Vaterland.

Statt wilden Wüsteneyen,
Wo man von Niemand weiß,
Thut JEsus mich erfreuen
Im schönen Paradeis;
Statt grausamen Barbaren,
Wo ich gewesen bin,
Stellt er mich zu den Schaaren
Der schönen Engel hin.

Statt finstern Loch und Kerker,
Der mich des Nachts umfaßt,
Wird mir der Sternen-Erker
Und schöne Luft-Pallast
Des Himmels aufgeschlossen,
Wo statt den Pflug und Joch,
Ich breche Freuden-Rosen,
Und werd erfreuet hoch.

Statt schlechter Deck und Kleide
Zieht mir mein JEsus an
Den Rock von weisser Seide,
Worin ich prangen kann.
Die schweren Fessel dorten,
An Hånd und Füß zugleich,

Sind nun verwandelt worden
In Kron und Palmen-Zweig.

Von Fesseln meine Wunden,
Die ich nach Haus mitbracht,
Hat JEsus nun verbunden,
Und sie ganz heil gemacht.
Die hart' Arbeit und Schläge,
Die ich oft fühlen must',
Sind lauter Ruhe-Täge,
Sind lauter Freud und Lust.

Kein Durst thut mich mehr kränken,
Weil mich mein JEsus nun
Mit Wollust selbst thut tränken,
Vom frischen Lebens-Brunn.
Statt großer Sonnen-Hitze,
Die mich vorhin oft stach,
Ich nun in Kühlen sitze,
Und Labung finden mag.

Mein Seufzen und mein Sehnen,
So ich zu GOtt schickt ab,
Ja alle meine Thränen,
Die ich geweinet hab,
Thut JEsus mir abwischen,
Und mich statt schlechter Kost,
Mit Lebens-Brodt erfrischen
Und süssem Himmels-Most.

Nun gute Nacht, ihr Lieben!
Ihr Eltern, gute Nacht!
Thut euch nicht so betrüben,
GOtt hats recht wohl gemacht.
Leb wohl, mein liebster Bruder!
Laß doch dein Weinen seyn,
Ich geh zu meiner Mutter
Nun in den Himmel ein.

Lebt wohl ihr Anverwandten!
Ich sterb nach GOttes Rath;
Lebt wohl ihr Wohlbekannten
In meiner Vaterstadt,
Die ihr mich wohl gekennet,
Und mich besuchet habt,
Auch mich, eh ich getrennet,
Mit Speis und Trank begabt.

Leb wohl auch, mein Erretter!
Hab' Dank mit Mund und Hand,
Daß du vom Unglücks-Wetter
Und harten Sklaven-Stand
Mich machtest los und freye,
Daß ich nach Haus konnt gehn.
Dort werden wir aufs neue
Einander wieder sehn.

Grabschrift.

Schlaf, liebster Weishaupt, wohl in deinem Vaterlande,
In welchem dich GOtt ließ nur leben kurze Zeit,
Nachdem er dich erlöst aus deinem Sklavenstande.
Nun bist du erst recht frey von aller Angst und Leid,
Dein JEsus, der dich hat erkauft mit seinem Blute,
Schenkt dir die Freyheit nun zum Himmel selbsten gar,
Wo deinem matten Geist weit mehr geschicht zu gute,
Als wenn du in der Welt gelebt noch viele Jahr.
Drum Eltern, weinet nicht, wie es GOtt ließ geschehen,
Daß Euer Sohn zu Euch ist kommen wieder her,
So werd't Ihr gleichfalls ihn im Himmel wieder sehen
Und Euch dann selbst mit ihm dort ewig freuen sehr.

Kurze Beschreibung

des

von einem Barbierer-Gesellen aus Würz-
burg in der Kirche bey Sct. Jakob in Nürnberg mit einem Kanzeltuch begangenen

Kirchen-Raub.

Nebst einem

Warnungslied

an alle rechtschaffene Mutter-Kinder

sich für dergleichen bösen

Gedanken

und

Thaten

zu hüten und in Acht zu

nehmen.

1793.

Geneigter Leser.

Wenn dorten unser Heiland das böse menschliche Herz
abschildern will, so sagt er auch unter andern im 15 Cap.
Matth. im 19. Vers: Aus dem Herzen kommen arge Gedanken, Mord, Ehebruch, Hurerey, Dieberey, falsch Gezeug-

niß, Lästerung. Es gab Ihm hiezu Anlaß die Aufsätze der Pharisäer, welche nur auf das Aeusserliche sahen, wie sie sich vor dem Essen waschen und das Geschirr reinlich halten möchten, auf das Inwendige aber, auf das Herz, hatten sie nicht acht. Darum sagt er schon in dem vorhergehenden 18 Vers[1]: was zum Munde eingehet, verunreiniget dem Menschen nicht; aber, spricht er alsdann darauf: Aus dem Herzen kommen arge Gedanken u. s. w. Darum ist es eine Hauptsache von den Eltern, daß sie ihre Kinder zu allen Guten angewöhnen und ihr Herz schon von Jugend auf zu bilden suchen, damit sie nicht alsdann so leicht verführt werden, und den ersten bösen Gedanken, der in ihren Herzen aufsteigt, gleich zu unterdrücken suchen, welcher oft, wenn sie ihm Raum geben, in das allerabscheulichste Laster ausbricht, und den Menschen zu solchen Leidenschaften verleiten kann, daß man gar nicht denken sollte, ob ein vernünftiger Mensch dergleichen Dinge, die oft geschehen, begehen kann.

Dergleichen Exempel haben wir auch vor kurzem in Nürnberg an einem Barbierer-Gesellen, der sich nicht nur einfallen lassen, ein in der Jakober Kirche mit goldenen Borten besetztes Kanzeltuch zu stehlen, sondern auch solches mit grosser Mühe und Gefährlichkeit, wirklich unternommen und vollbracht hat.

Es geschah solches in der ersten Pfingstnacht; wo er, anstatt daß er hätte den Geist Gottes in seinem Herzen Raum geben sollen, sich von dem Teufel blenden ließ, ein Kirchen-Räuber zu werden.

Das viele Reden in der Stadt von dieser Begebenheit, beunruhigte ihn, daß er sich nimmer getraute länger hier zu bleiben, er packte seine Sachen zusamm, und war in willens mit sammt den Kanzeltuch durchzugehen, wurde aber noch den 24 May, Freytag Abends um 10. Uhr darüber erwischt und

---

1 Der 19. Vers wird richtig zitiert; Vers 17 und 18 aber lauten: »Merkt ihr nicht, daß alles, was in den Mund hineinkommt, in den Bauch gelangt und an seinen Ort ausgeschieden wird? Was aber aus dem Mund herauskommt, das kommt aus dem Herzen hervor, und das verunreinigt den Menschen.«

gefänglich eingezogen, und erwartet von einer hohen Obrigkeit seine Straffe, oder den Lohn, den seine Thaten werth sind.

Gedanken

über die, auf die Dosen gemahlte drey Bader.[2]

Drey Bader brachten sich
All drey um ihre Ehre.
Der eine sprach: Ich Schwöre.
Der andre sprach: Ich Scheere.
Der dritte sprach: Ich Stehle;
Hab aber noch nicht gnug.
Drum steig in die Kirch'
Und stehl das Kanzeltuch.

Bußlied.

Mel: Straff mich nicht in deinen Zorn etc.

1.

Himmel, was hab ich gethan,
    Was hab ich begangen!
Schaut doch, wie der Satan kan
    Oft die Menschen fangen.
        Wie das Geld
        In der Welt
Oft die Menschen blendet,
Und von Gott abwendet.

---

2 Die Bedeutung ist unklar; gemeint sind vermutlich bemalte Dosen, die verkauft wurden. Dosenmalerei ist seit der Mitte des 16. Jh.s als Emailmalerei bekannt, im 18. Jh. dann auch billigere Wasserfarbenmalerei mit Lacküberzug. Daniel Chodowiecki war etwa als Dosenmaler tätig.

2.

Ach! ich ließ mich leider auch
    So vom Satan blenden,
Daß ich von dem Kirchen-Raub
War nicht abzuwenden.
    Bis der Sprung
    Mir gelung,
Von gestohlnen Sachen
Lustig mich zu machen.

3.

Jugend, Jugend, spiegelt euch!
    Schaut an mein Exempel,
Ich bin größten Sündern gleich,
Weil ich Gottes Tempel
    Hab beraubt
    Und erlaubt
Mir mit meinen Hånden,
Gott was zu entwenden.

4.

Eltern, ach! ich bitte euch,
    Verzeih't mir die Schande,
Die ich durch solch dieb'schen Streich
Euch gemacht im Lande.
    Gott geh' nicht
    In's Gericht
Mit mir Kind der Sünden,
Laß mich Gnade finden.

Eine gewisse und wahrhafte

Geschichte,

die sich

in dem Jahre 1798 den 2ten März

am St. Gregori-Tage

zu Ollmütz in Mähren

zugetragen

wo ein kleines eingewickeltes Kindlein in der
Kirche auf dem Taufstein gefunden worden und
als man es hatte taufen wollen, zu jedermanns
größtem Entsetzen zu reden angefangen.

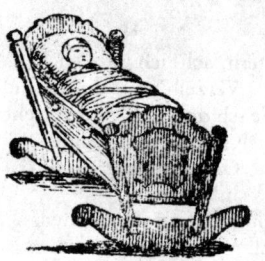

Sechste Auflage.   Hat die Zensur passirt.

Augsburg,

zu finden in der Fuggerey Nro. 45.

Eine gewisse und wahrhafte

Geschichte,

die sich

in dem Jahre 1798 den 2ten März

am St. Gregori-Tage

zu Ollmütz in Mähren

zugetragen

wo ein kleines eingewickeltes Kindlein in der Kirche auf dem Taufstein gefunden worden und als man es hatte taufen wollen, zu jedermanns größtem Entsetzen zu reden angefangen.

Sechste Auflage.   Hat die Zensur passirt.

Augsburg,

zu finden in der Fuggerey Nro. 45.

Gregorius.

Mel. Durch Adams Fall ist ganz verderbt etc.

Ihr Christen hört, wie Gott der Herr, uns väterlich läßt warnen, von wegen unsrer Sünden schwer, die Reichen wie die Armen, wohl durch ein kleines Kindelein, welches man hat gefunden in der Kirch auf dem Taufestein, schön, hübsch und eingebunden.

2. Am Gregori Tag, wie ich euch sag', dies Wunder sich begeben. O Mensch, veracht nicht was ich klag, thu Buß und

beßre dein Leben. Zu Ollmůtz in Måhren, wie ich meld, thut man wahrhaftig schreiben, dies kleine Kind gefunden ward, kein Gespôtt soll man draus treiben.

3. Als der Kůster am Morgen kam, in die Kirch und wollte låuten, ein Stimm eines kleinen Kinds vernahm; sprach, was soll dies bedeuten? eine Furcht und Schrecken ihm ankam, that zur Kirch hinaus gehen, und zeigt solches dem Pfarrer an, was er gehôrt und gesehen.

4. Der Pfarrer sich nicht lang besann, thåt mit dem Kůster gehen, und endlich Bůrger mit sich nahm, das Kindlein zu besehen; darůber hielt man einen Rath, was man mit ihm sollt' machen, einhelliglich beschlossen ward, man sollt' es taufen lassen.

5. Viel Volks da in die Kirche kam, dies Kindlein zu beschauen; die Weiber brachten Windlein dar, es riethens Mann und Frauen, man sollt ihm geben die heilge Tauf, und einen christlichen Namen; Gregori sollt es heißen auch, weils an dem Tag herkommen.

6. Als die Taufe zubereitet war, und Gevatterleut zugegen, auch die Gemein versammlet war, fing das Kind an zu reden, es sprach ach, ihr sollts bleiben lan, die Taufe mir nicht mangelt, ich bin gesandt von Himmels Thron, hab Gemeinschaft mit den Engeln.

7. Es sprach auch, o du Menschenkind, es sey reich oder arme, ein jedes lasse ab von Sůnd, daß Gott sich euer erbarme; thut Buß denn es ist hohe Zeit, thut Buße bey gesundem Leben, denn ůber die ganze Christenheit, thut der Zorn Gottes schweben.

8. Ach schafft die Hoffart, Wucher und Geitz, nebst Spielen, Saufen und Fressen, Unzucht und alle Ueppigkeit, doch bald aus euren Herzen; Fluchen und Schwôren zu dieser Zeit, Gott thut selbst drůber klagen. O weh, die Strafen sind nicht weit, das Kind dies thåte sagen.

9. Wenn dies Jahr wird vorůber seyn, und das Neun und Neunzig wird kommen, wird große Noth auch brechen ein, dergleichen man nie vernommen; Gott wird auch schicken

schweren Krieg, und großes Blutvergießen, in manchem Land und mancher Grenz, wie mans erfahren müssen.

10. Es wird auch der allmächtge Gott, die Welt an vielen Orten strafen, mit Feuer und mit Wassernoth, und sonsten allerley Plagen, mit sehr grausamen Wetter schwer, mit Erdbeben, Sturm und Winden, wird euch sehr strafen Gott der Herr, wenn ihr nicht laßt von Sünden.

11. Das Kind sagt auch mit Traurigkeit, wohin wird man begraben, die Leute all in kurzer Zeit, so künftig werden erschlagen; es werden auch durch Kummer und Noth, viel tausend Menschen umkommen, in Krankheiten und schleunigem Tod, ihr Leben enden und sterben.

12. Wenn die Straf'n all ein Ende han, wird Gott durch seinen Segen, wieder aufthun seine milde Hand, der ganzen Welt Fried geben; wohlfeil wird werden Korn und Wein, auch sonst allerley Früchte, an Menschen aber Mangel seyn, sonderlich bey den Christen.

13. Als nun das Kind das Wort vollendt, und alle Furcht verschwunden, sprach es: adieu du schnöde Welt, ach laß doch bald von Sünden. Ich fahre hin, woher ich kam, zu Gott ist meine Straßen, ach laßt von Sünden, ich bitt' euch drum, daß Gott abwend die Strafen.

Merkwürdige Beschreibung

einer

dreifach verübten

Mordthat,

welche sich

in einem Jägerhause, im Thüringer Walde

zugetragen hat.

Alles ausführlich beschrieben.

Nebst einem Liede.

Nach den Sondershausischen[1] Nachrichten

1801.

Der Thüringer Wald ist wegen der häufigen und abscheulichen Mordgeschichten, welche sich daselbst zugetragen, in der ganzen Welt bekannt. In einem der unsichersten und gefährlichsten Theile desselben, liegt ein sehr bequemes und sehr gut eingerichtetes Jägerhaus, welches jetzt der Jäger Johann Christian Müller mit seiner Familie bewohnt. Die Frau dieses Mannes kam vor Kurzem mit einem Söhnlein nieder, von welchem sie, durch Hülfe einer Hebamme, aus einem zwey Stunden entfernten Orte, glücklich entbunden wurde. Diese Hebamme, Trine Margarethe Pfan-

1 Stadt an der Wipper, bei Erfurt.

nenstiel, hatte ein sehr einschmeichelndes Wesen, und wußte sich die Vertraulichkeit und Gewogenheit der Jägersfrau in so hohem Grade zu verschaffen, daß diese keine Heimlichkeiten mehr vor ihrer Hebamme hatte, und ihr alles zeigte, was an Geld, Silber, Leinen und andern vortreflichen Sachen im Hause war. Nach einiger Zeit, wie der Jäger grad nicht zu Hause war, kam die Hebamme, die Jägerfrau zu besuchen. Sie wurde gastfrey und freundschaftlich aufgenommen, ihr Caffee und das Beste, was im Hause war, vorgesetzt, und schon sann die Jägersfrau darauf, der Hebamme ein tüchtiges Bündel auf dem Weg zu schnüren. Auf einmal zog die Hebamme ein gewaltig langes Messer heraus und drohte die Jägersfrau augenblicklich zu ermorden, wenn sie ihr nicht alle Kisten und Kasten aufschließen, und alles, was ihr anstünde, hergeben wollte. Die Jägersfrau gerieth anfänglich in tödliche Angst und Schrecken; faßte sich aber gleich wieder, und führte dies Weib zuerst auf eine Kammer, wo ein sehr großer Kleiderschrank stand, in welchem sich auch das vorräthige Geld befand. Die Jägersfrau schloß auf; die Hebamme stieg hinein, um das Geld und andere nützliche Sachen heraus zu holen; plötzlich schlug die Jägersfrau die Thüre zu, warf eiserne Krampen vor, und hielt so die nichtswürdige Diebin gefangen.

Doch auf einmal überfiel der Jägersfrau eine schreckliche Angst, und die nicht ungegründete Furcht, daß das Weib Helfershelfer haben könnte, die auflauerten, und ihr zu Hülfe kommen würden. Sie lief also eilends nach dem Garten, rief die Dienstmagd, und schicken sie in den Wald, um den Jäger Müller, ihren Mann aufzusuchen; sie selbst verschloß und verrammelte das Haus, um gegen jedem Unfall sicher zu seyn.

Wie die Magd ins Holz kam, begegnete ihr der Mann der Hebamme, welcher um das Vorhaben seiner Frau wußte, und fragt sie: Ob seine Frau bey ihrer Herrschaft wäre. Das Mädchen antwortete kurz: sie wüßte es nicht. Er fragt noch einmal, und wie sie ihm wieder so ganz kurz abfertigte; so glaubte er, die Sache sey verrathen und ermordete das Mädchen mit einem Dolche, welchen er im Busen verborgen hatte. Er warf die ermordete in ein Gebůsch, und gieng darauf nach dem Jägerhause.

Hier fand er nun alles wohl verwahrt, und konnte nicht einkommen. Er lårmte, pochte und drohte, er wolle das Haus anstecken, oder wie solche Leute sprechen, den rothen Hahn aufsetzen[2] wenn die Jågersfrau nicht ſffnen wůrde; allein sie blieb standhaft und machte nicht auf. Endlich gebrauchte er Brecheisen, um mit Gewalt einzubrechen, die Frau hatte die Entschlossenheit, zwey geladene Gewehre ihres Mannes zu ergreifen, drůckte das eine auf den Kerl ab; fehlte aber, und traf ihn nicht. Sie ergriff das zweyte, zielt glůcklicher, und schoß den Kerl nieder, so daß er auch nicht die geringste Spur des Lebens mehr von sich gab.

Die Jågersfrau war nun ausser Gefahr, indem die Diebe keine weitere Gehůlfen hatten; allein da weder ihr Mann noch das Mådchen zurůck kam, so gerieth sie wieder in unbeschreibliche Angst. Der Erschoßne Pfannenstiel lag vor ihrer Thůr. Eine gute Bekannte kam unter dem Fenster, und erzählte ihr: daß ihr Dienstmådgen ermordet im Gebůsch gefunden worden wåre. Die eingeschloßne Hebamme lårmte entsetzlich, tobte, fluchte, weinte und bat wechselweise. Die Jågersfrau wußte nicht was sie thun sollte.

Erst spåt in der Nacht kehrte ihr Mann zurůck. Dieser entsetzte sich, wie er den todten Kſrper vor seiner Thůre fand, und erstaunte, wie ihm seine Frau die ganze Geschichte erzählte. Er lief zu dem Gerichte. Einige Gerichtsdiener wurden geschickt, um die Hebamme in Verhaft zu nehmen, allein, wie sie den Schrank erſffneten, lag diese ohne Gefůhl und einen Todten åhnlich. Der dabey sich befindende Gerichtsschreiber glaubte nun, daß er auch die Jågersleute arretiren mßte, weil man nicht wissen konnte, ob sie nicht vielleicht die Ermordeten deswegen umgebracht håtten, um sich des Ihrigen zu bemächtigen. Der Jåger und seine Frau mußten also in das Gefångniß wandern.

2 Feuer legen.

Die Hebamme wurde durch Reiben und Erwårmen wieder ins Leben gebracht, und den andern Tag verhört. Sie sagte fålschlich aus, daß die Jågersleute sie und ihren Mann listiglich ins Haus gelockt, ihren Mann erschossen, und vor die Thür geworfen, sie selbst in den Kleiderschrank gesperrt håtten, um sie zu ersticken, und ihr eigenes Dienstmådgen ermordet håtte, damit sie die Sache nicht ausbringen könnte. Der Jåger und seine Frau leugneten dies alles, erzählten die Wahrheit, und beriefen sich auf ihre Unschuld. Allein weil sie keine Zeugen hatten, und der Schein wider sie war, wurden sie zum Tode verurtheilt.

Dieses Urtheil würde auch richtig an ihnen vollzogen worden seyn, wenn der Prediger, welcher zu ihnen geschickt wurde, um sie zum Tode vorzubereiten, nicht ein äußerst rechtschaffener und kluger Mann gewesen wåre. Dieser sahe bald ein, daß die Jågersleute unschuldig waren, und ging zu der Hebamme, um ihr das Gewissen zu schårfen. Es gelang ihm auch, daß er sie zum Geståndniß brachte, und versprach ihr heilig, daß, wenn sie ihr Geståndniß gerichtlich wiederholen wollte, ihr Begnadigung zu verschaffen. Wenn sie das aber nicht thun würde: so wollte er es dahin bringen, daß sie gerådert werden sollte, weil sie auch nun Schuld an dem Tode zwey der unschuldigsten Personen seyn würde.

Die Hebamme ging mit dem Prediger zum Richter, legte ihre Bekenntnisse ab, und wurde von neuem untersucht, die Jågersleute ganz unschuldig befunden und wieder auf freyen Fuß gestellt.

Die Hebamme sollte Begnadigung haben. Allein es kamen mehrere Klagen und Beschwerden über sie. Sie wurde überführt, an wenigstens dreyßig Diebståhlen und drey Ermordungen Antheil genommen zu haben. Sie wurde daher zum Rade verurtheilt. Doch aus besonderer Gnade und auf Bitten des rechtschaffenen Predigers wurde ihr Urtheil dahin gemildert, daß sie enthauptet werden sollte.

Dies geschahe zu Sondershausen den 6. Febr. 1801. unter dem Auflaufe einer ungeheuren Volksmenge. Sie starb bekehrt als eine Christin, und bereuete alle ihre Sünden und

Missethaten von Herzen, und es ist zu hoffen, daß der liebe Gott sie zu Gnaden angenommen hat.

Der allmächtige Gott bewahre doch jeden Menschen vor Habsucht und Streben nach fremden Gute, woraus gewöhnlich Mord und Todschlag entsteht. Er rühre doch aller Menschen Herzen, daß sie sich wie Brüder unter einander lieben.

Lied:

Melodie: Wer sagt mir an, wo Weinberg etc.

Hört an die große Mordgeschicht,
Die sich hat zugetragen;
(Denn es soll treulich mein Bericht
Euch alles davon sagen:)
In einem Wald, euch wohl bekannt,
Thüringerwald wird er genannt.

Da lebte friedlich und in Ruh
Ein Jägersmann mit Frauen,
Gott schenkt ein Söhnlein ihm dazu,
Nachkommenschaft zu bauen;
Allein ein böses Weib zerstört
Ihm Ruh und alles was ihm werth.

Die Hebamm' seiner Frau die wollt
Ihm Geld und alles stehlen;
Sie wußte, was da war an Gold,
Die Frau durft nichts verheelen;
Allein die Frau schloß kurz und gut
Das Weib in Kleiderschrank mit Muth.

Drauf kommt ein Kerl und fragt die Magd
Wo seine Frau geblieben?
Weil nun die kurze Antwort sagt:

Da wollt er Rache üben.
Er mordete die treue Magd,
Und gieng zur Hausthür unverzagt.

Da wollt er ein; doch konnt er nicht,
Die Jägerin hat verschlossen.
Er nimmt die Eisen und erbricht
Die Laden unverdrossen.
Allein die rasche Jägerin
Streckt ihm mit einem Schusse hin.

Und wie der Jäger wiederkehrt,
Sieht er den Todten liegen.
Von der Geschichte ganz belehrt,
Will er zum Amtmann fliegen.
Er thuts, und das Gericht fängt an
Zu arretiren Weib und Mann.

Weil nun zuwider ist der Schein,
Soll er und sein Weib sterben;
Allein, so soll es einmal seyn,
Wer gut, muß nicht verderben.
Der Pred'ger, dems am Herzen lag,
Bringt ihre Unschuld an den Tag.

Die Hebamm' muß nun jämmerlich
Des bittern Todes sterben;
Jedoch durch Reue hilft sie sich
Vom ewigen Verderben.
Sie, sie gesteht die böse That,
Die sie so oft begangen hat.

Mit ihrem Leben mußte sie
Die Missethat nun büßen.
O! lieben Christen, sucht doch nie,
Was fremd ist, zu genießen:
O! spiegelt alle euch daran.
Alt, Jung, und Weib und Kind und Mann.

Beschreibung
von der grossen Theuerung in Wien,
nebst einer nicht weit davon sich zugetragenen
Wunder = Geschichte
von einem sehr reichen geizigen Müller, der seinen armen
Bruder mit 6 hungrigen Kindern einen Laib Brod versagt,
wie er dafür gestraft, die Kinder aber durch einen sanften Schlaf von Gott wunderbar erhalten, nun aber
wieder aufgewacht sind.

Gedruckt und zu bekommen in Wien bey Anton Leitner.

1. Die sechs schlafenden Kinder. 2. Der Vater, so
sie aufwecken will. 3. Die Mutter, so den Laib Brod
anschneidet. 4. Der Müller, so im Stuhl sitzt. 5. Der
Knecht. 6. Die Mäuse, so das Korn gefressen.

nebst einer nicht weit davon sich zugetragenen

Wunder-Geschichte

von einem sehr reichen geizigen Müller, der seinen armen
Bruder mit 6 hungrigen Kindern einen Laib Brod versagt, wie
er dafür gestraft, die Kinder aber durch einen sanften Schlaf
von Gott wunderbar erhalten, nun aber wieder
aufgewacht sind.

Gedruckt und zu bekommen in Wien bey Anton Leitner.

Von allen Orten und Gegenden, wo man nur hört, soll es
nirgends so theuer seyn, als bey uns in Wien, wo man das
Simra[1] Korn um 50 fl.[2] und eine Kartoffel um einen Kreuzer,
auch sogar das Wasser an vielen Orten ums Geld kaufen
mußte. Zu Enz, etliche Meilen von hier, trug sich im Monat
December 1802 bey einer fortsteigenden Theurung folgende
Geschichte zu: Der Müller daselbst, Namens Steinbolz, ein
grundreicher, aber dabey sehr geiziger wucherischer Mann
kaufte einen grossen Vorrath Korn ein, so das vorige Jahr
schon gewachsen war, und hatte sich hochverschworen,
nichts davon wegzugeben, als bis es viermal so viel gelte, als es
ihm gekostet hat, und sollten es auch, setzte er noch hinzu,
die Mäuse fressen müssen.

Dieser reiche Müller hatte einen blutarmen Bruder, welcher ein Taglöhner war, und wegen Krankheit nichts verdienen konnte; seine 6 noch kleinen unerzogenen hungrigen
Kinder, die schon 2 Nächte hungrig schlafen gegangen,

1 Getreidemaß (auch: Simmer).
2 Florin (Gulden).

zwangen ihn endlich, zu seinem Bruder zu gehn und ihn um einen Laib Brod anzusprechen. Der Müller, als ein Erzgeizhals, redete sich aus, er müsse erst bachen, und habe nur noch den lezten Laib Brod im Hause, er könnte ihn also diesmal nicht helfen; worauf sein Bruder zu ihm sagte: ich habe ja gehört, du habest erst gestern gebachen, worauf er ihn mit sehr harten und rauhen Worten anfuhr und sich hoch verschwor, er habe nicht gebachen und wenn er mehr Brod im Hause, als dies im Tischladen, hätte, so sollten die Würmer ihm sammt dem Brode fressen. Ach, meine guten Kinder, sagte der Arme, müssen auch diesmal hungrig schlafen gehen, sie haben schon 2 Tage keinen Bissen Brod und nichts als ein Paar Kartoffeln gehabt, die ich um mein leztes Geld ihnen gekauft habe. Deine Kinder, sagte der reiche Wanst, werden nicht gleich sterben, wenn sie hungrig schlafen gehen, und wenn sie auch sterben, so sey froh, daß du der Plage loß wirst; man muß jezt, da das Korn so theuer ist, nicht immer fressen, bekommen doch die Mücken auch oft ein ganzes halbes Jahr nichts zu fressen, sie krepiren doch nicht. Als der Arme hörte, daß er nur seiner spottete, gieng er betrübt von ihm fort. Da er nach Hause kommt, schreyen ihm schon die Kinder entgegen: Ach unser guter Vater kommt und bringt uns von unserm Vetterlein Brod mit. Ach ihr guten Kinder, sagte der Vater, euer Vetterlein giebt euch kein Brod, er hat gesagt, man muß jezt, da das Korn so theuer ist, nicht immerfort fressen, ihr könnt schon so schlafen gehen, und gab darauf jeden eine Potacke[3]; die Kinder sagten, so wollen wir dann in Gottes Namen auch diesmal hungrig schlafen gehen und so lange schlaffen, bis das Korn wohlfeiler wird, und legten sich hierauf mit hungrigem Magen zu Bett.

Was geschieht, der Müller empfand dieselbe ganze Nacht ein gewaltiges Leibreissen, sein Gewissen sagte ihm auch gleich, daß er Unrecht gethan hätte, stund deswegen in allerfrühe auf und brachte seinen Bruder einen Laib Brod. Der Vater springt vor Freude zu der Kinder Bette und will sie

3 Kartoffel (auch: Patacke; vgl. ital. *patata*, engl. *potato*).

aufwecken, er rüttelt und schüttelt sie, aber es will keines aufwachen, ob er sie gleich stark schnaufen hörte, die Mutter will indessen den Laib Brod anschneiden, aber Himmel, wie erschrack sie, da sie sahe, wie er durch und durch verschimmelt war. Der Müller satzte sich auf einen Stuhl, bekannte seine Sünde und sagte, daß das Brod noch ganz neu und erst vorgestern gebachen worden sey, klagte auch, daß er gewaltiges Leibreissen fühle, riß seinen Brustfleck und Hemd voneinander und sahe mit grossen Schrecken und Entsetzen, daß lebendige Würmer aus seinen Leib herausgekrochen kamen. Wie er nach Haus kam, will der Knecht frühstücken, er schneidet 1, 2 bis 3 Laib Brod an, und alles Brod war durchaus verschimmelt. Kurz darauf geht er auf den Boden, um Korn zum mahlen herunter zu holen, und siehet mit Erstaunen, wie der ganze Kornhaufe mit Mäusen bedeckt war, und daß alles auf dem Boden von lauter Mäusen nur so wimmelte. Er gieng hinunter und sagte es seinen Herrn, der alsdann daran gedachte, was er einsmal so leichtsinnig zweymal geschworen hatte, denn in Zeit von 2mal 24 Stunden hatten die Mäuse alles Korn zusammen gefressen und liessen nichts mehr übrig, als die Kleyen. Der Müller ist acht Tage darauf gestorben, die Kinder aber des armen Bruders sind von ihren sanften Schlummer in einigen Wochen wieder aufgewacht und gesund geblieben, nachdem ihr Vater von einigen Wohlthätern mit Geld unterstüzt wurde.

Warnung.

Hier spiegelt euch ihr Kornwucherer und Geizhälse, bedenkt, welche grosse Sünde es sey, sein Korn so lang auf Theurung aufzuheben, und denkt, daß euch Gott dafür strafen kan. Nehmt euch auch ein Exempel, ihr leichtsinnigen Schwörer, die ihr oft die größten Unwahrheiten und Lügen sogar mit einem Schwur betheuert und denkt, es habe nichts zu bedeuten. Irret euch nicht, denn Gott läßt sich nicht spotten.

Merket euch dieses auch ihr Reichen, die ihr bei eurem Ueberfluß und Verschwendung eure armen Brůder und Schwestern, die so oft in grossen Mangel und Elend leben, so kőnnt herum gehen sehen, und sie noch dazu, wenn sie euch um ein Stůcklein Brod ansprechen, mit harten Worten von euch abweißt; denkt, es wird ein unbarmherzig Gericht über euch ergehen, darum seyd barmherzig, wie auch euer Vater im Himmel barmherzig ist.

Lied

auf die anhaltende Theurung und über die 6 schlafenden Kinder. Von einem Wiener Studenten.

Im Ton: Wenn ich einsam Thrånen weine etc.

Schlummert sanft, ihr guten Kinder, in der grossen Theurungsnoth, und verschlaft den harten Winter, wo oft manches schreit nach Brod. Theure Zeit hat Gott gesendet, Mangel ist am Brode da, doch, wer sich zu ihm nur wendet, ist er auch mit Hůlfe nah.

2. Unsre schőnen Landesfrůchte, Haber, Gerste, Korn und Waiz, machte Gott dies Jahr zu nichte, auf verschiedne Art und Weis; Frost und Hitze, Måus und Schlossen[4], haben dies vergangne Jahr, manches Land und Gegend troffen, daß kein Vorrath ůbrig war.

3. Ach, wie mancher guter Vater, der viel Kinder hat im Haus, seufzt: ach Gott sey mein Berather, hilf mir diesen Winter aus; seinen Kindern, die da weinen, trocknet er die Thrånen ab, spricht, Gott wird mit Hůlf erscheinen, bleibt nur fromm bis in das Grab.

4. Vater aller Menschenkinder, ach erbarm in solcher Noth, dich der Frommen, wie der Sůnder, schenk uns wieder wohlfeil Brod; sey den Armen ihr Berather, halt der grossen Theurung ein, denke, daß du unser Vater, und wir deine Kinder seyn. Amen.

4 Hagelkörner (Hagel galt als Zeichen für den Zorn Gottes).

Sieben Mordthaten,

welche

der Schneidermeister

Hammelmann

zu Zelle im Hannöverschen

ausgeübt,

welcher den Lohn für seine Greuelthaten
durchs Rad empfangen hat.

———————

Hannover, den 3ten Januar.

———————————————

1 8 0 4.

Dieser Schneidermeister Hammelmann war aus der Grafschaft Hoya[1] gebürtig. Den ersten Mord verübte er an seinem
Lehrburschen, der eine Vater- und Mutterlose Waise war,
und der von seinen Eltern, als ihr einziges Kind, 300 Thaler
geerbt hatte. Hammelmann sagte oft zu ihm: »Wilhelm, setze
mich zu deinem Erben ein!« O Meister! ich bin ja noch jung;
ich denke noch lange nicht zu sterben, antwortete der Bursche, und glaubte, daß sein Meister mit ihm scherzte. Allein
dieser läßt dem Lehrburschen nicht eher Ruhe, bis er eine
Schrift aufsetzen und von Zeugen unterschreiben läßt, worin

1 1345–1503 Grafschaft der Grafen von Hoya mit Sitz in Hoya an der Weser
  (Niedersachsen), seit 1582 unter der Herrschaft der Herzöge von Braun-
  schweig-Lüneburg.

er seinen Meister, weil er gar keine Angehörigen hatte, zu seinem einzigen Erben eingesetzt. Nach drey Wochen findet man den Burschen des Morgens todt im Bette.

Die zweyte Mordthat hat er an einem Buchbindergesellen, welcher bey ihm ein halbes Jahr zur Miethe gewohnt, und sich einen ansehnlichen Nothpfennig gespart haben soll, auf gleiche Art und Weise verübt. Man hat diesen Buchbindergesellen ebenfalls eines Morgens todt im Bette gefunden.

Die dritte Morthat hat er an seiner eignen Schwester begangen, welche bei ihm im Hause wohnte, und mit der er sich, weil sie rechtschaffen und christlich gesinnt war, nicht vertragen konnte. Da sie ihrem Bruder einst ernstlich sagte, daß sie von ihm ausziehen würde, so fand man auch sie am andern Morgen todt in ihrem Bette.

Die vierte Greuelthat begieng er nicht lange darauf an seiner ersten Frau, welche die Tochter eines Schneiders in Zelle[2], und eine überaus fleißige und fromme Hausfrau war. Zwey Kinder hatte er bereits mit ihr erzeugt, und wie sie mit dem dritten schwanger geht, so stürzt er sie eines Tages von der Treppe herab. Sie bricht das Genik, und als sie todt da liegt, ruft er die Nachbarn zusammen, und spricht auf eine verstellte und scheinheilige Weise: Ach ich unglücklicher und geschlagener Mann! mein treues frommes Weib hat sich das Genik gebrochen. Dies war eine doppelte Mordthat, die der Bösewicht verübte.

Die fünfte Mordthat begieng er an seiner zweiten Frau, welche aus Hallersleben gebürtig war, und mit welcher er sich durchaus nicht vertragen konnte. Die Frau reisete deswegen zu ihren Eltern, um dort Trost und Wiederaufnahme zu suchen. Allein diese wiesen sie mit den Worten ab: Er ist nun einmal dein Mann, lerne dich in ihn schicken, mit Sanftmuth kannst du viel ausrichten. Sie mußte also wieder zu ihrem Manne. Kurz vor ihrer Niederkunft schimpft und zankt er heftig mit ihr, und stürzt sie die Treppe hinab. Da er merkte, daß sein Mordanschlag nicht gelungen war, holt er schnell ein

2 Celle.

Bügeleisen, und stößt ihr damit fünf Löcher in den Kopf. Als er nun noch Spuren des Lebens bey ihr findet, so schleppt er sie in den Holzstall, wälzt ihr einen großen Block auf den Kopf, macht nun Lerm, und schreit weinend und heulend! »Ich unglücklicher Mann! Ach Gott! ach Gott! meine arme Frau!« Der Nachbar eilte herbei, findet die Frau im Blute schwimmend, und fast todt. Hammelmann giebt vor, die Frau habe Holz aus dem Stalle hohlen wollen, und die Kluft[3] sey auf sie gestürzt. Der Nachbar macht aber mehr Lerm. Dem Bösewicht wird bange, er ergreift die Flucht. Die Frau wird in ein Bette gebracht, ein Arzt und eine Hebamme herbeygeholt. Die Frau wird zwar von einem lebendigen Kinde entbunden; allein nach einer halben Stunde starben Mutter und Kind. Nach gehöriger Untersuchung finden die Aerzte außer den fünf Löchern im Kopfe, noch den rechten Arm gebrochen, und zeigen der Obrigkeit an, daß sie auf eine schreckliche Art ermordet seyn müsse. Das Gericht läßt Meister Hammelmann aufsuchen. Er war gleich nach der That zum Thore hinausgeeilt. Er versuchte es dreymal sich in der Aller zu ersäufen, allein es wollte ihm nicht glücken. Die Liebe zum Leben wacht in ihm wieder auf, und er eilt nach einer weit entlegenen Schäferey. Er sagt da, daß er sich verirrt habe, und bittet die Schäferin, daß sie ihm doch einen Kaffee machen möchte, welches sie auch willig that. Er trinkt zitternd zwey Tassen, bezahlt 4 Gr.[4] dafür, und eilt nun in ein Gehölz, um sich daselbst bis zur Nacht zu verbergen. Er wollte versuchen nach Hamburg zu entkommen, und von da zu Schiffe in die weite Welt zu gehen. Allein das Maas seiner Sünden war voll. Die aus Zelle nach ihm ausgeschickte Patrouille traf ihn hier an. Ey, ey! Meister Hammelmann, wie trift man ihn hier? Weis er noch nicht, daß seine Frau todt ist? Komm er mit uns zu Hause; die Leute könnten sonst auf den Argwohn gerathen, er sey der Mörder seiner Frau; er will sich doch wohl hier, an einem so abgelegenen Orte, kein Leid thun?

3 klafterlanges, gespaltenes Holz; auch Raummaß für Brennholz, meistens 3,5 m³.
4 Groschen.

Ich wollte es, antwortete er. Ich bin schon dreymal im Wasser gewesen, aber das Wasser wollte mich nicht haben.

Die Wache führte ihn hierauf nach der Stadt und auf das Rathhaus, wo er auch sogleich die fünf erwähnten Mordthaten eingestanden hat. Die drey ersten hat er durch Gift verübt. Auch gestand er noch zwey schrecklichere Mordthaten ein, aber durchaus nicht, wo und an wen er sie verübt hat. Das Schrecklichste ist, daß dieser Bösewicht in Rücksicht der Religion, immer verstockt blieb, und sich durchaus nicht bekehren wollte. Der Herr Pastor Echte, welcher ihn im Gefängniße besuchte, empfahl ihm einmal das schöne Lied im Gesangbuche zu lesen: »Ach, was hab' ich ausgerichtet, ach was hab' ich doch gethan!«[5] Allein der Bösewicht lachte darüber, und wollte sich nicht zu seinem Gott bekehren.

Er wurde also den 3ten Januar 1804 nach Urtheil und Recht von unten auf gerädert. Sein Körper sollte auf das Rad geflochten werden; allein auf viele Vorbitte bey der Obrigkeit ist, seiner Kinder wegen, der zermalmete Körper unter dem Galgen verscharrt worden.

Lied.

In bekannter Melodie.

1.

Seht, sichre Menschenkinder!
Wie schnell und leicht der Sünder
In Laster sich verstrickt!
Wie bald das Gute schwindet
Wenn Bosheit uns umwindet,
Der Tugend Keim in uns erstickt.

2.

Ein Mann, der einmal fehlet,
Von Habsucht, Geiz gequälet,
Wird bald Verbrecher sein.

5 Bußlied von Gottfried Wilhelm Sacer (1635–99).

Ihm ist dann nichts mehr heilig,
Er schläget rasch und eilig
Den Weg zu seinem Unglück ein.

3.

Lernt nun aus der Geschichte,
Daß schreckliches Gerichte
Stets auf dem Mörder harrt.
Hier stirbt er auf dem Rade,
Und er, doch nur aus Gnade
Wird unterm Galgen eingescharrt.

4.

Er mordet, mordet wieder,
Es scheint, als wenn hernieder
Auf ihn die Mordsucht fällt;
Drum geht er auch in Banden
Mit Spott und Hohn und Schanden,
Als ein Verbrecher aus der Welt.

5.

Und schrecklich! was er liebte,
Was ihn doch nie betrübte
Ermordet er mit Lust.
Der Teufel, der ihm lohnte,
Der längstens in ihm wohnte,
Erregte dies in seiner Brust.

6.

O flieht des Lasters Pfade
Und wandelt in der Gnade
Unsträflich vor dem Herrn;
Er giebet dann auch Glücke
In jedem Augenblicke
Als Vater seinen Kindern gern.

7.

Dem Bösewicht wird Böses leicht,
Denn er hat kein Gewissen,
Obgleich der Weltbau Gott bezeugt,
Will er doch Gott nicht wissen.

8.

Drum lebt, o Menschen, Gott getreu,
Geht hier auf seinen Wegen,
Liebt ihn ohn alle Heucheley,
Dann habt Ihr Glück und Segen.

Trauerlied

über

einen grausamen Brudermord,

im Jahre 1816.

Gedruckt im Januar.

1.

Hôrt, Menschen, was ich euch erzähle,
Was es für böse Thaten giebt!
Beherzigt, mit gerührter Seele
Ein Greuel, das ein Mensch verübt!
Mein Lied verkünde weit und breit
Die Kainsthat zu uns'rer Zeit!

2.

Ein Schäfer, welcher seine Heerde
Durch deren Krankheit fast verlohr;
Gedachte schmerzlich: »Ach, ich werde
Ganz arm und komme nie empor;
Doch geh' ich meinen Bruder an,
Der, wenn er will, mir helfen kann.«

3.

Der Bruder hat etwas Vermögen;
Er ist Hannöverscher Soldat.
Der Schäfer schreibt ihn zu bewegen
Und bittet ihn um Rath und That;
Und ehe er es hat vermeint,
Kommt schon sein angeborner Freund.

4.

Mit Freundlichkeit in seinen Mienen
Und echten treuen Brudersinn
Spricht er: »Ich will Dir gerne dienen,
Nimm erst die funfzig Thaler hier,
Bald folgt Dir mehr; verlaß nur Dich
Mein lieber Bruder, ganz auf mich!« –

5.

»Mein mehrstes Geld hab' ich verliehen;
Denn sieh, den Wechsel hab' ich hier;
Doch kann ich ohne viel Bemühen
Es heben, und noch helfen Dir.
Kauf Dich nur wieder Schaafe an,
Und bleib' ein ehrenvoller Mann!« –

6.

»Ei, Bruder! du denkst treu und bieder«
Spricht Jener: »nimmst Dich meiner an,
Ich gebe Dir auch Alles wieder,
Sobald ich es nur zwingen kann.
Nimm meinen Dank für's Erste hin,
Für Deinen brüderlichen Sinn!«

7.

So spricht er, da in seiner Seele
Ein Mordgedanke schnell aufsteigt,
Und dann in seines Herzens Höhle
Mit vollem Beifall sich einschleicht:
»Schlag' ich ihn todt, so ist allein
Die Baarschaft, sammt den Wechsel mein.« –

8.

So viel der Bruder ihm erkläret,
Wie gut er's meint, so hat der Wicht
Doch keine Rührung mehr, und kehret

Von seinem tauben Grimme nicht;
Ihn rühret nur des Bruders Gut,
Dazu verlangt er noch sein Blut.

9.

Doch ist er flink ihn zu bedienen,
Bewirthet ihn, so gut er kann. –
Und da die Stunde ist erschienen,
Tritt Jener spåt den Rückweg an;
Und dieser giebt ihm das Geleit
Zum Scheine der Bescheidenheit.

10.

Nimmt seinen Schåferstab, sie gehen
Gemach das weite Feld hinein.
Der Fremde hat sich's nie versehen,
Daß dies sein Blutweg sollte seyn.
Die Opferstunde schlågt; und bald
Gelangen sie an einem Wald.

11.

Sie sind nun an der Opferstelle,
Er findet den bequemsten Ort.
Es freuet deiner sich die Hölle,
Verfluchter råuberischer Mord!
Er schlågt, trifft; O verfluchter Schlag!
Nicht netter ahmt man Kain nach.

12.

Der Arme ist nun zwar gefallen,
Sieht ihn mit starren Augen an;
Doch spricht er noch mit schwachen Lallen,
»Ach, Bruder! was hast du gethan?«
Doch wiederholt der Bösewicht
Den Schlag, wovon sein Stab zerbricht.

13.

Und da der Mörder etwas Leben
Noch Zucken sieht und Röcheln hört,
Will sich sein Wolfsherz noch nicht geben,
In das noch keine Reue kehrt;
Er nimmt den scharfen Schaufelstab
Stoßt ihm damit die Gurgel ab.

14.

Der Bube macht nun ungehindert
Sich über den Erschlagnen her:
Er untersuchet ihn und plündert
Ihm gierig seine Taschen leer;
Nimmt Wechsel und noch etwas Geld,
Und was ihm doch dazu gefällt.

15.

Er eilt zurück, ist sehr vergnüget,
Und glaubt, die That sei ungesehn;
Er irrt, denn in der Ferne pflüget
Ein Mann der sahe was geschehn;
Der gleich der Obrigkeit sich naht,
Und meldet diese grause That.

16.

Sie nimmt den Mörder gleich gefangen,
Und legt ihm schwere Ketten an.
Bald wird er auch sein Recht erlangen,
Derweile er bereuen kann.
Das Höllengreuel, das er that,
Wovon die Menschheit Schande hat.

17.

Doch Trauerlied, ertöne leiser!
Mir grauset vor der Teufelsthat.
O Menschen, Menschen werdet weiser!

Folgt meinem gutgesinnten Rath!
Folgt treu, was Gottes Wort gebeut,
Und folgt der guten Obrigkeit!

18.

O Jugend, Jugend laß dich rathen,
Und mache dich der Tugend werth!
Damit doch solche grause Thaten
Die Menschheit ferner nicht entehrt. –
Und du, zum göttlichen Geschlecht
Dich zu erheben, hast ein Recht.

Beschreibung

der

sechs deutschen Sclaven,

(Handwerksburschen)

welche in der

Tunischen Sclaverey über 10 Jahre am Pfluge
haben ziehen müssen,

worunter auch

Johann Ehrenfried Weishaupt,

ein Schornsteinfeger = Gesell aus Lygnitz,

dessen ganzer

Lebenslauf allhier in einem Liede von 25 Versen

nach den

25 Buchstaben seines Namens verfaßt und
enthalten ist,

welcher nebst seinen Kameraden jeder um 600 Fl.

von einem Maltheserritter, Graf v. Persie,

losgekauft worden sind.

---

1 8 1 8.

Beschreibung

der

sechs deutschen Sclaven,

(Handwerksburschen)

welche in der

Tunischen Sclaverey über 10 Jahre am Pfluge
haben ziehen müssen,

worunter auch

Johann Ehrenfried Weishaupt,

ein Schornsteinfeger-Gesell aus Lygnitz,

dessen ganzer

Lebenslauf allhier in einem Liede von 25 Versen

nach den

25 Buchstaben seines Namens verfaßt und
enthalten ist,

welcher nebst seinen Kameraden jeder um 600 Fl.

von einem Maltheserritter[1], Graf v. Persie,

losgekauft worden sind.

1818.

---

1 Mitglied des Malteserordens, der auf den im 11. Jh. während des ersten
 Kreuzzugs gegründeten Johanniterorden zurückgeht; der Orden übernahm
 Aufgaben in der Kranken- und Gefangenenpflege. Die Eroberung Maltas
 1798 durch die Truppen Napoleons führte zur faktischen Auflösung des Or-
 dens. Neugründung des Johanniter- bzw. Malteserordens Mitte des 19. Jh.s.

Mel. Als einstens Herr Merkurius etc.

1.

In Lygnitz, meiner Vaterstadt,
Wo ich geboren worden,
Und jeder mich gekennet hat
Als ich zu Haus war dorten,
Ist, wie ein Jeder weiß und sieht
Der Name Johann Ehrenfried,
Bei meiner Taufe dorten
Mir beigeleget worden.

2.

Oft haben meine Aeltern zwar
Mit mir sich Müh' gegeben,
Mein Vater der ein Fischer war
Und jetzt noch ist am Leben,
Hielt mich zur Kirch' und Schul' wohl an
Und ließ als Schornsteinfeger dann
In Lygnitz, ohne zu entfernen,
Mich bei Meister Bräunert lernen.

3.

Hier ging aus meines Vaters Haus
In meinen jungen Jahren
Ich auf die Wanderschaft hinaus,
Um etwas zu erfahren;
Wo ich in Deutschland und zugleich
In Polen wie auch in dem Reich
So manche Stadt mit Freuden
Und darin thät arbeiten.

4.

Als ich von Frankfurt an dem Mayn
Nach Mainz abreisen thäte,
Da reis't ich nach Holland hinein,
Besah dort viele Städte.

Wo ich zuletzt in Rotterdam
In das so große Unglück kam,
Daß auf dem Schiff bin dorten
Durch Leichtsinn gefangen worden.

5.

Nichts hått' ich weniger gedacht,
Mit meinen Reis'gefährten,
Da man uns in das Schiff gebracht,
Als zu verkaufen werden.
Bis man uns brachte in ein Haus,
Und als wir wollten gehn hinaus,
Da mußten wir erfahren,
Daß wir schon verkaufet waren.

6.

Nun hieß es: geht nun willig d'rein,
Umsonst war unsere Klage;
Man sperrte uns im Keller ein,
Wir mußten vierzehn Tage,
Mit Angst und Kummer waren dort,
Bis uns ein Schiff nahm mit sich fort,
Bekamen darauf weiter,
Auch bald Soldaten-Kleider.

7.

Es machte zwar ein guter Wind
Uns Hoffnung oft zuweilen,
Doch es entstand ein Sturm geschwind,
Der über hundert Meilen
Uns trieb ins weite Meer zurück;
Hier sahen wir zum Ungelück
Zwei Schiff auf uns zufahren,
Worin Seeräuber waren.

8.

Hier mußten wir zur Gegenwehr
Alle uns tapfer zeigen,
Ob wir uns gleich wehrten sehr,
So mußten wir der Uebermacht doch weichen.
Wir wurden übermannt alsdann,
Verloren von uns hundert Mann,
Und mit fünfhundert Andern
Mußt ich als Sclav fortwandern.

9.

Recht grausam wurde Paar und Paar
Wir nun aufs Schiff gebunden;
Sie nahmen uns die Kleider ab
Und was sie an uns fanden,
Und führten uns nach Tunis hin,
Wo wie das Vieh nach ihrem Sinn
Auf einem Markt alldorten
Wir sind verkaufet worden.

10.

Es wurd' ein jeder wohl betracht',
Von dem, der ihn thut kaufen,
Wie man's bei Ochs und Pferden macht,
Wir mußten springen, laufen;
Man that uns alle Marter an
Die man sich schwerlich denken kann,
Daß ich den Schmerz der Wunden
Viel Tage hab' empfunden.

11.

Nun hatte mir auch den Verstand
Die Hitze ganz benommen,
Deswegen ich auf meiner Hand
Ein harten Schlag bekommen,

Wovon ich auch die Narbe doch
Hab' mitgebracht nach Hause noch,
Weil man dadurch sehen wollte,
Ob ich mich nur verstellte.

12.

Für mich war keine Rettung mehr,
Ich mußte nach Egypten-Land,
Ein Schlächter kaufte mich nachher,
Mich Armen, mich Betrübten!
Und dieser führte mich alsdann
Mit sich in's fremde Land hinan,
Wo ich zum Unglück dorten
Zuletzt verkauft bin worden.

13.

Recht jammervoll war dieser Ort.
Wo sie am Pflug uns spannten,
Und den wir Sclaven immerfort
Nur unser Elend nannten.
Man nahm uns alle Kleider hier,
Gab uns eine kurze Schürz dafür,
Und bei so großer Hitze
Aufs Haupt eine blechene Mütze.

14.

Jetzt bracht' man auch die Fesseln her,
Und thät' uns darin schließen,
Die fünf und zwanzig Pfunden schwer,
Ich stets hab' tragen müssen.
An Händ' und Füß' geschlossen ging,
Auch an dem Halse einen Ring,
Und eine Kett' an Knieen.
Und mußt' dabey noch ziehen.

15.

Es wurd' uns wie dem Vieh allhie
Die Speis im Trog gegeben,
Die nahmen mit den Händen wir;
Doch wurde mir daneben
Als ich eine böse Hand bekam,
Ein Löffel zugegeben dann,
Den ich hab' mir genommen,
Als ich bin losgekommen.

16.

Den ganzen Tag lang wurden wir
Traktiret oft mit Schlägen,
Und mußten halb verschmachten schier
Bei heißen Sommertägen;
Man trieb uns gleich so als das Vieh
Zum Wasser hin, allwo wir hie
Uns auf den Bauch hinlegten,
Und so zu trinken pflegten.

17.

Wenn nun des Tages Hitz und Last
Wir hatten überstanden,
So war doch keine Ruh noch Rast
Des Nachts für uns vorhanden.
Wir mußten auf der Erden all,
Mit bloßem Leib im finstern Stall,
Uns an einander schmiegen
Und an der Kette liegen.

18.

Es waren schon zehn Jahr vorbei,
Ich konnt' fast nicht mehr hoffen
Vom Sclavendienst zu werden frei,
Der mich dort hat betroffen.

Doch Gott, dem nichts verborgen war,
Wußt auch mein Elend und Gefahr,
Und thåt aus meinen Nôthen
Mich unverhofft erretten.

19.

Ich sah einst einen Christen dort
Mit unserm Herren sprechen,
Der fragt uns unsers Namens, Ort
Und Vaterlandes wegen;
Als nun die Reih' auch an mich kam,
Sagt ich ihm meine Stadt und Nam',
Hier thåt er sich bewegen
Und freundlich zu uns sprechen:

20.

Sagt Kinder ob ihr los wollt seyn
Vom Sclavendienst und Mühe,
O Gott, wie thåt das Wort uns freun,
Wir fielen auf die Knie,
Und dankten såmmtlich Gott dafür,
Der uns von unsern Fesseln hier
Und harten Sclavereyen
So gnådig thåt befreien.

21.

Hier wurden wir sechs Deutsche
Befreit von unsern Ketten,
Die Andern mußten wiederum,
An ihre Arbeit treten;
Sie sahen ganz betrübt uns nach,
Ihr Schreien, Weinen, Angst und Klag
Macht, daß uns selbst hått' mögen
Das Herz vor Wehmuth brechen.

22.

Ach! unser edler Menschenfreund
Gab uns auch Kost und Kleider,
Wo wir all' sechs mit ihm vereint
Mit Freuden gingen weiter.
Wir reis'ten auch nach B e t h l e h e m
Und in die S t a d t J e r u s a l e m ,
Wo viel Merkwürdiges dorten
Uns ist gezeiget worden.

23.

Und endlich schifften wir mit fort,
Und sind nach Malta kommen,
Wo er uns auch zu Hause dort
Hat liebreich aufgenommen;
Ließ führen uns bis Amsterdam,
Wo jeder noch frisch Geld bekam,
Und hat uns gleichermaßen
Daselbst kuriren lassen.

24.

Preis, Lob und Dank sey Gott dem Herrn,
Der mir auf meiner Reise
Mit seiner Hülfe war nicht fern
Und gab mir Kleider und Speise,
Und glücklich mich nach L y g n i t z hat,
In meine liebe Vaterstadt,
Nach langer Angst und Weinen,
Geführet zu den Meinen.

25.

Thut diesen meinem Lebenslauf,
Nun merken wohl mit Fleiße,
Besonders merket fleißig d'rauf
Ihr Burschen, auf der Reise,

Daß ihr auf eurer Wanderschaft
Nicht, wie ich, werdet weggerafft,
Und hût't euch hin und wieder,
Vor Schlechtheit all' ihr Brûder.

NB. Dieser W e i s h a u p t kam in seine Heimath nach Lygnitz an,
wobei er 58 Jahr alt war, und in seiner Vaterstadt ihn gar niemand mehr kannte, sein schwarzbraunes Angesicht, seine ein-
gefallene Augen, sein hagerer abgematteter Leib, verånderte ihn
so, daß ihn sein eigner Vater nicht mehr kannte. Auch brachte er
verschiedene Raritåten mit: 1) Ein großes Straußen Ey in Grôße
einer Rindblase. 2) Eine große Meermuschel, 3) Eine große
Seespinne. 4) Eine Tunische Nuß, wovon das Tûrkische Garn
gefårbt wird. 5) Ein von Zuckerrohr geflochtenes Kôrbchen.
6) Eine Scorpion-Schaale. 7) Den Lôffel von Cocusnuß-Schaale
womit er gegessen. 8) Den blechernen Hut, den er in seiner
Sclaverey getragen hat. Welche Stûcke bei seinem Vater in Lygnitz noch alle zu sehen sind, und zum ewigen Andenken daselbst aufgehoben werden.

Schauderhafte dreifache Mordthat,

welche unlängst

in Stolpe bei Berlin verübt worden ist.

In unserer Nähe hat sich kürzlich nachstehende gräßliche dreifache Mordthat zugetragen.

Unfern der Landstraße, die von Königsberg nach Berlin führt, etwa anderthalb Meilen von Stolpe, liegt die einsame Wohnung des Försters am Eingange des Waldes. Der Förster ist verheiratet, hat zwei Kinder, ein Mädchen von 8 und einen Knaben von 10 Jahren. Eines Tages im November, Abends 8 Uhr, klopft jemand an die Wohnung des Försters und bittet dringend, eingelassen zu werden. Die Frau öffnet die Thür, und ein ziemlich wohl, doch etwas fremd gekleideter Mann tritt ein, und fragt nach einem Manne. Sie führt ihn in die Wohnung des Försters, welcher ihn nach seinem Begehren fragt. Der Fremde erzählt ihm im gebrochenen Deutsch, das er sich bei dem schlechten Wetter verirrt habe, und um ein Nachtlager nebst Abendbrod bitte, daß er gerne gut bezahlen wolle. Gerne willigte der Förster ein, und der Fremde ward nun gesprächiger, und immer heiterer, nahm die beiden Kinder auf den Schooß, spielte mit ihnen, und schenkte jedem ein blankes Goldstück. Er fragte den Förster, ob er keinen Wein habe, und äußerte, daß er gerne eine Flasche mit ihm leeren möchte. Dieser gestand ihm, daß er noch 6 Flaschen Franzwein besitze, und bat seine Frau, eine zu holen. Bald war die erste geleert und man war schon an der zweiten, wobei die beiden Männer immer vertrauter wurden. Nun faßte der Fremde den Förster bei der Hand, gestand ihm, das er ihm etwas von der größten Wichtigkeit zu entdecken habe, und daß, wenn er ihm sein Wort gebe, das Geheimniß zu verschweigen, sein Glück für seine ganze Lebenszeit gemacht sey. Der Förster gelobte die strengste Verschwiegenheit, worauf der Fremde mit seinem Stuhle näher rückte, und Folgendes in gemäßigtem Tone erzählte:

Ich bin ein geborner Franzose, unweit Tarraskou[1] zu Hause, und habe den Feldzug von 1812[2] als Unterofficier beim Train[3] mitgemacht. Auf der Retirade von Königsberg nach Berlin hatte ich einen Wagen zu eskortiren, der mit 2 Fässern Geld, gegen 1,600,000 Franken enthaltend, beladen war. Außer mir waren noch ein Chasseur zu Pferde und 2 Fuhrknechte bei demselben; nahe hinter uns aber schon die Kosaken. Plötzlich wurden wir durch das Brechen eines vordern Rades aufgehalten, und von dem übrigen Fuhrwesen getrennt. Da nun der Wagen und das Geld unvermeidlich in die Hände der Feinde gefallen wäre, so that ich meinen Begleitern den Vorschlag: die Pferde abzuspannen, die beiden Fässer in den nahe gelegenen Wald zu rollen, und daselbst zu vergraben, uns aber den Ort genau zu bemerken, und dann auf den Pferden zu entkommen zu suchen. Meine Begleiter willigten ein ohne Wiederrede; wir vergruben das Geld in den nahen Wald, bezeichneten uns genau die Stelle, und ritten darauf eiligst davon. Es gelang uns, glücklich zu entkommen. In Cöslin trafen wir die unsrigen wieder, wie wir dann erzählten, daß der Wagen in Feindeshände gerathen sei und wir nur noch so viel Zeit gehabt, wie nöthig gewesen, um die Stränge der Pferde abzuhauen und uns zu retten. Keinem Menschen fiel es ein, irgend einen Zweifel in unsere Erzählung zu setzen, und wir verabredeten uns, sobald es die Umstände gestatteten, an den Ort zurückkehren zu wollen und die Gelder abzuholen und zu theilen.

Im laufe des Krieges blieb der Chasseur bei einem Vorpostengefechte, und der eine Fuhrknecht starb im Lazareth. Ich machte noch den ganzen Feldzug bis 1815 mit, lag aber nachher 4 Jahre an schweren Wunden nieder, die mich zum Reisen unfähig machten, wozu mir auch die Mittel fehlten, und

1 Tarascon, Stadt an der unteren Rhone, bei Avignon.
2 Napoleons Rußlandfeldzug.
3 Bezeichnung für Nachschub- und Versorgungstruppen.

anvertrauen wollte ich mich Niemand. Was aus den andern Fuhrknecht geworden, habe ich nicht in Erfahrung bringen können. Vor etwa 5 Monate hat die Frau meines Bruders in Nismes[4] eine kleine Erbschaft erhoben, und ich ging deshalb zu ihm und theilte ihm das ganze Geheimniß mit. Mein Bruder fand sich sogleich willig mich zu unterstützen, rüstete daher mich und seine beiden ältesten Söhne als Handelsleute aus, und als solche ist es uns gelungen, bis Stolpe zu kommen. Heute haben wir, nach vielem Suchen, endlich den Ort aufgefunden und das Geld ausgegraben. Meine beiden Neffen sind hier in der Nähe und bewachen es; da uns aber das Fortschaffen viele Schwierigkeiten verursachen würde, und wir uns nicht jedem anvertrauen können, so bin ich, lieber Mann, in der Absicht zu euch gekommen, eure Gesinnung zu erforschen, und wenn ich dieselbe uns geneigt fände, euch das Ganze zu entdecken und zugleich zu bitten, uns heute ein Nachtlager zu geben, und für Geld und gute Worte ein Fuhrwerk von Stolpe für uns anzuschaffen, damit nirgends Verdacht entstehen könne; dagegen wollen wir euch 50,000 Franken zurück lassen. Seid ihr dies zufrieden, so schlagt ein, und ich hole meine Neffen sammt dem Gelde herbei.

Der Förster willigte in alles, und ging sogleich selbst mit dem Fremden, um das Geld und die beiden andern zu holen. Sie kamen an den Ort und es verhielt sich alles genau wie es der Fremde erzählt hatte. Man schaffte das Geld ins Försterhaus, und die Frau bereitete ein Abendbrod so gut sie konnte. Man aß, trank, war guter Laune, und den drei Gästen wurde in der Hinterkammer ein Lager auf Stroh bereitet. Sie waren ziemlich ermüdet, und durch vieles Trinken schläfrig geworden; besonders hatte ihn der Förster zuletzt sehr starken Branntwein vorgesetzt. Alle sehnten sich nach Ruhe; der Wirth selbst führte sie in die Kammer, und wünscht ihnen eine gute Nacht. Hierauf ging er zu seiner Frau zurück, und äußerte den Wunsch das Geld für sich allein behalten zu können, indem er sagte: es sind doch Franzosen und Spitzbuben,

4 Nîmes.

die das Geld überall zusammen gestohlen. Wir müssen sie kalt machen; es gehe wie es wolle.

Die Frau war auch etwas vom Trinken erhitzt, und ließ sich nicht lange zureden; da es ihrer aber drei waren, so fürchtete man, daß während man den einen tödtete, die andern erwachen und sich vertheidigen könnten. Die beiden Eheleute wurden hierauf einig, einem nach dem andern geschmolzenes Blei und siedenes Pech in den Mund zu gießen, damit keiner schreien könne, zu größerer Sicherheit aber ihnen sämmtlich mit einem Hirschfänger noch die Hälse abzuschneiden. Dieß scheußliche Vorhaben wurde mit dem vollkommensten Erfolge ausgeführt. Als der Förster mit seiner Frau in die Kammer trat, lagen die drei Schlachtopfer in tiefem Schlafe; die Frau trat hinzu, die Laterne in der einen und siedenes Blei in der andern Hand, und goß einem jeden eine tüchtige Quantität in den Mund, worauf der Mann sogleich seinen Hirschfänger mehrmalen in die Brust der Unglücklichen tauchte. Hierauf packten sie die Leichname einen nach dem andern auf und trugen sie in den Keller, mit dem Vorhaben, sie den andern Tag in den Wald zu verscharren. Das Geld rollten sie gleichfalls in den Keller, und das blutige Stroh wurde zusammen in eine Ecke der Kammer gelegt. Darauf gingen beide schlafen, nachdem sie zuvor noch einen tüchtigen Schluck Branntwein zu sich genommen hatten.

Es war noch nicht Tag, so wurden sie schon durch Klopfen an der Thüre und die ihnen wohlbekannte Stimme des Oberförsters geweckt. Beide sprangen zugleich aus dem Bette, und die schreckliche nächtliche Begebenheit schwebte ihnen noch wie ein fürchterlicher Traum vor den Augen. Der Oberförster wurde ungestümer, und die Frau öffnete die Thüre. Wo ist der Mann? sprach er beim eintreten. Mit diesen Worten trat er in das Wohnzimmer, nebst zwei Jägerburschen, die bei ihm waren. Das erste, was er hier bemerkte, waren Spuren von Blut, die sich in die Seitenkammer verloren. Schnell stieg in ihm der Gedanke auf, der Förster habe gestern ein Wild zum Verkaufe geschossen: er öffnete die Kammerthür, und fand den Boden mit Blut bedeckt und das Stroh voll Blut. Sein

Verdacht wurde immer größer; er ließ durch einen Burschen den Förster holen. Dieser kam endlich, ganz zerstört und blaß; der Oberförster fragte ihn: wo das Blut herrühre? worauf jener stammelte: er habe gestern ein Schwein geschlachtet. Mit dieser Antwort nicht zufrieden, verlangte er das Schwein zu sehen, worauf der Förster sagte: er habe es im Keller aufgehangen. Der Oberförster verlangte den Kellerschlüssel; jener aber fiel ihm zu Füßen und bat, ihn nicht unglücklich zu machen, er habe gestern ein wildes Schwein geschossen, und solches heimlich verkaufen wollen. Dieß alles aber kam dem Oberförster natürlich immer verdächtiger vor; er bestand auf der Auslieferung des Kellerschlüssels, und da man unter allerlei Vorwand denselben hartnäckig verweigerte, und die Antworten immer verwirrter wurden, befahl er den Burschen die Thür aufzusprengen. Dieß geschah. Der Oberförster nahm darauf ein Licht, und befahl dem Förster und dem Jäger herabzusteigen. Man stelle sich nun das Erschrecken des Oberförsters vor, als er statt geschossen Wildprets, welches er zu finden glaubte, die drei schrecklich ermordeten Leichnahme liegen sah. Er eilte aus dem Keller an das Tageslicht, ließ den Förster und dessen Frau binden und nach Stolpe an die Gerichte abliefern, wo sie auch bereits die ganze abscheuliche That eingestanden, so wie wir sie hier erzählt haben. Das Endurtheil wurde im Sommer 1824 durch das Beil an den Verbrechern vollzogen.

> Ja, mit Wehmuth muß man lesen,
> Was ohnweit Berlin gescheh'n,
> Wo die Gräuelthat gewesen;
> Schrecklich war es anzusehn.
> Ein Franzos war auf der Reise,
> Ging bei Stolpe nach dem Wald,
> Sah ein Forsthaus: – »Hier giebts Speise,«
> Dacht er, »Und auch Aufenthalt.«
>
> Acht Uhr war es: als er nahe
> An des Försters Thüre kam;

Wie er klopfte, und so sahe
Ihn die Frau, die ihn aufnahm.
»Ich möcht' ihren Mann gern sprechen,«
Sagte unser Passagier,
»Da die Nacht jetzt will einbrechen,
Suche ich mir ein Quartier.«

Da sie ihn zum Förster führte,
Fragt er: »Was begehren Sie?«
»Da ich mich vom Weg verirrte,
Möcht ich gerne bleiben hie.
Ich will alles gern bezahlen
Was es kost't« sprach dieser Mann,
»Schlechtes Wetter ist dermalen,
Daß ich nicht mehr weiter kann.«

»Kann ich ihnen damit dienen,
Nun so bleiben sie bei mir«
So sprach er mit heitern Mienen;
»Setzen sie sich nieder hier.«
Beide sprachen miteinander,
Das dem Förster wohl anstand,
Und so wurden sie bekannter,
So daß Freundschaft sie verband.

Die zwei Kinder, welche Freude!
Setzte er auf seinen Schooß,
Liebreich küßte er sie beide,
Spielt mit ihnen sorgenlos:
»Hört, ich werde unterdessen,
Weil mir eure Eltern hold,
Diese Freundschaft nicht vergessen,
Hier nehm, jedes ein Stück Gold.«

Dieser Fremde, gut gekleidet,
Bat um eine Flasche Wein. –
»Wenn dein Essen ist bereitet,
Frau! so bring' doch Wein herein.

Noch sechs Flaschen sind vorräthig
Die mit Franzwein angefüllt.
So viel haben wir nicht nöthig,
Bis daß unser Durst gestillt.«

    Lustig wurden alle beide
Bei der ersten Flasche Wein,
Und es kam alsdann die zweite,
Wo die Hälfte noch blieb drein!
»Etwas möcht ich dir gestehen,
Was noch ein Geheimniß ist;
Aber ich will auch erst sehen,
Ob du recht verschwiegen bist.«

    Warum sollte ich nicht schweigen;
Sprach der Förster zu ihm laut.
»Wenn ich kann ein Glück erreichen,
So sprich, Freund, mit mir vertraut.«
»Ich bin als Franzos geboren,
Hab den Feldzug mitgemacht.
Da wir nun die Schlacht verloren;
Retirirten wir bei Nacht.

    Damals mußt' ich escortiren,
Wagen mit zwei Fässer Geld;
Solches wollt' ich nicht verlieren,
Weil der Feind uns nachgestellt.
So viel will ich nur noch sagen
Was sich zugetragen hat:
Es brach uns an meinem Wagen,
Welches Unglück! gar ein Rad.

    Hurtig nahmen wir die Fässer,
Rollten sie in Wald hinein,
Gruben Löcher, und viel besser
Blieben sie verwahrt darein;
Alsdann nahmen wir die Pferde
Folgten unsern Leuten nach,

Und bemerkten uns die Erde
Wo das Geld vergraben lag.

Funzig Tausend Franken gebe
Ich dir, Förster. Schwöre mir.
»Ich schwör' dir: so wahr ich lebe,
Bester Freund; ich helfe dir!«
Der Herr Förster ging mit Freuden
Und die Wagen folgten nach;
Freund und Neffe ging zur Seiten
Wo das Geld vergraben lag.

Wie das Geld war aufgeladen,
Fuhr man es ins Försterhaus.
Abends gabs Salat und Braten,
Zugleich einen Freudenschmauß.
Alle ließen sichs gut schmecken
Bei dem Essen und beim Wein.
Niemand konnte noch entdecken,
Was der Nachtisch mochte seyn.

Wie nun die Gäste selig,
Gab man ihnen Branntewein;
Und so führte man sie fröhlich
In die hintre Kammer ein,
Wo man eine Streue sahe
Die statt einem Bette dient. –
Höret nun, was noch geschahe,
Was die Först'rinn sich erkühnt:

Blei und Pech das macht sie siedend,
Nahm auch die Laterne mit.
Den Hirschfänger nahm er wüthend,
Gingen dann im stillen Schritt
Nach der Kammer, wo sie, leider!
Jeden davon goß in Mund,
Und der Förster, der stach weiter,
Daß er jedes Herz verwund't.

Der Todestag

der Brandstifterin

Sophie Cath. Büscher,

nebst
einer kurzen Beschreibung
ihres Lebens und ihrer Verbrechen,

und

einer treuen geschichtlichen Darstellung aller Verheerungen,
die seit dem Jahre 1553 das Städtchen Elze
heimgesucht haben.

———————

Abgefaßt von einem Augenzeugen der letzten
Feuersbrunst.

Der Todestag

der Brandstifterin

Sophie Cath. Büscher,

nebst

einer kurzen Beschreibung
ihres Lebens und ihrer Verbrechen,

und

einer treuen geschichtlichen Darstellung aller Verheerungen,
die seit dem Jahre 1553 das Städtchen E l z e
heimgesucht haben.

———————————

Abgefaßt von einem Augenzeugen der letzten
Feuersbrunst.

Es giebt wol wenige Orte, die so häufig durch Feuersbrünste
verheert worden sind, und noch weit wenigere, die diesem
Schicksale wegen so geringer Kleinigkeit Preis gegeben wurden, als das einst so glückliche Städtchen Elze[1], an der Heer-
straße von Hannover nach Cassel. So wurde dasselbe im Jahre
1553[2] vom Markgrafen Albrecht von Brandenburg gänzlich
in Asche gelegt, durch Unvorsichtigkeit 1692[3] größtentheils
von Feuersflammen verheert, und dem nähmlichen Schicksale 1706, 1708[4] und 1734[5] unterworfen. Jedoch alle diese

1 Westlich von Hildesheim.
2 Am 29. Juni 1553; bis auf die geistlichen Gebäude brannte alles ab.
3 Am Aschermittwoch ein Brand von ähnlichem Ausmaß wie der von 1553.
  Von 1692 bis 1885 feierte man in Elze deshalb einmal im Jahr einen Brand-
  bußtag.
4 1706, 1708: kleinere Brände.
5 Am 10. Januar; zerstört wurden achtzig Gebäude.

Feuersbrünste konnten nur dem Zufalle zugeschrieben werden; wie aber bald nachher vom 4ten October 1739 bis zum 18. Febr. 1743[6] – also binnen nicht völlig vier Jahren – das Städtchen siebenmal eingeäschert[7] wurde, da mußte man auf die Vermuthung kommen, daß Bosheit dabey im Spiele sey und diese Vermuthung wurde leider zur Gewißheit; denn durch richterliches Nachforschen entdeckte man am Ende, daß der neunzehnjährige Ackerknecht, Johann Joachim Hölscher, aus Bisperode[8], im Braunschweigschen, gebürtig, der in Elze diente, die ruchlose That vollführt, und wegen a c h t - z e h n G u t e g r o s c h e n[9] Conv. Münze[10], die er einem dortigen Einwohner geliehen hatte, die Stadt angesteckt und deren Bewohner in namenloses Elend gestürzt habe. – Nachdem er seine siebenfache Gräuelthat eingestanden, wurde er den 28sten May 1745 am Rande der nach Hannover führenden Landstraße auf einem der Papendahl genannten Hügel lebendig verbrannt. Ein bemooster Denkstein zeigt noch jetzt dem Wandrer, wo jener Scheiterhaufen errichtet war. Jetzt blieb Elze 81 Jahrelang von solchen Heimsuchungen befreiet, jedoch nur um schauderhafter und grausamer wie zuvor aufgeschreckt zu werden. – Durch eine sonderbare Verkettung von Umständen mußte das Schicksal z w e i , an Ruchlosigkeit sich nichts nachgebende fremde Menschen, nach einem und denselben Ort hinführen, um ihn zum Schauplatz ihrer Gräuelthaten zu machen; und dieser Ort war E l z e , der am 18ten November 1824, wegen einer zerbro-

6 Seinen letzten Brand legte Hölscher am 18. Februar 1745.
7 Die Angabe ist stark übertrieben; außer beim Brand vom 6. März 1743, der große Teile der Stadt vernichtete (u. a. 78 Wohnhäuser, 34 Scheunen, 76 Ställe und auch die Kirche), konnten die Brände eingegrenzt werden.
8 Heute: Coppenbrügge-Bisperode, westlich von Hameln.
9 Niedersächsische Münzen im Wert von 1/24 Reichstalern (daneben Silbergroschen, 1/30, und Mariengroschen, 1/36 Reichstaler).
10 Münze, deren Wert nach einer Münzkonvention festgelegt ist (Münzkonvention zwischen Österreich und Bayern 1753, der Hannover und Braunschweig 1763 beitraten; preußischer Konventionsfuß von 1750; welche Konvention hier gemeint ist – 1745 –, bleibt unklar).

chenen Tasse, von einem 21jåhrigen Mådchen in Brand
gesteckt wurde, und dessen Leben wir hier beschreiben
wollen.

Dieß weibliche Ungeheuer heißt:

Sophie Catharine Bůscher,

und ist aus S o r s u m bei Wittenburg[11] gebůrtig. – Auf die
Geburt dieses Mådchens scheint das Schicksal schon einen
Fluch gelegt zu haben, denn obwohl dem Anscheine nach aus
gesetzmåßiger Ehe entsproßen, ist es dennoch, zufolge des
Eingeståndnisses seiner Mutter, der jetzigen Tagelôhnerin
M a r i a S o p h i e B ů s c h e r zu Sorsum, in ehebrecherischer
Umarmung mit einem gewissen M ů l l e r erzeugt worden. –
Im Jahre 1804 geboren, wurde sie zwar in ihrer Kindheit zum
Besuch der Schule anfangs zu B o i t z e m[12], so wie nachher
zu S o r s u m angehalten; von dem dort genossenen Unter-
richte zog sie so geringen Nutzen, daß sie weder bei ihrer
Confirmation zu Wittenburg, noch spåterhin etwas zusam-
menhångend zu lesen vermochte, auch nur sehr mangelhafte
Religionsbegriffe zeigte. – Ihre Eltern waren zu arm, um sie
nach ihrer Confirmation långer bei sich zu behalten; daher
mußte sie sich ihren Lebensunterhalt außer dem Hause selbst
suchen. – Sie trat also bei dem Ackerwirthe B u r o s e zu
S o r s u m, als Magd in Dienste, und kam von da nach E l z e,
wo sie anfånglich bei dem Bůrger und Tabacksfabrikanten
O l d e n b u r g, nachher aber bei dem Ackerbau und Vieh-
zucht treibenden Einwohner E b e l i n g, sich vermiethete. –
Stets unachtsam und nachlåssig in den ihr übertragenen
Geschåften erhielt sie, da alle Ermahnungen und alles Zureden in Gůte bei ihr gar nichts fruchteten, im Sommer 1824
von ihrem Brodherrn mehrere ernste Verweise. Anstatt dadurch gebessert zu werden, entwarf sie schon damals den
Plan, sich hinterlistig und heimtůckisch dafůr an ihrem Brod-

11 Ortschaften bei Elze.
12 Boitzum: Ortschaft bei Elze.

herrn zu råchen. – Aber durch zufållige Umstånde, vielleicht auch, weil ihr Gewissen noch frühzeitig genug erwachte, unterblieb die Ausführung desselben damals. – Wahre Reue hat sie aber wahrscheinlich niemals gefühlt, denn nur eines höchst unbedeutenden Umstandes bedurfte es, um ihre Rache wieder zu erwecken und ins Werk zu setzen. – Den ganzen Sommer 1824 über zeigte sie sich stets unfolgsam und störrisch, alle Aufforderungen, besser auf die Wartung des Vieh's zu achten, befolgte sie nicht, und, als sie im Herbste eine Tasse zerbrach, fand es ihre Herrschaft für nothwendig, ihr nach wiederholten, ernsten Vorwürfen eine kleine Züchtigung zu ertheilen. In dem unvernünftigen Wahne, ihr sey so groß Unrecht geschehen, erwachte bey ihr auf's Neue die Rache, und der Plan eines teuflischen Werks, welches leider dieses Mal zum Unglücke aller unschuldigen Einwohner Elze's zur Ausführung kommen mußte. Am 18. Nov. 1824, wie kaum die Dämmerung eingetreten war, ging sie mit brennender Lampe in die Scheure[13] ihres Brodherrn, welche zugleich zum Kuhstalle diente, und setzte das vom Boden herabhångende Stroh in Flammen. Bey dem zufällig herrschenden Windsturme verbreitete sich diese Flamme so schnell, daß an Rettung gar nicht zu denken war. Binnen einigen Stunden waren 260 Gebäude[14] und mit diesen die so ansehnliche, schöne Kirche, in einem Aschenhaufen verwandelt; beynahe z w ö l f h u n d e r t M e n s c h e n wurden ihres Obdachs und all' ihrer sauer erworbenen Habe gånzlich beraubt.

Obgleich die boshafte Urheberinn aller dieser Gråuelthaten die Frechheit besaß, statt zu entfliehen, ihre Herrschaft mit scheinbarer Theilnahme, beym Retten ihrer Habe noch zu unterstützen: so machte sie sich dennoch auf mannigfache Weise der Obrigkeit z u verdächtig, als daß diese sie nicht hätte vor Gericht ziehen, und da sie sich durch Lügen immer mehr verwickelte, ihr nicht hätte förmlich den Prozeß

13 Scheune.
14 Die Angabe ist tatsächlich in etwa richtig.

machen sollen; worauf sie ihre schaudervolle That einge-
stand, wofür sie nun ihren wohlverdienten Lohn bekömmt. –

So hängt das Schicksal der Menschen an einem zarten,
unsichtbaren Faden,[15] und so werden tausend fleißige, redli-
che Bürger das Opfer einer von Rache und Bosheit ange-
schwollenen Creatur, die nur vor dem Allbarmherzigen Gnade und Vergebung ihrer schweren Verbrechen hoffen darf.

Schrecklich ist die Todesstunde
Einer solchen Sünderin;
Denn des Herzens tiefe Wunde
Trägt zu dem Schaffot sie hin.

Rückwärts blickt sie nun in's Leben,
So belastet, schwer von Gräu'l;
Muß vor solchem Blick' erbeben
Mehr, als vor des Henkers Beil.

Denn das Sterben, – o wir müssen
Alle ja in's Grab hinein! –
Doch im Tod' noch solch' Gewissen,
Das ist mehr als Höllenpein.

Durch des frommen Priesters Worte
Mischt sie Reu' in ihr Gebet;
An des Todes dunk'ler Pforte
Kommt die Reue nur zu spät.

Denn der Richter hier auf Erden
Brach der Sünderin den Stab;

---

15 Die Moiren (Parzen) spinnen den Lebensfaden (Klotho), teilen ihn zu
(Lachesis) und schneiden ihn durch (Atropos).

Und Vergebung kann nur werden
Jenseits ihr, dort über'm Grab.

Jenseits erst, wenn ihre Sünden
Sterbend wahrhaft sie bereu't,
Wird vor Gott sie Gnade finden;
Gott ist die Barmherzigkeit.

Laßt uns, fromme Christen! beten
Für die Missethåterin;
Seht, sie schwebt in Todesnöthen;
Betet für die Sünderin.

»Du, mein Heiland! o gewåhre
Trost ihr durch den Todesstreich,
Und ihr Sündenherz bekehre;
Nimm sie auf in's ew'ge Reich!«

Und Ihr All', am Blutgerüste,
Die der Schauder hier ergreift;
Hütet Euch vor Sündenlüste,
Wenn der Fluch vorüberstreift.

Nehmt ein Beyspiel an dem Schrecken,
Den Verirrung hier gebar;
Bey den kleinsten Sündenflecken
Seyd verloren Ihr, fürwahr!

Wolle Jeder stets bedenken,
Strafe folgt der Sündenlast,
Seine Schritte klüglich lenken,
Wenn des Bösen Krall' ihn faßt.

Wer nur Gott im Herzen schließet,
Fleißig für sein Tag'werk lebt,
Galle nicht in's Leben gießet,
Und nach Redlichkeit nur strebt;

Der wird sicher nimmer wanken
Auf der Tugend reinen Bahn,
Brünstig seinem Schöpfer danken,
Daß er Alles wohlgethan.

Noch einige Worte

über

Friedrich Lorenz,

welcher am 2ten December 1824 Abends
seine vorgebliche Gattin nebst 2 Kindern von der Limmerbrücke hinab
in den Leinfluß stürzte, worin
sie ihren Tod fanden.

An welchem der Lohn dieses Verbrechens am 19ten April 1825 vermittelst des Schwerdtes vollzogen wurde.

Hannover, 1825.

Noch einige Worte

über

Friedrich Lorenz,

welcher am 2ten December 1824 Abends seine vorgebliche Gattin nebst 2 Kindern von der Limmerbrücke[1] hinab in den Leinfluß[2] stürzte, worin sie ihren Tod fanden.

An welchem der Lohn dieses Verbrechens am 19ten April 1825 vermittelst des Schwerdtes vollzogen wurde.

Hannover, 1825.

Vorwort.

Zwar deckt ein Dunkel des Verbrechens Grauen,
Daß jedes Herz mit stummen Schmerz erfüllt.
Kalt heut' auf das Blutgerüst zu schauen,
Ohne daß der Wehmuth Thräne quillt,
Ist nicht möglich, doch dies Beispiel lehre,
Unserm Herzen hoher Tugend Werth,
Daß nie Laster unser Glück zerstöre,
Werde Religion von uns verehrt.

---

1 *Limmer:* Stadtteil von Hannover.
2 Hannover liegt an der Leine.

Von wehmuthsvollen Empfindungen sind Tausende ergriffen, die den durch Leidenschaften geblendeten F r i e d r i c h L o r e n z zum Hochgerichte begleiten und daher wird es nicht unzweckmäßig seyn, hier noch einige Worte, in Beziehung auf die früher erschienene Broschüre mitzutheilen.

F r i e d r i c h L o r e n z gebürtig aus Bergen in Norwegen, und angeblich Sohn eines Predigers, wurde von einem seiner Verwandten, wegen frühen Ablebens seiner Eltern zur See genommen. Die Ausbrüche roher Leidenschaften, welche Schiffsleute auszeichnen, machten auch auf den jungen Lorenz einen höchst nachtheiligen Eindruck, und sein Gemüth und Herz wurde gegen jedes feinere Gefühl abgehärtet. So trat er, nachdem er seinen bisherigen Beruf als Seemann aufgegeben hatte, in englische Kriegsdienste, und diente in einem leichten Bataillon der Königlich-Deutschen Legion, bis zu deren Auflösung, und daß er wirklich seine Pflicht als Soldat treulich erfüllt hatte, beweiset, daß er mit der Medaille des Königlichen Guelphen-Ordens[3] begnadigt wurde. Mit der damit verbundenen Gratification und einer militairischen Gnadenpension lebte er in Hannover, und machte die Bekanntschaft eines Mädchens, Namens Dorothea Becker, welche er als seine Gattin hielt, und zwey Kinder mit derselben zeugte, welche nun das Opfer seiner verkehrten Denkart geworden sind.

Ob nun wirklich diese Dorothea Becker den Tod für sich und ihre Kinder auf diese schreckliche Art gewählt hat, bleibt in einen dunkeln Schleier gehüllt, und daher ist über diese Schreckensthat des Friedrich Lorenz, die in den Augen der Welt so grausenvoll erscheint, wenig zu sagen. Er hörte standhaft sein Todesurtheil an, welches im Wege der Gnade, mit dem Schwerdte vollzogen wurde, und wünschte, daß der Tag seines Todes so schnell als möglich herbeigeführt werden mögte.

Möge nun in die Herzen aller Menschen der Sinn einer ächten Religiösität und eines stillen Gottvertrauens sich senken.

———

Edle Herzen blickt auf diese Scene,
Schaudernd stellt sich's unsern Blicken dar;
Fühlt den Werth der Tugend; – wähne
Nie was L o r e n z wilder Vorsatz war.
Diese Welt, spricht's Urtheil, stirb! –
Doch den hoffnungsvollen Glauben:
Möge nie den Trost ihn rauben
Daß er jenseits nicht verdirbt!
Tugend kann allein in jenen lichten Höhen prangen,
Laster kann nie glücklich seyn;
Edles Herz kann Seligkeit erlangen,
Böses Herz droht Qual und Pein.

3 Von Gregor IV. im Jahre 1815 gestifteter Orden in drei Klassen anläßlich der
Erhebung des Kurfürstentums Hannover zum Königreich.

Beschreibung des großen und schauderhaften Unglücks

welches sich beim

Einsturz der Nienburger Brücke

an der Saale

den 6ten December 1825.

zugetragen hat.

Se. Durchlaucht der Herzog von Köthen, war nach einer zehnmonatlichen Abwesenheit am 1. Dec. aus Paris in seine Staaten zurückgekehrt. Den 6. Dec. begab Er sich in Begleitung Seiner Durchl. Gemahlin nach Seinem Schlosse Nienburg, um daselbst die Kettenbrücke[1], welche während Seiner Reise vollendet war, in Augenschein zu nehmen. – Dieß gab Anlaß zu einer Feierlichkeit auf dem Schlosse Nienburg. Hierzu waren die angesehensten Personen aus der Stadt Nienburg*) eingeladen. Zu Ehren dieser Feierlichkeit wurde die Kettenbrücke am Abend schön erleuchtet. – Wegen eines solchen an diesem Orte seltenen Schauspiels, hatten sich aus der Stadt und der Umgegend längs den Ufern, auf der kleinen Bodenbrücke und Kettenbrücke selbst, eine große Menge Menschen: Kinder, Weiber und Männer zusammen gedrängt. Alles war in Freuden, den von seiner langen Reise zurückgekehrten Landesvater und dessen Gemahlin, welche von Ihrer Kränklichkeit gänzlich wieder hergestellt war, durch ein feierliches Lebehoch, unter Fackelschein und Musik zu begrüßen. Die gewohnte Milde des Herzogs hatte

---

* Nienburg ist eine Stadt und der Amtssitz im Fürstenthum Anhalt-Köthen. Sie liegt am Einfluß der Böde in die Saale; hat 200 Häuser, 1050 Einwohner, und ein Schloß, das aus einem Mönchskloster entstanden ist.

1 Hängebrücke.

ihre Herzen noch mehr dadurch eingenommen, daß vier Gefangenen ihre Begnadigung kund gethan wurde. – Unter der ganzen Menge herrschte fröhliche Stille, und keine Ungebühr zeigte sich von irgend einer Seite; selbst bei der muntern Jugend nicht. So begaben sich denn die Bürger des Städtchens, geführt von ihrem Vorstande, bei Fackelschein und Musik zum Schlosse um dem heimgekehrten Regenten ein Lebehoch, und hiermit zugleich ihren Dank darüber darzubringen, daß auf Anlaß und unter dem Schutze der Regierung, das nützliche und kühne Werk, die Kettenbrücke glücklich vollendet sey. Vom Schlosse begaben sie sich dann im nochmaligen geregelten Weihezuge, nach der Kettenbrücke, um von dieser schicksalsschwangern Stätte ein feierliches »Heil dir im Siegerkranz«[2] ertönen zu lassen. Eben war man im Anheben der zweiten Strophe dieses erhebenden Liedes, und – ein fürchterliches Krachen erschallte. Die ankernde Kette der Brücke zerriß; die Brücke sank; das linke Thor stürzte auf die fallende Brücke; zerschmetterte viele der unter ihm Stehenden und drückte diese mit den übrigen unter das hohe Wasser. Der Theil der Brücke von der Stadtseite her, brach bis an die Mitte ein, und alle in diesem Theile stehenden Menschen stürzten in die Saale. Es war finstere Nacht, und die noch hin und wieder blinkenden Lampen warfen einen schaudererregenden Schein auf die mit den Wellen kämpfenden Unglücklichen. Der abgebrochene Theil der Brücke hielt im Holze zusammen, aber schwamm nun gleich einem Flosse stromabwärts eine Stunde Weges weit, bis zu dem Sande bei Wispitz, auf dem Wege von Nienburg nach Kalbe. Viele waren während dieser Zeit von den schwimmenden Trümmern in den Strom gefallen, viele hatten sich auch noch auf derselben mit Mühe auf den Füßen erhalten. Es war aber nun stockfinstere Nacht, und erst, als das Licht des Tages anbrach, konnte man das, für so viele Familien unsägliche

2 Hymne, Text von Heinrich Harries (1762–1802), zahlreiche Bearbeitungen, auch für Friedrich Wilhelm von Preußen; Melodie nach der englischen Hymne »God save great George, our king« (heute englische Nationalhymne).

Unglück sehen. Es wurden alle Anstalten getroffen, um noch zu retten, was zu retten war, und durch herbeieilende große Kähne wurden viele dem Tode entrissen. Doch ist die Anzahl der Unglücklichen sehr groß, insbesondere der Witwen und Waisen. Unter den Todten ist ein Vater von zehn verwaisten Kindern. Derselbe, Musikus zu Bernburg, war nebst seinen Gehülfen entboten, den Festzug mit Harmonien zu begleiten. Er endete in seinem Berufe, und fand sein Grab in den Wellen. Ebenso auch der stellvertretende Bürgermeister, welcher den Zug anführte. Der Amts-Actuar[3] Nagel, gleichfalls Vater von mehreren Kindern, ertrank. Derer, die Schwimmen konnten, waren freilich nur wenige; auch war das Wasser wegen des vielen Regens schon bedeutend angeschwollen, dazu kam wie gesagt, die stockfinstere Nacht, wo weder die Unglücklichen, noch die zur Hülfe Bereiten sehen konnten, was und wer zu retten war. Den 7ten Decbr. hatte man von den 6 bis 700 Menschen, welche dem Ertrinken nahe waren, bereits 86 Todte aus dem Wasser gezogen, sieben waren an den erhaltenen Quetschungen gestorben, und an verwundeten zählt man 41. Die hülfreiche Hand zeigte sich für die Kranken und Hülfsbedürftigen sehr thätig, ganz vorzüglich durch den milden Regenten selbst. Es fehlte nicht an Unterstützung und Pension der Nothleidenden. Die Aerzte bewiesen unablässig ihren Beistand, auch die entfernten Nachbarn eilten mit ihrer Hülfe herbei. Auch für die vielen erforderlichen Särge wurde gesorgt.

Wenn ein Unheil ist, so frägt man gerne nach der Ursache, und ist geneigt, die Schuld auf jeden zu wälzen, der nur einigen Schein dazu darbietet. So ergeht es auch dem Baumeister der Kettenbrücke, Hrn. Bandhauer. Er hat selbst gebeten, daß man die Sache untersuchen möge. Seine Geschicklichkeit wird allgemein anerkannt. Die Brücke hatte bereits schon schwere Proben überstanden. Auf jeden Fall ist nicht aus der Acht zu lassen, daß eine hölzerne Brücke nicht zu einem

3 Gerichtsschreiber.

Versammlungsorte für eine Menschenmasse von 6 bis 700 Personen seyn kann; namentlich nicht eine Brücke dieser Art. Die Kettenbrücke ist eine Erfindung der neuesten Zeit, und die Kunst ihrer Erbauung, namentlich in Deutschland, noch in ihrer Kindheit. Die Nienburger Kettenbrücke war in Lichten 275 Fuß lang, sehr zweckmäßig, und so eingerichtet, daß bemastete Schiffe ungehindert durchsegeln konnten. Man will bemerkt haben, daß 6 Wochen nach der Vollendung derselben sich eine Senkung von viertehalb Zoll gezeigt habe. Da das Einstürzen derselben, ohne vorheriges warnendes Zeichen oder theilweises Einbrechen, mit einem Male blitzschnell erfolgte, so hat die ganze, auf diesem Theile versammelte Menschenmasse, rettungslos in den Abgrund gleiten müssen, ohne daß zum Entfliehen weder Zeit, noch Raum, noch Gelegenheit vorhanden war. Der Verunglückten sind 134 ermittelt; sollten nun etwa 30 noch nicht aufgefunden seyn, so wäre das Ganze auf 174 zu stellen. Man kann vermuthen, es habe an einer Stelle zusammenkreisende, also durch Bewegung sich nicht theilende Last, gegen die Berechnung drückend, das irrig angenommene Gleichgewicht verändert, und dadurch die Brücke, gleich einem langen Hebel, das zu schwache Gegengewicht so schauderhafter Weise aufgewuchtet. Die Brücke bestand aus zwei gesonderten Theilen, und hing in der sanft ansteigenden Mitte durch zwei Klappen zusammen, deren jede 6 Fuß lang war. Jeder Theil der Brücke war in Holzwerk mit Verzähnung und Trägern sehr wohl verbunden, und lehnte sich nach der Uferseite an ein gemauertes Widerlager. Auf diesem erhoben sich senkrecht 50 Fuß sehr hohe Träger aus gerundeten Eichbäumen, über welchen die haltenden Ketten sich spannten. Diese bestanden aus drei Hauptsträngen, woran am Ufer 24 Fuß tief verankert, jenseits der Träger aber hielten sie die Brücke noch mit 3 Hülfsstangen.

Das Modell der Brücke soll nach Wien zur Benutzung angeboten, indessen nicht berücksichtigt worden seyn. Auch nähere Sachkenner wollten das Unternehmen nicht zusagen.

Man äusserte indessen nicht sowohl Bedenken gegen die sichere Ausführbarkeit des Gedankens, als vielmehr gegen den höchst luftigen und kecken Bau. Entschieden aber erklärte man sich gegen Wohlfeilheit, womit der Anschlag des Baues ausgeführt werden sollte. Dieser Anschlag sollte nämlich nicht die geringe Summe von 4000 Thlr. übersteigen. Indessen war auch diese Wohlfeilheit mehr scheinbar als wirklich; denn es waren hierbei die beträchtlichen Kosten, an Fuhren und Materialien, welche theils von Stadt und Land, theils vom Schatze geleistet wurden, nicht in Rechnung gebracht. Mit geringen Mitteln ist indessen selten etwas Gediegenes zu bewirken; den Widerlagern konnte daher kein Pfahl-Rost gegeben werden; sie mußte daher der Gefahr des Untergehens bloß gestellt werden. Die bei ähnlichen Brücken aufgemauerten Tragepfeiler oder Pfosten, welche sonst in jedem Falle viel gesichert werden, waren hier, kaum verzapft, gleichsam nur balancirende und blos durch den senkrechten Druck gehaltene Eichenstiele. Die Ketten aber, welche Anfangs von spröden Harzeisen geschmiedet waren, bestanden bereits die erste Probe schlecht und brachen auf der linken Seite, richteten aber doch kein Unheil an, da der gänzliche Herabsturz durch den vorhandenen Unterbau verhindert wurde. Als die Brücke nun mit vermehrten Kosten sorgfältiger hergestellt war, schien das Werk längere Dauer zu verheißen, und um sich davon zu versichern und das mißtrauende Publikum zu beruhigen, hatte man beschwerte Wagen und ein ganzes Bataillon Infanterie darüber gehen lassen. Noch konnte man fragen: ob der gestürzte Brückentheil nicht überbauet gewesen sey? Rechnet man das Ganze, was auf diesem stand, auf 170 Menschen, so gäbe dieß eine Last von etwa 230 Ctr. und diesem Gewichte hätte die Brücke wohl gewachsen seyn können.

Mel. Eine Hand voll Erde.

1. Wehe, Weh'! O höret,
   Wie ein Unglücksfall
Große Lust gestöret,
   Und zum Jammerthal
Nienburg ließ werden
   Dort im Köthnerland;
Ach wie ist auf Erden
   Alles, Alles – Tand!

2. Von Paris zurücke
   Kam der Fürst und Herr,
Sah die neue Brücke,
   Schickte Wagen schwer
Mit der Ladung drüber,
   Auch Infanterie
Marschirte hinüber
   Und probirte sie.

3. Herrlich schien dem Werke
   Des Gelingens Glanz,
Und der Ketten Stärke
   Traute Jeder ganz.
Drum illuminiret
   Ward bei Abend sie,
Und den Zug anführet
   Musik: Harmonie.

4. So die Bürger ziehen
   Vor des Herzogs Schloß,
Viele Fackeln glühen.
   Alles, Klein und Groß,
Rathsherrn an der Spitze
   Schreiten fröhlich hin
Zu dem Fürsten-Sitze
   Lebehoch im Sinn!

5. Und der Fürst voll Milde
   Nimmt sie huldreich an,
Grüßet jede Gilde,
   Spricht zu Jedermann.
Und nun ziehn zurücke
   Nach dem Vivat sie,
Lieder auf der Brücke
   Nun absingen sie.

6. Ach! da drängt die Menge
   Sich an eine Stell',
Und von dem Gedränge
   Reissen Ketten schnell.
Ach! das Thor fällt nieder,
   Gräßliches Geschick!
Zwischen Jubellieder
   Bricht die halbe Brück!

7. Durch die grausen Schatten
   Der December Nacht
Leuchten schwach die matten
   Lampen, hin ist Pracht!
Und man kann nicht retten
   Bis der Tag erscheint;
Da, auf Todesbetten,
   Liegen Freund und Feind!

8. Denn bei Wispiz Sande
   Kam der Brücktheil an,
Und erstarrt am Strande
   Lagen Weib und Mann!
Viele schnell ertrunken,
   Fischt man nun empor,
Viele, gleich gesunken,
   Kamen nicht hervor,

9. Ungeheure Schrecken
   Wurden nun gesehn,
Nimmer zu erwecken
   War das Mädchen schön,
War der Vater nimmer,
   Der zehn Kindlein hat! –
An der Brücke Trümmer
   Weint die ganze Stadt!

10. Sechs und achzig Leichen
    Sah der nasse Blick!
Alle Unglückszeugen
    Halfen nun, zum Glück!
Reichten milde Gaben,
    Warme Kleider dar,
Alle zu erlaben
    Wo noch Hülfe war!

11. Mancher kam zum Leben,
    Mancher ward geheilt;
Zwischen Furcht und Beben
    War das Herz getheilt!
Viele Witwen weinen,
    Waisen jammern laut:
Nimmer will erscheinen
    Bräutigam der Braut!

12. Gott! du Gott der Gnade!
    Tröste wer noch weint!
Hilf daß unserm Pfade
    Nicht solch' Leid erscheint!
Laß zur Warnung dienen
    Diesen Brückenfall
V o r s i c h t beim E r k ü h n e n
    Herrsche überall!

Schreckliches Unglück,

welches sich

in Gossau im Canton Zürich

im Jahre 1825 durch ein Erdbeben zugetragen hat,

allwo in einigen Minuten über 1000 Menschen theils verwundet, verkrüppelt, theils aber ihren Tod fanden.

In Gossau[1], bauete die Gemeinde eine neue Kirche. Viele
Hindernisse hatten sich der Ausführung entgegen gestellt, da
sie nicht unter die Reichen des Landes gehörten, und die nicht
unbedeutenden Kosten herbeigeschafft werden mußten.
Doch was ist dem Menschen nicht möglich, wenn es darauf
ankömmt, seinen Lieblingswunsch zu erreichen! – Der
Gedanke, in einem freundlichen Gotteshause das Wort Gottes aus dem Munde ihres treuen Seelsorgers zu hören, und
dem Herrn aller Herrn dort zu loben und zu preisen, beseelte
das fromme Völkchen; Jeder gab seinen Beitrag willig und
gern, und selbst der Ärmste brachte sein Schärflein zum
Grundstein des Gotteshauses. – Jetzt hatten die Maurer endlich die vier Hauptmauern vollendet, und die Zimmerleute
legten die hölzernen Balken zu der Decke, welche dann mit
dem Dachstuhl verbunden oder an denselben angehängt werden sollten, damit die Kirche durch keine Unterzüge[2], oder
Säulen, verengt, sondern das Innere derselben ganz frei und
offen werde. Am Donnerstag Nachmittags sollte der Anfang
mit Aufrichtung des ersten Schildes[3] des Dachstuhls gemacht

---

1 Südöstlich von Zürich (nicht Gossau bei St. Gallen!).
2 Entlastungsträger unter einer Balkenlage.
3 Hier vermutlich Giebeldreieck der Kirchenfassade. »Nach einer uralten
  Übung ist das Aufstellen des ersten Schildes eines zu errichtenden Dachstuh-

werden. – Die Freude, der Jubel der Gemeinde war allgemein! – Das große Werk nahte sich ja nun seiner Vollendung! –

Der dortige Geistliche, Namens W a s e r, wollte am Nachmittage eine Rede halten, weswegen schon am Mittage sich viele Pfarrbewohner auf dem Kirchhofe versammelten und eine große Anzahl Leute aus den umliegenden Ortschaften herbeiströmten, die heilige Rede zu hören. Das Mauerwerk war mit Laubwerk verziert, und die Stätte, die der geweihte Gottesmann betreten sollte, mit Blumen und Kränzen geschmückt. Die Neugierde, den Bau näher zu betrachten, trieb sie an, auf die Decke zu steigen, und somit sammelte sich, ohngeachtet die Vorsteher und Bauleute es zu hindern suchten, eine Anzahl von mehr als 1000 Menschen, jedweden Alters und Standes auf dieser gefährlichen Stelle, ohne die Gefahr zu ahnen, die über ihren Häuptern schwebte.

Es schlug drei Uhr. Im priesterlichen Gewande schritt der würdige Greis, im Gefolge der Vorsteher und Ältesten des Orts, mit der Miene hoher Andacht, durch das Gedränge, und an die Stelle des lauten Getöses und Gemurmel trat nun ernste Stille und frohe Erwartung. – Kaum war der Zug noch 10 Schritte von der Kirche, da kracht es wie aus tausend Feuerschlünden, und – o des grausen Anblicks! – der Boden auf welchem die übergroße Menschenmenge und das zum Dachstuhl bestimmte Holz sich befanden, stürzte zusammen. Menschen und Holz fielen in die Kirche herab. – Der Jammer war allgemein. – Eltern schrieen um ihre Kinder, Gatten riefen den Namen der Gattinnen, umsonst; sie lagen zum Theil mit ihren Säuglingen unter dem Gerüste, oder waren vor Schrecken ohnmächtig niedergestürzt bei dem fürchterlichen Gekrache.

Die Beherztesten und Besonnensten unter den Zuschauern eilten hülfeleistend herzu. 120 Menschen wurden aus den Trümmern tod hervorgezogen, eben so viel waren so schwer verwundet, daß an keine Wiedergenesung zu denken, und

les mit einem Gebet, gewöhnlich von einem Zimmermeister gesprochen, begleitet.« (*Schweizerisches Idiotikon*, Frauenfeld 1881 ff., Bd. 8, Sp. 738.)

die Unglücklichen mit Sehnsucht ihrer Auflösung entgegen sahen.

Die Zahl der Gestorbenen ist bis jetzt nicht genau angegeben, doch belief sich die Summe der Todten bis zum 19ten d. M. auf 320 Menschen beiderlei Geschlechts. – Einen Greis von 98 Jahren hat das Unglück besonders hart getroffen, sein einziger Sohn, die Stütze seines hohen Alters, verlor beide Beine, und starb nach drei Stunden. Zwei rüstige Schwiegersöhne, der eine Schuhmacher, der andere ein Zimmermann, fanden ebenfalls ihren Tod; den erstern zerschlug ein Balken das ganze Gehirn, letztern fand man unter den völlig Zerschlagenen. Der 98jährige Greis ist nun der Versorger einer Schwiegertochter und sechs Großkindern. – Das Elend der armen Bewohner ist grenzenlos. Mehrere der Verunglückten sind fürchterlich zerquetscht, andere verstümmelt ohne Arme und Beine, sehen einer schrecklichen Zukunft entgegen; viele haben sich bei dem Falle die Zunge ganz oder zum Theil abgebissen, kurz das Schicksal der Unglücklichen ist nicht zu beschreiben und erregt das Mitleid jedes fühlenden Menschen. –

Am 25sten wurden 19 Personen in e i n e m G r a b e beerdigt.

Der grenzenlose Jammer um die Kirche kann mit dem Elende eines blutigen Schlachtfeldes verglichen werden. Wenige Häuser sind ohne Trauer, denn fast jede Familie zählt mehrere Glieder unter den Todten und Verwundeten.

1. Höret, Freunde die Geschichte,
Welche in der Schweiz gescheh'n.
Wovon ich Euch hier berichte,
Was noch nie ein Mensch gesehn.
Eine Kirche wollte dorten
Die Gemeinde sich erbau'n.
Was geschah – läßt sich mit Worten
Nicht beschreiben anzuschau'n.

2. Armuth hat dieß Dorf gedrücket,
Doch ihr Wille der war Gut;
   Was das Schicksal öfters schicket,
Dieses kommt uns unvermuth't.
   Doch den Schöpfer zu verehren,
Wandten sie auch alles an,
   In dem Haus des Herrn zu hören,
Wie er Christen segnen kann.

3. Wie der Grundstein war geleget,
Fingen sie zu mauern an.
   Welche Freude dieß erreget,
Denk' sich jeder fromme Mann.
   Sparsam gingen sie zu Werke,
Ihre Casse war zu schwach;
   Doch belebt von Muth und Stärke,
Mauerten sie bis an das Dach.

4. Nun sind Zimmerleute kommen,
Die den Dachstuhl drauf gemacht;
   Jedermann, der dieß vernommen,
Hat die neue Kirch' betrach't.
   Wie die Deck' nun aufgeschlagen,
Die den Dachstuhl mit verband,
   Konnte noch kein Mensch nicht sagen
Was die Zukunft macht bekannt.

5. Ohne Säulen sollt sie stehen,
Daß sie recht hell möchte seyn,
   Damit man den Pfar'r könnt' sehen
Und mehr Menschen gehn hinein.
   So weit war sie nun gebauet,
Beinah' zur Vollkommenheit;
   Wer den schönen Bau beschauet,
Hat im Herzen sich gefreut.

6. Viel Bewohner aus dem Orte,
Die man Pfarrgemeinde nennt,
  Eilten an des Kirchhofs-Pforte;
Nachbarn kamen auch behend,
  Um die Rede anzuhören,
Die Pfar'r W a s e r allda hielt,
  Gott, den Höchsten zu verehren,
Weil ihr Wunsch nun war erzielt.

7. Eine große Menschenmenge
Stieg auf das Gebälk hinauf,
  Es entstand ein groß Gedränge –
Warnend sprachen gleich darauf
  Die Vorsteher und Bauleute:
Nehmt Euch, liebe Leut', in Acht,
  Das Ihr Euch aus Neugierdsfreude
Nicht unglücklich dabei macht.

8. Bei 1000 Menschen standen
Oben auf dem Kirchenbau;
  Gute Freunde und Bekannten
Überlegtens nicht genau,
  Daß die Last der feuchten Mauer
Durch den Druck möcht' schädlich seyn.
  Plötzlich stürzt – o welch ein Schauer!
Alles zu der Kirch hinein.

9. Welch ein Jammer, welcher Schrecken
Entstand nicht in diesem Ort!
  Menschen sah man leider stecken
Unterm Holz, als wie ermord't.
  Der Herr Pfarrer wollte eben,
Seine Rede legen ab.
  Welch' Entsetzen muß das geben,
Wenn man lebend kommt ins Grab.

10. Todte und Blessirte brachte
Man noch aus dem Schutt heraus.
  Mancher, der daran nicht dachte,
Starb in diesem Kirchenhaus.
  Daher soll man sich nicht wagen,
Wenn man die Gefahr schon sieht.
  So ist schon in unsern Tagen
Mancher junge Mensch verblüht.

Getreue Abbildung des Räubers Mausche Nudel.

Darstellung des Verbrechens
des
Isaac Moses, vulgo Mausche Nudel,
dermalen sich Löb Philipp von Paris oder Basel nennend,
nebst einigen Aufklärungen über seine Familien-Verhältnisse.
1826.

Darstellung des Verbrechens

des

Isaac Moses, vulgo[1] Mausche[2] Nudel,

dermalen sich L å b P h i l i p p von Paris oder Basel
nennend,
nebst einigen Aufklårungen über seine Familien-
Verhåltnisse.

1826.

Lied vom Mausche Nudel.

M e l o d i e : Verzeihen Sie, mein Herr Baron etc.

Geschehen ist's, im Zuchthaus sitzt,
Auf den sich Satan schon gespitzt,
Der M a u s c h e N u d e l ist genannt
Im schwäb'schen und im rhein'schen Land;
Und doch ist man noch fast konfus,
Ob man ihn dafür halten muß?!
Ein Spitzbub ist er, das ist wahr;
Geduld! die Zeit macht alles klar.

Ein Bös'wicht schon von Kindheit an,
Verfolgte er die Lasterbahn,
Zog schon im Lande weit umher
Und lauschte da von ungefähr,

1 gewöhnlich.
2 (jidd.) Moses; *mauscheln* ›betrügen‹; *Mauschel* (rotwelsch) ›Oberster‹. *Mau-sche* ist als Räubername zahlreich belegt.

Was er sich konnt' zum Nutzen machen
An Gelde oder andern Sachen
So wurde auch das Sprichwort wahr:
Geduld, die Zeit macht alles klar.

Kaum neunzehn Jahr' erst zählte er,
Da büßt er in W i l w a r d e n [3] schwer;
Nach zwei Jahr kam er wieder los,
Jedoch die Beß'rung war nicht groß!
In Bremen nahm er eine Frau,
Und zog mit Krämerwaar' zur Schau;
Vielleicht stahl er die Krämerwaar?
Geduld! die Zeit macht alles klar.

Drauf Anno Vierzehn an dem Rhein
Brach er in eine Mühle ein,
Bei G o n s e n h e i m, es war ein Graus
Wie er gewüthet in dem Haus!
Die schwang're Frau verschont er nicht;
Seitdem man von dem Raubmord spricht,
Sagt Jedermann es sey ganz klar,
Daß er der M a u s c h e   N u d e l war!

In B e u l bei B o n n wußt er zu fliehn,
Schon glaubten sie, sie hätten ihn,
Da war er fort, der Pfiffikus!
Einst schwamm er auch durch einen Fluß
Und in A n t w e r p e n sprengt die Kett'
Er, der fast Goliaths Stärke hätt'!
Wie er dies kann ist sonderbar;
Geduld! die Zeit macht alles klar.

In K ü n z e l s a u [4] entsprang er auch.
Und Läugnen das ist stets sein Brauch.
Er giebt dann falsche Namen an,
Nimmt ein für sich fast Jedermann.

3 Nicht ermittelt (vgl. aber Fußn. 17, S. 150).
4 Stadt in Hohenlohe.

Gefangen war von L o r s c h [5] gebracht
Er hin nach M a i n z mit starker Macht,
Dort auch sein Todes-Urtheil war
Gesprochen in dem März dies Jahr.

    Er gab sich drein, doch schnell besann
Sich anders dieser freche Mann;
Zwar Kassation [6] erlangt er nicht,
Doch gnädig auf Zeitlebens spricht
Der Landesvater Kerker-Zucht
Aus über ihn, die bringet Frucht!
Dann wird noch manches offenbar,
Geduld! die Zeit macht alles klar.

    So gehts in dieser Erdenwelt
Wenn man nicht fest an Gott sich hält!
Gebt, Eltern! auf die Kinder acht,
Schnell ist ein Fünklein angefacht!
Der P h i l i p p L ö b , der schöne Mann,
Nun lebenslänglich büßen kann!
Ob er der M a u s c h e N u d e l war?
Geduld! die Zeit macht alles klar.

In der Nacht vom 15. auf den 16. Decbr. 1814 hatte auf einer
in der Nähe von Gonsenheim bei Mainz gelegenen Mühle,
dem Müller Adam Krieger gehörig, ein gewaltsamer Raub
unter barbarischer Mißhandlung der Bewohner statt. Durch
die Aussage des Anton Schmitt, Leinwandhändler, und mehrerer andern Einwohner von Villmar [7], im Herzogthum Nas-
sau [8], wurden die Herzoglich Nassauischen Justiz-Behörden
auf die Spur geleitet, daß zwei dortige Einwohner, Namens
Simon und Joseph Isaac, diesen Raub begangen haben dürften, indem dieselben von erwähntem Anton Schmitt am

5 Stadt in der Oberrheinebene.
6 Aufhebung eines Gerichtsurteils.
7 Östlich von Limburg, an der Lahn.
8 Hessische Grafschaft bzw. (seit 1806) Herzogtum.

Abende des 14. Decbr. 1814 in der Nähe von Hechtsheim[9] in Gesellschaft mehrerer andern gesehen worden sind.

Man ermangelte nicht, die Simon und Joseph Isaac von Villmar, obgleich Herzoglich Nassauische Unterthanen, an die diesseitige Behörde auszuliefern. Bei den hiesigen Behörden auch, blieben sie der Wahrheit getreu, und führten nachbenannte Personen als Mitglieder der Bande und Theilnehmer bei mehr erwähntem Verbrechen an: Mausche Nudel, Anführer der Bande, David Seelig, Alexander Debele, Manuel Glaeser, der Knecht des Mausche Nudel, Namens Schmuhl, und endlich ein anderer Jude, Namens Itzig. – Auf diese Angabe nun, wurden von diesseitiger Justiz-Behörde Steckbriefe gegen die Thäter des Raubes auf der Gonsenheimer Mühle gerichtet, welche deren Verhaftung bezwecken sollten, jedoch ohne Erfolg blieben. – Auf einem in der Provinz Starkenburg, Großherzogthum Hessen, unternommenen Streifzuge gelang es, in der Gemeinde Börstadt[10], bei Darmstadt, im November 1820 eine Bande, bestehend aus Räubern, Gaunern und Landstreichern, in einer sogenannten Kochemer Judenherberge[11] zu entdecken und auszuheben. Unter dieser Bande wurde ein junger Kerl durch sein auffallendes Benehmen, welches derselbe beobachtete, den Streifwächtern besonders verdächtig, welche dadurch veranlaßt, keine Gelegenheit versäumen zu dürfen glaubten, denselben an die geeignete Justiz-Behörde in Darmstadt auszuliefern. – Diese Behörde, nun aufmerksam auf einen Menschen gemacht, der sich Löb Philipp, von Paris oder Basel gebürtig, nannte, kein erlaubtes Gewerb und Wohnort zu haben behauptete, auch nicht im Besitze von Legitimations-Papieren zu seyn vorgab, stellte ihn dem damals in Darmstadt anwesenden Polizeiagenten Michael Kramer von Hessenkas-

---

9 Bei Mainz.
10 Bürstadt.
11 Vgl. jidd. *cochem* ›klug‹; rotwelsch: klug, wissend. Ein Bezug zur Stadt Cochem an der Mosel ist nicht nachweisbar. Kochemer Herbergen waren Unterkünfte, deren Wirte Bescheid wußten, eingeweiht waren und an den dunklen Geschäften ihrer Gäste partizipierten (wie auch die ›kochemer‹ Beamten).

sel zu Gesicht, dieser erkannte alsbald in dem ihm vorgestellten angeblichen Löb Philipp, den durch ganz Deutschland berüchtigten und gefürchteten Räuberanführer Mausche Nudel.

Da nun die von diesseitiger Behörde gegen Mausche Nudel gerichteten Steckbriefe als Anführer der Bande bei mehr erwähntem Verbrechen auf der Gonsenheimer Mühle auch nach Darmstadt gelangten, so verfehlte man nicht, die diesseitigen Justiz-Behörden von der dortigen Verhaftung des besagten Mausche Nudel in Kenntniß zu setzen. Von hier aus wurde seine Auslieferung verlangt, welche auch am 30sten März 1821 erfolgt ist.

Hier angelangt, wurde derselbe einer gerichtlichen Untersuchung unterworfen, und folgendes Verbrechen unter Mitwirkung mehrerer Anderer, und als deren Anführer begangen zu haben, beschuldigt.

In der Nacht vom 15. auf den 16. Decbr. 1814 gegen halb zwölf Uhr in Gesellschaft von 10 bis 12 Mannspersonen, bewaffnet mit Feuergewehren und Stöcken, in dem Wohnhause des Müllers Adam Krieger auf der bei Gonsenheim gelegenen Mühle, demselben mittelst Erbrechung und Einstoßung eines äußern Fensters der Wohnstube, und theilweisen Einsteigens durch dasselbe, und mittelst Aufsprengung zweier, in der Nebenkammer stehenden Kisten ungefähr 2200 fl., so wie mehrere andere Effecten[12], bestehend namentlich in einer silbernen Sackuhr, nebst silberner Uhrkette und silbernem Pettschaft[13], einem messingenen Tafelührchen, ein Paar große goldene Ohrringe, ein goldenes Kreuz, einem goldenen Kinder-Ohrringe, ein Paar silberne Schuhschnallen, mehrere Hals- und Sacktücher geraubt zu haben, zu gleicher Zeit Gewaltthätigkeiten an der Person des Müllers Krieger, an dessen hochschwangern Frau, der Magd Katharina Hofen, und dem Mühljungen Adam Knecht verübt, dieselben verwundet, gebunden und geknebelt worden sind, wobei ferner einige der Räuber zur Ausführung der

12 Wertpapiere.
13 Siegel.

Gewaltthätigkeiten sich der mitgebrachten Stöcke und des in der Mühle gefundenen Mühlbeils bedienet, die Pistole dem Müller vorgehalten, ihn zu erschießen gedrohet, und dadurch gezwungen haben, die Plätze anzugeben, wo sich sein Geld befand, das Inculpat[14] und seine Mitgenossen demnach zur Vollführung seiner Missethat wahrhaft barbarische Handlungen und Grausamkeiten angewendet haben.

Löb Philipp, eigentlich Isaac Moses, vulgo Mausche Nudel, läugnete nicht nur nichts von diesem ihm angeschuldigten Verbrechen zu wissen, sondern auch noch niemals in hiesiger Gegend gewesen zu seyn, am allerwenigsten noch jemals den Namen Mausche Nudel geführt zu haben.

Keine Anerkennung als Mausche Nudel, welche durch so viele Zeugen, während der vor dem Hrn. Untersuchungsrichter geflogenen Untersuchung statt hatte, konnte ihn bewegen, der Wahrheit ihren Tribut zu zollen. Frech, und nach wahrer Gauner-Methode, läugnete er den Zeugen ins Gesicht und verfluchte ihr schlechtes Gewissen, ihn, nach eigenen Worten, Unschuldigen als Mausche Nudel zu bezeichnen.

Nicht selten fuhr er die Zeugen in einer solchen Art an, welche keinen Zweifel übrig ließ, daß die Justiz in seiner Person sich nicht, geirrt, den angeblichen Löb Philipp als Mausche Nudel und als Anführer der Bande bei dem auf der Gonsenheimer Mühle verübten Verbrechen zu erkennen und deßhalb in Untersuchung gezogen zu haben.

Am 22. August 1825 wurde Isaac Moses, vulgo Mausche Nudel, sich dermalen Löb Philipp von Paris oder Basel nennend, 36 bis 37 Jahr alt, von der Rathskammer des Großherzogl. Kreisgerichts an die Anklagskammer des Großherzogl. Obergerichtshofes verwiesen, und von dieser Stelle verordnet, daß der mehr erwähnte Löb Philipp als Landstreicher, der nie einen festen Wohnsitz noch erlaubtes Gewerb hatte, vor den Großherzogl. Special-Gerichtshof gestellt, um daselbst wegen des ihm zur Last gelegten Verbrechens geur-

14 Angeklagter vor dem Hauptverhör (nachher: Inquisit).

theilt zu werden. – Am 27. Februar 1826 wurde nun diese Sitzung durch den Großherzogl. Kreisgerichts-Präsidenten, Herrn A u l l, eröffnet. – Vier Tage lang währte die Sitzung, und am 2. März abhin, nach einer anderthalbstündigen Berathung in dem Deliberationszimmer[15] erschien der Hof. – Ruhig, fest und unerschütterlich hörte Isaac Moses sein durch den Hrn. Präsidenten vorgelesenes Todesurtheil an; in diesem Augenblicke bewies er eine Stärke des Geistes, die, um Räuberanführer seyn zu wollen, der stündlich der Gefahr ausgesetzt ist, durch Henkers-Schwerdt fallen zu müssen, ihn wirklich unter die größten Personen dieser Sphäre zu zählen geeignet ist.

Kein Laut, kein Aderzucken, keine Veränderung der Gesichtsfarbe war bei Verkündigung seines Schicksals an ihm bemerkbar. Nachdem dieser so fürchterliche Moment vorüber war, und der Herr Präsident ihm erklärt hatte, daß er drei Tage Zeit habe, um gegen dieses Urtheil Cassation einzulegen, sagte er mit fester Stimme zu demselben: Herr Präsident, da ich doch einmal zum Tode verurtheilt bin, so wünsche ich, daß man mir morgen Frühe neun Uhr meinen unschuldigen Kopf herunter schlage. – Er schien sich aber dennoch eines bessern besonnen zu haben, denn am 3. März darauf legte er das Rechtsmittel der Cassation gegen das spezialgerichtliche Urtheil ein. – Am 24. März abhin wurde der angebliche Löb Philipp, eigentlich Isaac Moses, vulgo Mausche Nudel, mit seinem Cassationsgesuche abgewiesen, und der Gnade Seiner Königl. Hoh. Unsers allergnädigsten Großherzogs übergeben. – S. K. H. der Großherzog von Hessen und bei Rhein haben das spezialgerichtliche Urtheil, wornach Isaac Moses zum Tode verurtheilt war, in eine lebenslängliche Zwangsarbeit umzuwandeln geruhet, welche Strafe er hier in Mainz zu verbüßen hat.

Isaac, vulgo Itzig Nudel, (der Name Nudel ist ein Spitznamen, der der ganzen Familie von Isaac beigelegt ist) ein alter Räuber, erzeugte mit seiner Frau Namens Caroline Levy,

15 Beratungszimmer.

vulgo Crelle, die vor der Verehlichung mit Itzig Nudel schon einen Sohn hatte, Namens Samuel Levy, vulgo Schmuhl Nudel, auch ein Räuber, noch drei Söhne, Namens Isaac Löb, vulgo Löb Nudel, Isaac Mayer, vulgo Mayer Nudel, und Isaac Moses, vulgo Mosche, und Mausche Nudel, Geburtsort unbekannt. Mausche Nudel erlernte früh das Handwerk seines Vaters und das seiner Brüder, denn nach der Aussage des Joseph Isaac von Villmar kam er als ein kleiner Knabe schon mit seiner Mutter auf den jährlichen Markte daselbst, wo er seinen Lebensunterhalt durch Zitherspiel, eigentlich aber durch sogenanntes Beutelziehen[16] zu verdienen suchte. Hierin mußte er große Fortschritte gemacht haben, denn in einem Alter von 19 bis 20 Jahren wagte er sich schon in große Städte, wie er denn auch im Jahr 1809 in Trier auf dem Vergehen der Beutelschneiderei ertappt, und von dem dortigen Zuchtpolizei-Gerichte zu einer zweijährigen Correctionsstrafe verurtheilt wurde, zu welcher Erstehung man ihn nach Villfort[17] transportirte. – Seine Gewandheit und Stärke ließ damals schon alles befürchten, und von dieser Epoche an kann man seinen eigentlichen Uebergang ins Räuberleben annehmen. Eine Probe seiner ausserordentlichen physischen Kraft legte Mausche Nudel in erwähnter Strafanstalt zu Villfort ab. Eine stählerne Spinnmaschiene, welche kaum von den zwei stärksten Personen gelüftet werden konnte, schwang Mausche Nudel mit unglaublicher Kraft auf sein Kinn und balancirte dieselbe zur Belustigung der staunenden Menge.

Häufig befand sich dieser Mensch schon in den Händen der Justiz, immer entwischte er denselben aber. Im Jahr 1812 befand sich Mausche Nudel in der Strafanstalt zu Antwerpen, daselbst entging er einer längern Haft dadurch, daß er seine Fesseln, welche an einem seiner Füße befestigt waren mittelst eines Brecheisens lossprengte, und so seine Freiheit erhielt.

Einige Jahre darauf hatte derselbe eine neue Verhaftung zu bestehen, und sollte unter Eskorte, geschlossen auf einem

16 einen Taschendiebstahl begehen.
17 Vilvorde bei Brüssel?

Wagen sitzend, nach Bremen geführt werden. Der Weg der gemacht werden mußte, führte längs der Weser hin. Mausche Nudel sah in dieser ein Mittel zur Erlangung seiner verlornen Freiheit, nämlich er stürzte sich von dem Wagen hinab in dieselbe, durchschwamm sie, und ließ seinen Begleitern, welche nicht ermangelten auf ihn zu schießen, jedoch nur leicht ins Bein trafen, das Zusehen der Zertrümmerung seiner Fesseln an dem jenseitigen Ufer.

Im Jahr 1820 wurde derselbe neuerdings in Künzelsau, Königreich Würtemberg, auf dem Verbrechen des Einbruchs in einem bewohnten Hause, bei hellem Tage verübt, ertappt und arretirt; er durchbrach aber die Mauern seines drei Stockwerke hohen Gefängnisses, und sprang durch die gemachte Oeffnung auf die Straße, wodurch er abermals seine Freiheit erhielt.

Mausche Nudel soll immer mit zwei Pistolen und einem Dolche bewaffnet gewesen, und je größere Hindernisse sich der Ausführung seiner Pläne entgegenwarfen, desto größer soll sein Muth gewachsen seyn. Mit vielen Räubereien ist derselbe belastet, welche aber größtentheils nicht bekannt sind.

Beabsichtigte Mausche Nudel einen Raub, so suchte er mit seiner Bande in großer Schnelle an den Ort, wo das Verbrechen begangen werden solle, zu gelangen. War das Verbrechen verübt, so entfernte er sich augenblicklich mit gleicher Schnelle mehrere Meilen weit an einen bestimmten Ort, gewöhnlich Kochemer Judenherberge, um sich auf diese Weise den Augen der Justiz zu entziehen. Da nun wurde die gemachte Beute getheilet. Auf diese Art war es möglich, daß in einer ganz kurzen Zeit viele Einbrüche, an sehr entfernten Orten in kleinen Zeiträumen, statt finden konnten. – Namentlich beurkunden dies zwei in einem von einander acht Tagen in Ibbenbühren und Stollberg[18] verübte sehr bedeutende Einbrüche bei einem Banquier und einem Kaufmanne. – Auch Proben der Schlauheit und Verschmitztheit legte Mausche Nudel ab.

18 Vermutlich Stadt am Nordrand der Eifel.

Beschreibung

der

Großen See-Schlacht bei Navarin,

zwischen

Ibrahim Pascha und der vereinten Flotte von England,
Frankreich und Rußland

den 20. October 1827,

wobei die ganze türkisch-egyptische Flotte zu Grunde ging.

In jenem Lande, welches vor zweitausend Jahren das Land
der Cultur und der Sitz der Wissenschaften war, und dessen
Bewohner zu den Gebildetsten des Erdballs gehörten; dort in
jenem ehemals so blühenden Griechenland kämpfen nun die
Söhne dieser Tapfern, von gleichem Muthe beseelt, schon seit
7 Jahren gegen ihre Unterdrücker, welche sie bereits während
drei Jahrhunderten unter ihrem tyrannischen Joche hielten,
und sie wie Schlachtvieh auf ihre Märkte führten, um dieselben als Sclaven zu verkaufen. Dieser Knechtschaft endlich
müde, ergriffen die so lange unterdrückten Griechen vor 7
Jahren die Waffen, und suchten die Ketten zu brechen, welche ihnen der Muselmann geschmiedet hatte. Gegen eine wol
20mal stärkere Macht waren sie dennoch, bis auf den heutigen
Tag, beinahe immer Sieger geblieben, und haben durch Muth
und heroische Tapferkeit den größten Theil ihres ehemaligen
Bodens frei gemacht. Aber Raub, Mord und Verwüstung
bezeichnete die Bahn, welche der Muselmann betrat, und die
gräßlichsten Hinmordungen wurden an dem unglücklichen
Volke verübt. Ihre gerechte Sache erregte zwar schon seit

dem Anfange der Feindseligkeiten die thåtigste Theilnahme eines jeden Christen, wessen Standes und Alters er auch sein mochte, und Unterstützung und Hülfe floß aus der Hütte des Armen, wie aus den pråchtigen Gebåuden des Reichen. Nur die Herzen der Großen Europa's blieben dem Alles durchdringenden Rufe um Rettung verschlossen, bis in der neuesten Zeit Gott auch ihre Gedanken lenkte, und verflossenen 20. October 1827, bei Navarin, die ganze türkisch-egyptische Flotte von der vereinten englischen, französischen und russischen verbrannt und zerstört wurde.

Diese drei verbündeten Måchte konnten endlich die Metzeleien, welche der Muselmann an diesem unglücklichen Volke verübte, nicht mehr långer mit ansehen, und machten deßwegen dem Sultan Vorschlåge zum Frieden, mit der ausdrücklichen Bedingung, daß sie feindselig gegen ihn handeln würden, im Fall er dieselben nicht annehmen würde. Bei Navarin lag die feindliche Flotte unter Segel, und in deren Angesichte postirte sich auch die Englische, unter Anführung des Admirals Lord Codrington, um dieselbe zu beobachten. In der Nacht vom 21. auf den 22. September bemerkte ein englisches Schiff große Bewegung im Innern des Hafens, und man sah, daß Truppeneinschiffungen Staat fanden. Des folgenden Morgens wollten 54 bewaffnete Fahrzeuge aus dem Hafen segeln, und die englische Linie durchschneiden; aber Codrington ließ Ibrahim aufs ernsthafteste warnen. Dieser aber begrüßte ein englisches Boot mit einem Kugelregen, worauf sich die englischen Schiffe sogleich zum Kampfe rüsteten. Schon wollte Ibrahim den Angriff machen, als er von weitem die französische Flotte erblickte, welche unter Anführung des Admirals de Rigny, die Englische unterstützen sollte. Der Pascha zog sich zurück, und am andern Tag kam ein Gesandter zu den Alliirten, welcher einen zwanzigtägigen Waffenstillstand mit den Griechen anbot. Allein trotz dieses Waffenstillstandes wollte Ibrahim doch die Festungen Patras und Missolunghi[1], welche von den Griechen eng bela-

1 Mesolongion, griechische Stadt am Golf von Patras.

gert waren, mit Munition versehen. Die Admiråle erklårten ihm, daß wenn er nicht augenblicklich in den Hafen zuruckkehre, so würde er mit Kugeln begrüßt werden; und auf diese Drohung zog er sich zurück. Er kam aber bald mit verstårkten Kråften wieder, und die Drohung erfüllte sich.

Aufgebracht darüber wollte er nun zu Land seine Verwüstungen anrichten, und in Morea bezeichnete Mord und Brand seine blutige Bahn. Die russische Flotte war indessen unter Befehl des Admirals Graf Heyden, ebenfalls im Hafen angekommen; und nun forderten alle drei vereint den Ibrahim auf, seinen Metzeleien ein Ende zu machen. Allein zweimal schickte Ibrahim die Depeschen uneröffnet zurück, und nun ward beschlossen Gewalt mit Gewalt zu verdrången. Am 20. October lief die alliirte Flotte in den Hafen von Navarin; sie bestand aus 27 Schiffen, die türkische hingegen aus 110 größern und kleinern Fahrzeugen. Kein Schuß sollte von ihrer Seite zuerst auf den Feind fallen; aber unversehens kam ein Musketenfeuer und tödtete mehrere Matrosen und den englischen Parlamentår. Hierauf fiel ein Kanonenschuß auf das französische Admiralschiff, und dies war das Zeichen zum Angriff. Die englische Flotte råchte plötzlich so viele Beleidigungen und donnerte auf die beiden türkischen Admiralschiffe, welche in einem Augenblicke in einen Haufen Trümmer verwandelt wurden.

Die Schlacht dauerte 4 Stunden ohne Unterlaß, und der Anblick der türkischen Flotte war am Schluß derselben beispiellos. Sie war ganz zernichtet, und ihr Menschenverlust ist unermeßlich. Acht und vierzig kleine und große Schiffe sind ganz verbrannt, vier sanken unter und zwanzig waren zerstört; der Überrest ist theils nur angebrannt, theils aber in die Luft gesprengt. Die Tapferkeit, womit sich alle drei Admiråle, während des ganzen Treffens, auszeichneten, kann jedem Seehelden zum Beispiel dienen.

Möge diese wichtige Schlacht für die unglücklichen Griechen diejenige Folge haben, daß sie bald wieder, befreit von der Tyrannei des Muselmannes, in die Reihe glücklicher und zivilisirter Nationen aufgenommen werden, und diejenige Stuffe von Bildung wieder erlangen, welche ihre Våter besaßen, und wobei dieselben so glücklich waren.

Lied über die See-Schlacht bei Navarin.

1.

Schwer gedrückt in Sclavenketten,
Schmachtet heut' noch Griechenland;
Niemand wollte es erretten
Aus der Türken Frevlerhand;
Dieser mordet ohn' Erbarmen
Väter, Mütter, Greis und Kind!
Wisset d'rum, daß diese Armen
Christen! eure Brüder sind.

2.

Schon seit dreimal hundert Jahren
Seufzen sie im Sclavenjoch,
Hatten manche Noth erfahren,
Sollten viel erfahren noch;
Aber plötzlich zeigte ihnen
Gott den Weg zur Rettung an,
Und aus ihrer Mitt' erschienen
Große Männer auf der Bahn.

3.

Sie ergriffen voll von Muthe,
Gegen ihren Feind das Schwerdt,
Stritten für das höchste Gute,
Für der Freiheit hohen Werth.
Müd' der vielen Mördereien
Und der großen Barbarei,

Wollten sie sich jetzt befreien,
Sollte Tod ihr Loos auch sein.

4.

Lang schon mordet ohne Schonung
Der Barbar in ihrer Mitt';
Er verbrennet ihre Wohnung,
Raub und Mord folgt seinem Schritt!
Was den Namen Christ nur führet,
Wird vom Henker umgebracht,
Nichts ist, was den Unmensch rühret,
Denn er mordet Tag und Nacht.

5.

Diesem Gräu'l ein Ziel zu setzen,
Haben drei Monarchen sich,
Um die Schande auszuwetzen,
Treu vereinet inniglich;
Und es wurden dem Sultane
Friedensvorschläg' beigebracht;
Doch in seinem stolzen Wahne
Hat er alles dies veracht't.

6.

Ja er griff nach voller Rache,
Gegen Pflicht und Eid und Treu',
Doch zum Glück der Griechensache,
Ihre Schiffe an auf's neu;
Und mit einem Kugelregen
Hatte er die Schlacht erklärt,
Welche soviel Glück und Segen
Nun der Griechen Sach' gewährt.

7.

Donnernd brüllten die Kanonen
Auf die türk'schen Schiffe los,

Und es wurde ohne Schonen
Abgefeuert jed' Geschoß;
Brander[2] wurden abgesendet
Untergang droht jeder Schlund;
Alles wurde angewendet
Daß der Türke ging zu Grund.

8.

Dort ließ alles auch das Leben;
Alle Türken kamen um;
Man sah theils im Meere schweben,
In den Lüften auch herum;
Ihre Schiffe sind vernichtet,
Theils verbrannt und theils versenkt;
Denn der Höchste hat gerichtet
Und dem Recht' den Sieg geschenkt!

---

2 Mit brennbarem bzw. explosivem Material beladenes Schiff, das brennend in
die feindliche Flotte geschickt wird.

Das durch Feuer verunglückte

Wallfahrts = Ort

Maria Zell

i n

Ober = Steyermark

im Jahre 1827.

Beschrieben von einem Augenzeugen.

Wien.

Das durch Feuer verunglückte

Wallfahrts-Ort

Maria Zell

in

Ober-Steyermark

im Jahre 1827.

Beschrieben von einem Augenzeugen.

Wien.

Es war die verhängnißvolle Nacht vom ersten auf den zwey-
ten November 1827 als ein ihm unbekanntes Rauschen den
Erzähler gegen Mitternacht weckte. Ein flammender Feuer-
regen begegnete seinem ersten Blicke am Fenster der taghell
erleuchteten Kammer; er springt auf, eilt hinaus, ruft Aeltern
und Geschwister und findet alle noch im tiefen Schlafe; er
verbreitet nun im Hause und auf dem Markte den ersten
Lärm, der glücklicher Weise viel schneller allgemein wurde,
als unter den obwaltenden Umständen um die Mitternachts-
zeit zu erwarten war.

Der Sturm war so heftig, daß die Menschen sich kaum
aufrecht zu erhalten vermochten, wodurch der Brand sich
wie durch einen Zauberschlag sogleich über ganze Reihen
von Gebäuden verbreitete.

Zuerst stand die Grätzergaße mit der Kirche, dann die
Neustädtergaße im Flammen; die Wienergaße schien durch
die Richtung des Windes geschützt, und man wollte zu deren
mehrerem Schutze einige Dächer niederreißen, und ließ auch

eine große Spritze aus dem Stiftsgebäude durch Menschenhände herbeybringen; allein es fehlte an Zimmerleuten und Werkzeugen, die man sich mit Einbrechung der Werkstätte des abwesenden Meisters verschaffen mußte; die Spritze befand sich in so unglücklichen Händen, daß bey dem ersten Drucke der Tauchbaum[1] zerbrach, wobey ein Gehülfe beynahe todt zu Boden geschleudert wurde, und ehe man es sich versehen konnte, nahm wider alles Vermuthen der Wind plötzlich eine andere Wendung, worauf die zuströmende versengende Hitze, der erstickende Rauch und die heranfliegenden unzähligen Feuerbrände, die traurige Nothwendigkeit herbeyführten, auch diese Gaße, sammt der erwähnten Spritze, welche ebenfalls eingeäschert ward, ihrem Schicksale zu überlaßen.

Auf dem Feuerlärm eilte Jedermann mit den Seinigen sogleich, kaum halb begleidet, auf die Gaße um sich der vielleicht schon augenblicklichen Gefahr zu entziehen, die eigentliche Lage und Beschaffenheit der Dinge wahrzunehmen und die zweckmäßigsten Maßregeln zur Rettung des Eigenthums ergreifen zu können.

Von dem unvermeidlichen Untergange der Gebäude auf den ersten Blick überzeugt wollten noch mehrere Hausväter und Mütter, nachdem sie ihre Angehörigen einiger Maßen geborgen wußten, ein Gewand, Geräthe, Geld oder kostbares Kleinod aus ihren Zimmern, Kästen oder Schränken zur Bedeckung ihrer Blöße und zu einigem Troste in ihrem künftigen Leiden und Entbehrungen erhaschen, oder in die Tiefen ihrer Kellergewölbe versenken; allein nur sehr Wenige in der Wienergaße waren im Stande, einige unbedeutende Kleinigkeiten dem Untergange zu entreißen; den Uibrigen verschloßen hier Hitze und erstickender Rauch, oder schon gierig um sich greifende Flammen, dort bereits beginnen, der Einsturz des Hauses den Rücktritt in die kaum verlaßene Wohnung; Andere die noch in dieselbe eingedrungen waren, erschienen mit leeren Händen wieder, Angst und Verwirrung hatte

1 Gestänge, das bei einer Handdruckspritze die Verbindung zwischen Kolben und bewegtem Hubbaum herstellt.

ihnen den Gebrauch aller Sinnen benommen, und es hatte das Ansehen, als wenn sie ohne klares Bewußtseyn eines Zwekkes, oder nur zum letzten Abschiede von allen theuern Gegenständen ihrer Gewohnheit sich in einem gefahrvollen Kreislauf um dieselben begeben hätten.

Unter so bewandten Umständen wurde die gesammte Bevölkerung dieses Marktes mit sehr wenigen Ausnahmen, nicht nur ihrer Wohngebäude, welche bis in die tiefsten Grundfesten verbrannten, sondern auch sämmtlicher beweglichen Güter mit Einschluß des Viehes, aller Handelswaaren, welche in den Marktläden sammt diesen auch nicht die mindeste Spur ihres Daseyns zurückließen, wie auch aller Handwerkszeuge beraubt, wodurch ihnen selbst die Mittel und die Möglichkeit eines Verdienstes entgangen sind. Von 111 Häusern sind nur 9 der Wuth der Flammen entgangen, die übrigen aber bis auf die Grundfesten verbrannt, wodurch 115 Familien zu Bettlern wurden. Zehn Personen fanden durch die Flammen ihren Tod, darunter ein Hausvater mit seiner Gattin, seiner Enkelinn, drey Dienstbothen und einem Kinde, die sich unter einem Gewölbe sicher hielten, allein durch den Einsturz desselben erschlagen wurden und verbrannten. Viele Personen wurden beschädigt. Aus der schönen Kirche, deren Dach und Thürme zu Grunde gingen, und deren Glokken zerschmolzen, wurde das Gnadenbild in die Sigmundskirche gebracht. Auch gelang es, den Schatz zu retten.

Dieses schreckliche Ereigniß, sagt die Grätzer Zeitung, hat, als es noch nicht in dieser Größe und Ausdehnung bekannt war, schon allgemeines Mitleiden und Theilnahme hier in Grätz erzeugt, die sich auch durch die That offenbarte. Denn kaum hat man die erste Nachricht von dem nahmenlosen Unglücke durch diese Blätter vernommen, als sich schon einige Wohlthäter vereinten, um den Bedrängten durch eine milde Sammlung die ersten Qualen ihrer Lage zu lindern.

Möge das schöne Beyspiel dieser Menschenfreunde, an deren Spitze sich hohe Wohlthäter stellten, deren Nahmen bey ihrem allgemein bekannten milden Sinne, um gekannt zu seyn, zu nennen nicht Noth erheischt, auch die edlen Bewohner Wiens bewegen, Nachahmer dieser Wohlthäter zu seyn, dem unbeschreiblichen Jammer, welcher über den öden Brandstätten waltet, wenigstens zum Theile abzuhelfen.

Jetzt, wo die armen, schuldlosen Unglücklichen bey dem Eintritte der strengen Winterszeit all' ihrer Habe beraubt sind, sich vor Frost und Kälte nicht schützen können, selbst auf das Unentbehrlichste verzicht leisten müssen, wie bedaurungswürdig sind diese Menschen! Wohl verdienen diese Armen geschwinde Hülfe; indem selbst dem Handwerksmanne nicht einmahl sein Werkzeug blieb, um sich und seine Familie durch Arbeiten ernähren zu können. Wie viele Angst werden diese Menschen gehabt haben, mitten in der Nacht im tiefsten Schlafe aufgeschreckt, ein solches trauriges Schicksal zu erleben, um alles so mühsam rechtlich Erworbene durch dieses furchtbare Element zu verlieren, und halbnackend zu fliehen, um nur das Leben zu erhalten, und das künftige Elend beweinen zu können!

Die armen Menschen wußten vor Verwirrung in dieser schrecklichen Nacht nicht wohin zu fliehen, und so geschah es, daß viele derselben auf den Begräbnißplatz kamen, um da ihr nahmenloses Elend ihren verstorbenen Freunden zu klagen, welche sie um die Abgeschiedenheit beneideten. Tröstend wird ihnen daher jede Hülfe, sey es auch der kleinste Beytrag, zu Statten kommen.

Bey so vielen Beweisen von Edelmuth der hochherzigen Wiener, welche überall, wo Noth und Elend war, freudig ihre Beyträge gaben, werden auch gewiß die armen unglücklichen Bewohner des Gnaden-Ortes Maria Zell, als Mitbrüder in unsern großen Kaiserhaus, nicht ohne Unterstützung laßen, und gewiß Jeder das Seinige beytragen, so viel in seinen Kräften steht.

Wer wird aber nicht mit Freuden sein Scherflein beytragen, um den Bejammernswürdigen nur eine kleine Milderung ihres harten Schicksals zu verschaffen.

Zu finden bey Ignatz Eder, Kupferstichhändler am Thury in der Flecksieder Gasse im eigenen Hause Nr. 76 zum guten Hirten.

Beschreibung

einer

sechsfachen Mordthat

welche

sich am 2ten Februar 1835

zu

Amsterdam

zugetragen.

————————

Nebst einem dazu verfaßten Liede.

————

————————————

Frankfurth a. d. O. und Berlin, gedruckt bei
Trowitzsch und Sohn.

Ein sehr vermögender Goldschmidt zu Amsterdam lebte mit seiner Frau und seinen sechs Kindern glücklich; doch sein ältester Sohn von 21 Jahren störte bald das häusliche Glück und richtete die ganze Familie zu Grunde. Dieser Sohn hatte Bekanntschaft mit einer Schuhmacherstochter, die er liebte und er auch schon beschwängert hatte, weshalb er auch seine Eltern unaufhörlich um Einwilligung zur Heirath bat; doch diese wiesen ihm mit dem Verweise ab: er solle seines Gleichen suchen. Zornig und wüthend schmiedeten die beiden Verliebten den Plan, die Eltern im Schlafe zu ermorden. Ach! bald wurde dieser gräßliche Plan ausgeführt. In der Nacht, wo alles im Schlafe ruhete, mordete er seinen Vater, seine Mutter und vier Geschwister, und noch war sein wüthender Blutdurst nicht gestillt; er eilte nach dem Zimmer, wo das Küchenmädchen mit einem dreijährigen Knäbchen, seinem jüngsten Brüderchen, schlief; doch dieses Mädchen war durch Getümmel und Lärm aufgewacht, hatte sich eingeschlossen, stand mit einem Blasrohr an der Kammerthür und rettete auf diese Art ihr und des Kleinen Leben.

Mit des Tages Anbruch gelang es ihr, das Fenster zu erbrechen und Lärm zu machen, wodurch die Nachbaren herbeigeeilt kamen und zurückschaudernd die Ermordeten im Blute schwimmend fanden. Das Küchenmädchen öffnete erst die Kammerthür, als sie überzeugt war, daß die Nachbarn im Hause seien. Ohnmächtig ward sie zum nächsten Nachbar, einem Bäcker, gebracht, wo sie dann, nachdem sie wieder zu sich gekommen war, der Polizei anzeige, was sie des Nachts gehört; zugleich daß sie Verdacht auf den ältesten Sohn des ermordeten Goldschmidts habe, der auch nicht zu Hause war, wie auch daß er Bekanntschaft mit einer Schuhmacherstochter habe. Darauf wurde gleich das Haus des Letztern durchsucht; doch so wenig der Sohn des Goldschmidts, als die Tochter des Schuhmachers gefunden. Beide hatten sich durch die Flucht gerettet.

Die Ermordeten wurden inzwischen auf zwei Leichenwagen, begleitet von dem Küchenmädchen und dem kleinen dreijährigen Knaben, in Trauerkleider gehüllt und gefolgt von vielen tausend Menschen, zum Grabe geführt. Der Mörder, des Goldschmidts Sohn, wurde in der Stadt St. Niklaus in Flandern gefunden, arretirt und geschlossen nach Amsterdam geführt, wo er dann bei der ersten Untersuchung gestand, daß er der Mörder seines Vaters, seiner Mutter und Geschwister sei. Er bat für seine Geliebte, versichernd, daß diese unschuldig sei. Nach Verurtheilung zur Guillotine, ward er, unter dem heilsamen Zuspruch des Priesters, seinem Verlangen gemäß, am 3. Mårz 1835. hingerichtet. –

>>So straft Gott die
Unbesonnenheit.<<

Kommt Menschen hört dies traur'ge Lied,
   Mit Thrånen muß ich's singen!
Hört, was in Amsterdam gescheh'n,
   Was Böses kann gelingen!!!
Ein Goldschmidt hatte einen Sohn,
   Vernehmet hier der Arbeit Lohn!
Was doch nicht all' geschehen kann!
   Ist man oft selbst nicht Schuld daran?

So geht's auch diesem reichen Mann,
   Denkt über seine Leiden;
Er bild't sich ein, er sei Sultan,
   Und denkt nur über Freuden;
Doch sein Sohn der kam dreimal selbst,
   Hielt um die Schusterstochter an;
Er liebte sie und was geschah?
   Der Vater sagt zur Eh' nicht ja!

Das Mådchen war dem Vater arm,
   Sein Stolz war nicht zu beugen;
Des Sohnes Herz, durch Treue warm –
   Groß waren seine Leiden! –
Weinend sieht er sein Mådchen an,
   Sie schmieden sich nun einen Plan;
Diesen hier zu vernehmen,
   Muß sich die Welt nicht schåmen.

Die Nacht bricht an, man ruhet sanft,
  Man ahnet keine Leiden.
Ein Sohn wåhlt's Messer, geht voran,
  Schneid't Vater, Mutter, beiden
Im Schlafe, ach! die Gurgel ab,
  Und låßt noch nicht vom Morden ab;
Er find't am Morden noch Plaisir,
  Mordet noch seiner Geschwister vier.

Nun eilte er der Kammer zu
  Wo's Kůchenmådchen ruhte;
Doch diese war nicht mehr in Ruh',
  Sie sich zu retten suchte.
Ein kleines Knåblein von drei Jahr
  Auch mit ihr in dem Zimmer war,
Sie zog den Schlůssel aus der Thůr;
  Der Mőrder stand beschåmt dafůr.

Sie schreit um Hůlf, der Tag bricht an,
  Die Nachbarn kommen eilig.
Was sieht man hier? Ein Mord gethan!
  Das Blut strőmt hier so håufig.
Man siehet rechts den Vatermord;
  Und links, o Gott! den Muttermord;
Im Blute schwimmen auch noch hier
  Ihr' Kinder, an der Zahle vier.

Nun eilet auch die Polizei,
  Dem Mőrder nachzuspůren,
Mit hast'gen Schritten hier herbei;
  Das Mådchen sagt die Spuren
Fruchtlos setzt man dem Mőrder nach,
  Man hőret nur ein leeres Ach!
Es folgen hier den Leichen nach
  Viel Tausende bis an das Grab.

Gensd'armen lassen keine Ruh',
    Dem Mörder nachzusetzen.
Zu St. Niklaus findet man ihn,
    Arr'tirt ihn ohn Verletzen.
Mit seinem Mädchen wohlbewacht,
    Ward er nach Amsterdam gebracht;
Bekennet gleich all' sein Vergehn,
    Und hört nicht auf für sie zu flehn.

Das Urtheil ward ihm bald gemacht
    Sterben war Richterstimme;
Ein Priester ward ihm zugebracht,
    Starb nicht in Gottes Grimme.
Drum, Eltern, denket doch recht nach,
    Behandelt keinen Sohn mit Schmach,
Die Liebe ist ein Wunderding –
    Sagt lieber ja, eh es mißlingt.

Beschreibung

einer

wirklich wahren Begebenheit,

welche

am 6. Januar 1846

in dem Dorfe Degedow,

bei der Stadt Grevismühlen, im Großherzogthum
Mecklenburg-Schwerin, entdeckt ist, und sich auch
daselbst zugetragen hat.

Bremen 1847.

Der Anfang des Jahres 1846 begann mit der schauderhaften
Entdeckung eines siebenfachen Kindermordes, über welchen
die Mecklenburgischen Zeitungen Folgendes berichten:

In der Nähe von Grevismühlen, im Mecklenburg-Schwe-
rinschen Lande, befindet sich das Dorf Degedow, das der
Eigenthümer Strickert bewohnte. Dieser Mann hatte mit seiner bei ihm dienenden Wirthschafterin, einem sehr hübschen
Mädchen, verbotenen Umgang und die Folgen davon waren
zwei außereheliche Kinder, die gleich nach der Geburt fremden Leuten zur Beköstigung übergeben wurden. Zu derselben Zeit diente auch ein Inspector Namens Duscht daselbst,
der sich ebenfalls in dieses Mädchen verliebte. Leichtsinnig
wie sie war, vermochte sie es nicht über sich, den zu ihren
Füßen liegenden und um Gegenliebe bittenden Inspector
lange schmachten zu lassen und in Folge ihrer Hingebung

zeugten sie, so viel man bis jetzt erfahren hat, vier Kinder mit einander. Das erste mit dem Inspector gezeugte Kind ward von der entarteten Mutter sogleich erstickt und von Ersterem in einem Garten verscharrt. Sobald sie sich ihrer verbotenen Frucht entledigt hatten, setzten sie gewissenlos den strafbaren Umgang fort, nicht die Folgen berechnend, die ein solches Verhältniß nach sich ziehen könnte, und ein zweites Kind ward geboren, das ebenfalls wie das erste in einem Garten verscharrt wurde.

Zu derselben Zeit diente in Degedow auch ein Mädchen, mit welchem die Wirthschafterin auf einem sehr vertrauten Fuße stand, und deren Vater, seiner Profession ein Weber, welcher in Grevismühlen wohnte, ihr als ein zuverlässig verschwiegener Mann bekannt war. Diese ihrem Plane günstigen Eigenschaften bestimmten sie, Vater und Tochter als Werkzeuge unter dem Siegel der Verschwiegenheit mit in das Geheimniß zu ziehen. Nach Verlauf kurzer Zeit fühlte sich die Wirthschafterin abermals in gesegneten Umständen und die Zeit ihrer Entbindung rückte immer näher. Am 14. Mai 1839, in der mitternächtlichen Stunde, gebahr sie unter dem Beistande des erwähnten Dienstmädchens, das die Stelle einer Hebamme vertrat, einen allerliebsten Knaben. Aber nicht das mindeste mütterliche Gefühl regte sich in ihrer Brust, sondern auch dieses Zeugniß ihrer Schande wurde gefühllos dem Tode übergeben, indem sie es ebenfalls erstickte und in eine dazu bereit stehende Schachtel legte. Sodann nahm es das Mädchen wieder in Empfang, und brachte es nach Grevismühlen zu ihrem Vater, der dann das unschuldige Opfer nach dem eine Viertelmeile von dort entlegenen Berge trug und es in demselben verscharrte, wofür er sich am andern Tage von der Wirthschafterin eine gute Belohnung abholte. Auf gleiche Weise wurde mit dem vierten Kinde verfahren, welches am 10. September 1840 geboren wurde und ein Mädchen war.

Jetzt verging ein Zeitraum von zwei Jahren, bevor sie sich wieder Mutter fühlte. Zu diesem Kinde war ihrer Angabe nach ebenfalls der Inspector Vater, wie zu den vier vorherigen. Schon war der Zeitpunkt der Entbindung sehr nahe und noch hatten sie keinen Entschluß gefaßt, ob das zu gebährende Kind am Leben bleiben, oder ob es das Loos seiner vier Geschwister theilen solle. Am 11. Juni 1843 Nachmittags 3 Uhr gebar sie einen holden Knaben, der unschuldig die Welt mit Lächeln begrüßte; aber wie eine nach Blut lechzende Tygerin auf ihre Beute sieht, so erwartete das Ungeheuer von Mutter die Uebergabe des holden Kindes in ihre Hände. Nachdem sie es von dem Dienstmädchen empfangen, besah sie es und schauderhafte Gedanken mochten sich in ihrem Gehirne entwickeln; denn wie eine Schlange, die ihr Opfer erreicht hat, nahm sie den Knaben, drückte ihn in eine dazu bereitstehende Hutschachtel und übergab dieselbe dann wieder dem Dienstmädchen mit den Worten: bringe mir das Ungeheuer vor den Augen hinweg, und du kannst dich einer guten Belohnung versichert halten. Hierauf nahm das Mädchen das Kind, brachte es denselben Abend ihrem Vater und sagte zu ihm: Lieber Vater, hier schickt dir die Mamsell eine Schachtel, welche du an einer passenden Stelle vergraben sollst, wofür dir eine gute Belohnung zugesichert wird.

Der Vater des Mädchens, dessen Gewissen doch wohl endlich erwacht sein mochte, öffnete die Schachtel und erschrak nicht wenig, als er statt eines todten Kindes einen ihm entgegen lächelnden Knaben erblickte. Zurückschaudernd übergab er das Kind wieder seiner Tochter mit den Worten: nein, nein, nimmermehr verscharre ich ein lebendes Kind (die andern Kinder waren ihm nämlich alle todt überliefert), wenn deine Mamsell mir das Kind nicht todt zuschickt, so mag sie selbst sehen, wo sie damit bleibt. Mit diesem Bescheid brachte sie das Kind der Mutter zurück. Diese, ohne sich lange zu besinnen, vollbrachte denn bald dasjenige, was jeder menschlichen Natur zuwider ist, und nur eine so tief gesunkene, unnatürliche Mutter zu thun im Stande ist. Sie erdrosselte auch dieses Kind mit derselben kalten Ueberlegung, wie bei den früheren, nur den Zweck im Auge habend, ihre Schande vor den Augen der Welt und dem gerechten Urtheile der Menschheit zu decken. So übergab sie es wieder dem Mädchen, die es dann zum zweiten Male ihrem Vater brachte, indem sie sagte: es ist vorige Nacht gestorben, und nun bringe es auf die Seite. Ohne zu fragen, ob der Tod des Kindes ein natürlicher, oder ein durch Gewalt herbeigeführter sei, nahm er dasselbe und verscharrte es in dem Garten des Bäckermeisters Herrn Ebel, welcher sich außerhalb der Stadt befand. Auch das sechste Kind wurde auf gleiche Weise auf die Seite gebracht.

Bis dahin waren die Sachen immer nach Wunsch der Betheiligten ausgefallen. Indeß sagt das Sprichwort: Der Krug geht so lange zu Wasser bis er den Henk zerbricht. Dieses bewährte sich auch hier.

Das siebente Kind, ebenfalls von dem Weber in der Scheune vorerwähnten Bäckers vergraben, am 12. Mai 1844, wurde nämlich entdeckt, ehe die Verwesung stattgefunden hatte.

Den 16. Januar 1846 wurde auf Antrag des Gutsherrn Strickert der Inspektor, der schon anderthalb Jahre aus seinem Dienste entlassen war, aber dessen ungeachtet fortwährend auf eine Unterstützung Anspruch machte, durch den Landbereiter Bastian arretirt und von diesem an das großherzogliche Amt Grevismühlen abgeliefert. Als er vernahm, daß er auf Antrag des Gutsherrn festgenommen sei, legte er ein vollständiges Bekenntniß seiner Schandthaten ab, nach welchem die Wirthschafterin die Mörderin war. Diese wurde eingezogen und gestand auch gleich im ersten Verhöre ihre schauderhafte That ein. Von ihr wurden dann die übrigen Mitschuldigen angegeben; das Dienstmädchen, welches die Hebammenstelle vertreten und sich kürzlich erst nach Schönberg, zwei Meilen von Grevismühlen, verheirathet hatte, und deren Vater, welcher die Kinder beerdigte. Beide wurden gefänglich eingezogen und mit den andern beiden Verbrechern am 16. März 1846 ins Criminalgefängniß nach Butzow[1] abgeführt, wo sie ihre Strafe von dem gerechten Richter wegen ihrer Schandthaten erwarten.

---

1 Bützow, Stadt in Mecklenburg.

Das Lied.

Nah der Ostsee reichem Strande
Liegt ein Dörfchen, Degedow genannt,
In dem schönen Mecklenburger Lande.
Dorther ward uns eine That bekannt,
Die uns Alle füllet mit Entsetzen,
Das Verbrechen es war – Kindermord.
So die heiligsten Gefühle zu verletzen,
Straft gewiß ein strenger Richter dort.

Rastlos schlürfte sie der Wollust Fülle,
Sie, der Abschaum aller Sündlichkeit;
Aber deckt die Nacht des Lagers Hülle,
Hat es die Natur oft schnell befreit.
Bald empfindet sie nun unter'm Herzen:
Zahlen mußt der Wollust Du Tribut.
Doch die Ehre; sie kann's nicht verschmerzen,
Und ihr opfert sie ihr eigen Blut.

In des Gartens kühler, schwarzer Erde
Ruht erstickt das kleine Wesen nun.
Frei ist sie nun wieder von Beschwerde,
Was kann sie jetzt also besser thun,
Als auf's Neu' mit dem Galan zu kosen;
Tugend und Gewissen traurig weicht.
Eh' der Juni faltet seine Rosen,
Hat sich wieder neue Frucht gezeigt.

Wieder muß jetzt unter ihren Händen
Sterben dieses unschuldvolle Kind;
Doch nicht ganz mag sie die That vollenden,
Und ein Mädchen, ganz wie sie gesinnt,
Läßt es keck sich, ohne Furcht und Beben,
Fest in eine Schachtel eingepreßt,
Von der Rabenmutter übergeben,
Die noch jetzt nicht ihren Weg verläßt.

Seht des Mådchens Vater nun schon warten,
Ihr zum Beistand. O, der Bösewicht
Scharrt das Kind in einen nahen Garten,
Ohne Furcht vor Gottes Strafgericht.
Fünfmal schon hat er es so getrieben,
Da ereilt sie måchtig Gottes Hand.
Schon getödtet waren ihrer sieben,
Das Verbrechen war gehåuft am Rand.

Die Gerechtigkeit ereilt die Sünder,
Zitternd stehen sie nun vor Gericht.
Rache! Rache! tönt es, für die Kinder,
Mitleid decket Keines Angesicht.
Unter des Scharfrichters rüst'gen Hånden
Müssen sie nun bald auf dem Schaffot
Ihr verruchtes, sünd'ges Leben enden.
Gnade ihnen der barmherz'ge Gott!

Gräuel und Schandthaten

des

Banditen-Hauptmanns

Alex Scharnofski

und seiner

95 Mann starken Bande.

Bremen, 1851.

Gräuel und Schandthaten

des

Banditen-Hauptmanns

Alex Scharnofski

und seiner

95 Mann starken Bande.

Bremen, 1851.

Der Sturmwind heulte und ein Schneegestöber machte die Wege unpassirbar; Alles verschloß sich in den Häusern und setzte sich hinter den Ofen, um sich vor der strengen Kälte zu schützen, selbst die Russen waren solcher Kälte ungewohnt. Der Räuberhauptmann Alex Scharnofski hatte sich mit seiner Bande um einen hochlodernden Holzhaufen gelagert, um sich vor der Kälte zu schützen. Derselbe war aus der Gegend von Warschau gebürtig, woselbst sein Vater sich mit Blutegelfangen beschäftigte und so sein Brot verdiente. Auch er wurde zu diesem Geschäft von seiner frühesten Jugend angehalten; dadurch wurde er mit allerhand Leuten bekannt, welche der Verdienst, den das Fangen dieser Thiere brachte, dahin lockte. Manches Gute, aber auch Schlechte lernte er von diesen Leuten. So wuchs er zum Jüngling heran. Das Fangen der Blutegel wurde ihm jetzt zu beschwerlich, oder gefiel ihm nicht länger, daher machte er einen Plan, um sie leichter zu erhalten, der darin bestand, Andern die sauer gefangenen Thiere zu stehlen, die sie in eigens dazu einge- richtete Teiche zum Aufbewahren gestellt hatten.

Im Sommer des Jahres 1849 wurde derselbe endlich bei einem solchen Diebstahl ertappt, dem Gerichte übergeben und erhielt zur Strafe die Knute, so daß er 14 Tage lang das Bett hüten mußte. Nachdem er wieder völlig geheilt war, mochte er zu Hause nicht mehr sein, nahm sein erspartes Geld und lief dann planlos in der Welt umher. So kam er nach Rußland, wo er in der Gegend von Moskau, unweit einer alten verfallenen Burg, von Räubern angefallen wurde. Mit einem tüchtigen Reisestock versehen, vertheidigte er sich tapfer, denn er war ein großer, gewandter Kerl, doch unterlag er zuletzt der Mehrzahl der ihn überfallenden Räuber, welche beständig schrieen: Das Geld, oder es kostet Dir das Leben! Als er endlich überwunden und niedergeworfen war, band man ihn und schleppte ihn mit nach dem alten verfallenen Schlosse, wo man ihn in ein unterirdisches verfallenes Gewölbe brachte. Hier durchsuchte man sorgfältig seine Taschen, und Alles, was man an barem Gelde vorfand, wurde ihm entwendet.

Jetzt, da er nichts mehr besaß, bot er ihnen seine Dienste an und erzählte sein Schicksal. Dies gefiel den Räubern und da sie ohne Hauptmann waren, hatten alle gleichviel zu sagen, sie willigten sämmtlich, 54 an der Zahl, ein, ihn aufzunehmen. Nun, seit Alex in ihrer Mitte war, fielen mehrere grobe Verbrechen vor und dieser verübte Mord auf Mord, wobei er sich stets als der Verwegenste auszeichnete; dabei wußte er sich so listig und verschmitzt gegen seine Genossen zu benehmen, daß alle ihm zugethan waren und auch respectirten. Mehrere Streitigkeiten bestanden seit längerer Zeit unter der Bande, die jetzt zu 95 Köpfen herangewachsen war, und so schlugen mehrere vor, einen Hauptmann zu wählen. Die Wahl fiel auf Alex; er wurde zum Hauptmann eingesetzt und die andern legten den Eid der Treue ab. Eines Abends trat einer seiner größten Gauner ein, mit den Worten: Herr Hauptmann, der Pächter, der nicht weit von hier auf dem adeligen Gute wohnt, hat 700 Silber-Rubel von Seiten seiner jungen Frau geerbt und selbige nach seinem Gute gebracht. Erst diesen Nachmittag ist das Geld eingetroffen, und ich sah verkleidet zu, wie es abgeladen und in die Wohnung gebracht wurde. Das wåre ein netter Fang fůr uns, der Påchter hat an seinem jungen Weibe genug, und uns ist sein Geld lieber. Das ist eine willkommene Arbeit, sagte der Hauptmann, ließ dann alle zum Aufbruch sich bereit halten. Es war eine dunkle Nacht, der Wind braus'te gewaltig, und jagte den Schnee vor sich her ůber die Fluren, als die Råuber sich aufmachten, um ihre ruchlose That auszufůhren. Halt, rief der Råuber, der die Botschaft gebracht hatte, wir sind nahe am Ziel, denn ich sehe schon Licht. Alle Råuber stellten sich zusammen, und der Hauptmann sagte zu ihnen: Folgt mir langsam nach und wenn Ihr einen Schuß hőrt, dann dringt gewaltsam ein. Sogleich machte er sich als Jåger verkleidet, mit seinem S t a d e r s k o f (so hieß der Råuber, der die Botschaft gebracht hatte) auf den Weg nach dem adeligen Gute. Dort angelangt, klopften sie an, und baten um Nachtquartier. Nachdem sie auf die Frage, wer sie wåren, geantwortet, wurden sie eingelassen. Die andern Råuber hatten sich wåhrend dessen um das Haus postirt, um sogleich bereit zu sein. Als sie die Stube betraten, und der Påchter seine Gåste nåher betrachtete, sagte er freundlich zu ihnen: Also reisende Jåger sind Sie, meine Herren! Ja, erwiderte der Råuberhauptmann in einem trotzigen Ton, nimmt Euch das so wunder? Das eben nicht, aber Ihr håttet leicht zu Schaden kommen kőnnen. Ein allerliebstes Mådchen, sagte der Hauptmann, auf die junge Frau deutend, die ihr kleines Sőhnchen auf dem Schooß hatte. Es ist meine Frau! sagte der Påchter, etwas gereizt ůber die Frechheit dieses Menschen. So, entgegnete der Hauptmann, dann will ich sie jetzt einmal haben. Alles stutzte ůber ein solches, die Gastfreundschaft so verletzendes Benehmen. Doch der Hausherr und sein alter Vater waren beherzte Leute, welche sogleich Anstalt machten, mit Hůlfe ihrer Knechte sich dieser beiden rohen und unverschåmten Menschen zu bemeistern. Doch ehe dies noch geschehen konnte, zog der Hauptmann eine Pistole hervor, und augenblicklich erfolgte ein Schuß. Die draußen wartenden und schon begierig nach Raub und Mord lůsternen Råuber stürzten auf dieses verabredete Signal herein, erwürgten den Wirth, sowie dessen Vater, und der Hauptmann ergriff das Kind mit der linken Hand und mit der rechten schwang er eine mächtige Keule über das Haupt der vor ihm knieenden Mutter, dann warf er das Kind zu Boden, über das seine Dogge sogleich herfiel und das arme wimmernde Kind zerriß. Das Angstgeschrei der armen Mutter läßt sich denken; ihr Bitten und Flehen, doch ihr kleines Kind zu schonen, rührte diesen Wüthrich nicht, sondern mit teuflischer Lust schwang er die Keule und zerschmetterte damit das Haupt der armen Mutter. Als die Mörder die Familie und alle Dienstboten ermordet hatten, wurde alles Werthvolle geraubt und nach ihrer Höhle geschleppt, wo sie sich, des schlechten Wetters wegen, einige Tage ruhig verhielten. Die von der Bande verübte schaudervolle That wurde ruchbar, und die Obrigkeit sandte von Moskau eine Anzahl Kosacken und Infanterie, um das Raubgesindel aufzusuchen und einzufangen. Dies geschah denn auch bald. Der Schnee hatte die Fußtritte der Räuber hinterlassen, und so wurde hierdurch der Schlupfwinkel derselben ohne Weiteres entdeckt. Die Höhle wurde umringt und die Räuber eingeschlossen, so daß an ein Entkommen nicht zu denken war. Obgleich sie sich verzweifelt wehrten, wurden doch alle, bis auf 5 Mann und den Hauptmann, zusammengehauen und die letztern lebendig nach Moskau gebracht und dem Gerichte zur wohlverdienten Strafe übergeben. Lange genug hatten diese Schändlichen, allen Nachforschungen von Seiten der Behörde ungeachtet, ihre Räubereien getrieben, und von dem sauer und redlich erworbenen Gute ihrer Mitmenschen ein üppiges Leben geführt. Doch sollte dies ihr letztes Verbrechen sein; der Schnee ward ihr Verräther, und durch ihn wurde der Aufenthalt der Räuber entdeckt, die sorglos und guter Dinge in ihrem Versteck schwelgten, ohne zu ahnen, daß man ihnen auf der Spur und schon so nahe war. Doch ihrem Unwesen sollte jetzt ein Ziel gesetzt und sie zur längst schon verdienten Strafe gezogen werden. Dem Urtheil von St. Petersburg zufolge wurden sie, jeder mit 4 Ochsen, auseinandergerissen.

Lied.

1. In felsigen Klüften und Höhlen versteckt,
   Dort nistet die furchtbare Bande,
   Und mordet nun Jeden, der der Höhle sich nah't,
   So daß selbst der Kühnste nicht wandert den Pfad
   Und scheut sich vorm grausigen Wege.

2. Dort hauset im felsigen, dunkeln Gemach
   Die Bande verwegener Räuber.
   Sie plündern den Wandrer, sie morden das Kind,
   Und selbst auch der Greis kein Erbarmen find't
   Bei dieser verwegenen Rotte.

3. S c h a r n o f s k i, so hieß das verwegene Haupt
   Von dieser verrufenen Bande,
   Er sitzt in der Höhle beim Fackelschein,
   Es schenkte ein Räuber den Becher ihm ein,
   Und er ließ sich's trefflich dann schmecken.

4. Da knarrte die Thür, es tritt eiligst herein
   Ein wilder, bewaffneter Räuber.
   Hör' Hauptmann, vom adeligen Gut komm ich her
   Und machte noch manchen Weg kreuz und die quer
   Und bring' Euch erfreuliche Kunde.

5. Der Pächter, der erbt' ein bedeutendes Geld,
   Ich sah, er bracht' es nach Hause. –
   D'rauf machte gar lustig die Bande sich auf,
   Es ging nach dem Gute im rüstigen Lauf,
   Zerbrochen ward Schloß und auch Riegel.

6. Und fürchterlich hauset die schändliche Brut,
   Verschont nicht das Kind in der Wiege.
   Ein Räuber setzt dem Greise den Fuß auf die Brust,
   Ein Andrer ermordet den Gatten mit Lust,
   Sie rührt nicht der Wimmernden Flehen.

7. Mit Grinsen der Hauptmann dem Kinde sich nah't,
   Die Mutter, die fleht um Erbarmen.
   Er greift mit nerviger Faust es dann an,
   Die Mutter, die flehet: Erbarme Dich, Mann,
   Und lasse mein Kindlein doch leben.

8. Geraubt und geplündert ward Alles im Haus;
   Als nichts mehr darinnen zu finden,
   Da macht dann mit hurtigen Schritten sich auf
   Die Bande zur Höhle in eiligem Lauf,
   Um dort das Geraubte zu theilen.

9. Nicht lang' mehr verbarg sie ihr'n Aufenthalt
   Der Schnee verrieth ihre Schritte,
   Und tapf're Soldaten durchstreifen den Wald,
   Von Seiten der Räuber die Büchse erknallt,
   Doch mußten sie unterliegen.

10. Man führte sechs Räuber gebunden zur Stadt,
    Den Hauptmann in ihrer Mitte.
    Vier Ochsen spannt an Arm und Bein man ihn an
    Und riß aus einander die Glieder ihm dann,
    Sowie auch das Urtheil es wollte.

Geschichte

von eilf[1] herumirrenden

vater- und mutterlosen Waisen,

worunter sich 8 Söhne und 3 Töchter befanden,

jedoch alle Kinder durch die göttliche Vorsehung und durch
einen wunderbaren Zufall glücklich versorgt wurden.

(Eine wahre Geschichte).

Jeden gefühlvollen Leser wird es gewiß recht angenehm sein,
eine wahrhafte Geschichte zu erfahren, bei welcher Gelegenheit eine hohe edle Dame sich einer unglücklichen Familie
annahm, und mit wahrer Liebe für sie als Mutter annahm und
Sorge trug.

In Wildenheim unweit Straßburg lebte eine arme Bauernfa-
milie, die kaum so viel erarbeiten konnte, was sie für die
zahlreiche Familie zur Lebensnothdurft brauchte. Ihr Häuschen, mit den wenigen Feldern, das sie besassen, war noch
dazu verschuldet, doch an Abtragung oder Bezahlung derselben war nicht zu denken, da die armen Eltern so viele Kinder
zu ernähren hatten. Ihre Lage wurde noch immer trauriger,
da die Mutter nun sogar das eilfte Kind gebären sollte. Kummer und Sorge wirkten bei dieser Gelegenheit so sehr auf die
bedauernswerthe Wöchnerin, daß alle Umstände, die sich
zeigten, Alles fürchten ließen, und man sogar an ihrem Leben
zweifelte.

Der Mann wurde ganz trostlos und eilte noch in finsterer,
stürmischer Nacht zur Winterszeit nach Straßburg zu einem
Doktor, um seiner leidenden Frau Hilfe zu verschaffen. Der
Doktor, ein äußerst menschenfreundlicher Mann, versprach
dem geängstigten Familienvater, sogleich nach Wildenheim

1 elf (mhd. und noch im 19. Jh. *eilf*).

181

zu kommen, ließ sein Pferd satteln und kam so noch früher bei der leidenden Mutter in Wildenheim an, als man ihren Mann vermuthen konnte.

Das eilfte Kind wurde kurz nach Ankunft des Doktors glücklich geboren, auch die Wöchnerin befand sich so ziemlich wohl und heiter; aber Gott im Himmel! dieser glücklich überstandenen Gefahr drohte ein furchtbares Ereigniß. Es waren schon mehrere Stunden vorbei, der Doktor, nachdem er Alles verordnet hatte, was nöthig war, entfernte sich mit dem Versprechen, morgen wieder zu kommen. – Er war bereits nach Hause geritten – nur der Vater, der vor fünf Stunden aus dem Hause ging, war bis jetzt noch nicht zurück. Angst und Kummer bemächtigten sich Aller – die arme kranke Frau schrie: »Ach Gott! wo bleibt mein guter Mann?« – Der 15jährige Sohn durchsuchte das ganze Haus, das ganze Dorf, um seinen Vater zu finden, doch Alles war vergebens.

Plötzlich, es war früh Morgens um 8 Uhr – da brachte man ihn todt vor sein Haus. Ein ungeheurer Lärm entstand, Kinder und Nachbarn stürzten auf den Leichnam. Die Leute, die ihn nach Hause brachten, sagten, daß sie ihn im Walde mit der Brust über einen Baumstock liegend fanden, und sie glaubten, daß er im Dunkel der Nacht durch einen heftigen Sturz sich den Tod zugezogen habe, da ihm bei ihren Auffinden das Blut zum Munde und zur Nase herausgeflossen war, sie hätten schon am Platze des Unglücks alle Versuche zur Rettung seines Lebens gemacht, allein alle ihre Bemühungen waren gänzlich umsonst.

Die arme Wöchnerin von dem fortwährenden Geräusche und Hin- und Herlaufen vor der Thüre aufmerksam gemacht, konnte trotz ihrer Schwäche sich nicht enthalten, einen Augenblick, indem man sie allein im Bette gelassen hatte, zu benützen; sie sprang mit aller Kraftanwendung von ihrem Lager auf und stürzte zur Thüre hinaus, und als sie ihren 15jährigen Sohn erblickte, rief sie: »Wo ist dein Vater? – ist er todt?« – »Ach! liebe Mutter! Es ist ja nichts geschehen, der Vater ist nur etwas unpäßlich, theils aus Gram über euere Leiden, theils durch das schlechte stürmische Wetter von heute Nacht.« Die unschuldig scheinende Sprache des Knaben beruhigte sie einigermaßen, sie legte sich wieder zu Bette und fiel in einen Schlummer. Doch ein fürchterlicher Traum weckte sie aus ihrer Ruhe, sie schrie im Schlafe aus vollem Halse: »Ach! schafft mir meinen Mann, schafft mir den Vater von eilf Kindern! O ewiger Gott! sind den meine Kinder wirklich Waisen?« – sie erwachte, forschte ernstlich nach dem Vater und bestand darauf ihn zu sehen. – Es half kein Bitten, keine Ausrede mehr, man war endlich gezwungen, ihr nach und nach das traurige Ereigniß bekannt zu machen.

Wahrlich, man hatte der armen leidenden Frau die Standhaftigkeit nicht zugetraut. Weinend sagte sie: »Nun, Gott hat es so gemacht, er nimmt sich auch gewiß meiner und meiner Kinder an.« Selbst das Leichenbegängniß erwartete sie mit aller Ruhe und Ergebung, und betete während demselben mit großer Andacht für die Seele des Verstorbenen.

Jammervoll war der Leichenzug anzusehen: zehn arme hilflose Kinder und alle Bewohner des Dorfes begleiteten den Vater. Das Weinen und Schluchzen der Kinder ertönte weit in den Lüften. Bei dem Einsenken ins Grab schrieen die Kinder: »O guter, lieber Vater! Du hast redlich für uns und unsere Mutter gesorgt! Warum hast Du uns verlassen?«

Doch der Kelch der Leiden war für diese arme Familie noch nicht geleert, noch trauervoller ward der Zustand dieser Kinder, den auch die Mutter folgte nach vierzehn Tagen ihrem verunglückten Manne nach. – O Himmel! wer hätte sich dieses Unglück vorstellen können, eilf verlassene Waisen ganz allein auf dieser Erde, ohne Freunde, ohne Vermögen. Ach! schreckliche Zukunft, welcher die Armen entgegensehen mußten.

Unterdessen trat nach dem Begräbnisse der hingeschiedenen Mutter der Richter des Dorfes in die Stube, und beorderte eine ältliche Frau, diese hilfbedürftigen Kinder zu warten und zu pflegen. Das Häuschen nebst den Feldern wurde verkauft, um die darauf haftenden Schulden zu bezahlen, das erübrigte Geld benützte man zur augenblicklichen Ernährung der drei kleinsten Kinder, die übrigen Geschwister von

8 bis 12 Jahren wurden bei anderen Leuten untergebracht. Der älteste, nun 15jährige Knabe vermiethete sich bei einem Bauer, wo er mehr arbeiten mußte, als seine Kräfte vollbringen konnten. – Täglich müßigte er sich eine Viertelstunde ab, und ging auf den Gottesacker, um für seine guten verstorbenen Eltern an ihren Grabeshügel zu beten; da weinte er oft bittere Thränen um den ungeheuern Verlust, der ihm und seinen armen Geschwistern getroffen.

Einst bemerkte ein Offizier, der zufällig am Gottesacker vorüber ging, den armen Knaben am Grabe liegend und mit aufgehobenen Händen unter hörbaren Schluchzen ein andächtiges Vaterunser beten. Es machte ihn aufmerksam, der Offizier ging auf den Knaben zu, und fragte ihn freundlich, warum er weine, und so aufrichtig und andächtig bete: »Ach!« fing der Knabe weinend an: »gnädigster Herr! hier unter diesen beiden Gräbern ruhen ewig Vater und Mutter von eilf Kindern, ich bin der Aelteste und 15 Jahre alt, der Kleinste ist erst zwei Monate alt, in Zeit von 14 Tagen wurden uns Vater und Mutter vom Tode weggerafft, unser Unglück ist unaussprechlich. Gnädigster Herr! meine kleineren Geschwister liegen mir so sehr am Herzen, daß ich Tag und Nacht für sie arbeiten wollte, wenn ich nur überzeugt wäre, daß die armen keinen Hunger leiden; und da besuche ich täglich meine lieben verstorbenen Eltern, um meinem Herzen Luft zu machen.«

»Du rührst mich wahrlich,« sagte der freundliche Offizier – »sage mir, wie heißt Du?« – »Andreas L***.« – Der Offizier erschrak sichtlich bei diesem Namen. Er stutzte und fragte weiter: »und wie hieß dein Vater?« »Mein Vater hieß Anton mit seinen Taufnamen – das Dorf hier heißt Wildenheim.« »Wie viel sagtest Du Geschwister?« »Wir sind acht Brüder und 3 Schwestern, sie sind alle hier im Orte hin und her vertheilt, aber alle gesund, denn unsere liebe Mutter scheute weder Ruh noch Schlaf, uns zu pflegen. – Nun aber leben Sie wohl, bester gnädiger Herr! ich muß fort, sonst bin ich bei meinem Bauer der größten Mißhandlung ausgesetzt.«

Der Offizier war äußerst gerührt über die offenherzige

Erzählung des guten ehrlichen Andreas. Er drückte ihn fest an seine Brust, herzte und küßte ihn. »Du denkst wohl nicht, wie ich Dich gleich vom ersten Augenblicke unserer Bekanntschaft lieb gewonnen habe. Ein Gefühl der innigsten Liebe zog mich sogleich zu Dir. – Nun aber mein gutes Kind wirst auch Du staunen, wenn ich Dir hiermit erkläre, daß ich mit Dir und Deinen mir noch unbekannten Geschwistern auch wirklich verwandt bin – ja, ja, sieh auch mich recht an! wenn ich Dir wiederhole, daß ich mit Euch Allen sehr – sehr nahe verwandt bin.« Der überraschte Knabe konnte sich vor Freude und Erstaunen kaum fassen, mit aller Gewalt stürzte er sich an die Brust des Offizieres, die Thränen rollten ihm über die Wangen und er bat ihm zu erklären, ob es denn auch wahr, und wie es denn auch möglich sei, indem er von so armen Eltern wäre, und er einen so guten gnädigen Herrn vor sich habe? – »Ja, mein guter lieber Andreas,« sagte der Offizier, indem er ihm lebhaft küßte, »ich bin Dein und Deiner Geschwister Oheim, und der leibliche Bruder Deines kürzlich verstorbenen Vaters. Als Du mir bei Deiner ersten Erzählung Eures höchst traurigen Loses den Namen Deines verewigten Vaters Anton L*** nanntest, hättest Du schon auf meinem Gesichte lesen können, was in meinem Innern vorging, Du kannst Dir leicht denken, wie sehr mich Alles von Dir Gehörte ergreifen mußte. – Ich schwieg dazumal absichtlich, weil ich mit mir selbst noch nicht einig war, wie und auf welche Art ich mich Dir zu erkennen gebe. – Nun aber ließ mir Dein aufrichtiges Wesen, Dein gutes Herz, daß Du Deinen Eltern zu danken hast, keine Ruhe mehr, mich zu erkennen zu geben. – Ich will Dir in Kürze sagen, daß ich schon mit dem sechzehnten Jahre mein väterliches Haus verließ, um Soldat zu werden. Meine Mutter war dazumal schon gestorben. Leider habe ich das Glück nicht mehr meinen lieben Vater, meinen lieben Bruder zu sehen, Gott hat sie alle zu sich genommen. Ich bin nun 38 Jahre alt, habe mich stets als tüchtiger Soldat bewiesen und war so glücklich, es vom Gemeinen bis zum Hauptmann zu bringen. Ich habe bedeutende Kriege mitgemacht, namhafte Blesuren bekommen, allein dieses

Alles schmerzte mich nicht so sehr, als der Tod meines Vaters und Deiner lieben Eltern« – »Ach Gott! welch ein Wunder!« schrie der überglückliche Andreas. »Ein gnädiger Herr Hauptmann, mein lieber guter Herr Onkel! Ist es denn Wirklichkeit? – Ach, gnädigster Herr Onkel! können Sie mich und meine sieben Brüder nicht auch unter die Soldaten bringen? Wir wollen recht brav und auch Hauptmänner werden – ach ganz gewiß werden wir Ihnen alle Ehre machen.«

»Sei jetzt ruhig, lieber Junge! – ich bin allein und werde nach allen meinen Kräften für Euch alle väterlich sorgen.« – Er forderte nun Andreas auf, ihn zu seinen Bauern zu führen, beide gingen dahin. Der Hauptmann nahm ihn sogleich aus dem Dienste, von da eilte er nach Wildenheim zur Herrschaft, und hatte es bald dahin gebracht, alle seine lieben kleinen Verwandten zur weiteren Versorgung mit sich nehmen zu dürfen.

Der Hauptmann, ein gerader biederer Mann, besorgte für alle gleich anständige Kleidung, und als er sie so ausstaffirt hatte, brach er mit der ganzen kleinen Familie von Wildenheim auf, um seinen Transport seiner Garnisonsstadt zuzuführen.

Allein die göttliche Vorsehung hatte es anders beschlossen, und für diese kleinen Waisen sich das alte wahre Sprichwort bewährt: » Wenn die Noth am größten, ist Gottes Hilfe am nächsten.« Der Hauptmann sich nicht schämend, und selbst das kleinste letztgeborne Mädchen auf seinen Armen tragend, die anderen zehn Kinder um ihn herum folgend, war er bereits mehrere Stunden auf der Straße fortgezogen. Es war ein eigener höchst komischer Anblick, die kleine Caravane daher marschiren zu sehen.

Ein jeder der kleinen Reisenden hatte ein Ränzchen mit Proviant auf den Rücken, und als sie so lustig und guter Dinge, singend und springend um ihren zweiten Vater dahinzogen, kam ihnen plötzlich eine äußerst noble Equipage nachgefahren, in welcher sich eine ältliche Dame befand, mit männlicher und weiblicher Dienerschaft umgeben. Von ferne schon sah diese Dame den vor ihr hinziehenden höchst interessanten Zug der Kinder. Als sie näher kam, war sie um so mehr überrascht, ein Schauspiel von so ungewöhnlicher Art zu erblicken, und es fiel ihr besonders auf, als sie unter ihnen den Offizier mit dem kleinen Kinde auf den Arm erblickte.

Sie ließ sogleich anhalten, neigte sich äußerst freundlich zu dem Hauptmann und begrüßte ihn und die Kinder mit den herzlichsten Worten, worüber der Hauptmann ganz überrascht war und mit aller Würde seinen Dank erwiederte. Noch mehr steigerte sich sein Erstaunen, als sogar die Dame aus dem Wagen stieg und mit mütterlicher Zärtlichkeit die Kleinen bei den Händen nahm und die Mädchen herzlich küßte. – »Vergeben Sie, mein Herr,« sagte sie, »wenn ich sie vielleicht aufhalte. Ich bin die verwitwete Gräfin R****, und fahre eben von einem Besuche in Straßburg auf meine Güter zurück, wo mein Wohnsitz kaum eine halbe Stunde von hier entfernt liegt. Ich bin ganz allein, alle meine Lieben hat der Allmächtige bereits zu sich berufen, und es sollte mich unendlich freuen, einen nähern Aufschluß über Ihren sonderbaren Reisezug mit den vielen lieben Kleinen zu erfahren. – Wollen Sie, lieber Herr, mir mit Ihren lieben Reisegefährten die Ehre erzeugen, mich auf meinem Schlosse zu besuchen, so werden Sie mir viel Vergnügen bereiten. Indem es ohnedieß schon ziemlich Abend wird, so kann es den kleinen Wanderern nur willkommen sein, da sie auch schon ermüdet sein dürfen, sich wieder erholen zu können. Ich werde gewiß für alle Bequemlichkeit sorgen.« Das liebevolle Benehmen der edlen Dame gefiel dem Hauptmanne unendlich und erhöhte seinen Muth; – er dankte mit aller Bescheidenheit für die hohe Aufmerksamkeit und Gnade, und nahm dies freundliche Anerbieten mit sichtbarer Rührung an. – »Also gut, meine Lieben! Ich fahre indeß voraus; einige hundert Schritte rechts, wenn Sie aus dem Walde sind, werden sie schon mein Schloß erblicken. Ich lasse Ihnen einen von meinen Leuten hier, der von hier aus das kleine liebe Geschöpf tragen wird. – Ich erwarte auch meine lieben Kleinen recht bald.« Ein Bedienter nahm dem Hauptmann die Bürde ab, der Hauptmann selbst hob die Dame in den Wagen und fort ging es in schnellem Trapp. – Eben so glücklich langten in einer halben Stunde die sich so glücklich Schätzenden im Schlosse an. Die gnädige Gräfin kam ihnen schon einige hundert Schritte entgegen, und führte sie alle persönlich auf ihr Schloß.

Wie gut es ihnen da ging, wie für Alles in Hülle und Fülle von Seite der edelmüthigen Gräfin gesorgt wurde, brauche ich gar nicht zu beschreiben. So verging die Nacht und der darauf folgende Tag. Nachdem die Kleinen den folgenden Abend zur Ruhe gebracht waren, bat die Gräfin den Hauptmann um aufrichtige Mittheilung, was es für ein Verhältniß mit den Kindern gäbe; sie versicherte den innigsten Antheil daran zu nehmen, und ersuchte ihn um Aufklärung über die so ungewöhnliche Reise in rauher Jahreszeit, der er sich in seiner Sphäre als Hauptmann selbst unterzogen habe.

Der Hauptmann erzählte nun der zur höchsten Neugierde gespannten Gräfin Alles mit wahrer und ungeheuchelter Aufrichtigkeit, wie es die geneigten Leser aus dem Hergange der ganzen Geschichte bereits wissen. – Die Gräfin war bis zum Innersten gerührt und von Mitleid ergriffen. – Sie dachte eine Weile nach und fühlte sich von der Vorsehung bestimmt, bei dieser sich ihr darbietenden Gelegenheit ihrer allenthalben und schon längst bekannten Wohlthätigkeit die Krone aufzusetzen. Kurz, sie fand sich bewogen, den Herrn Hauptmann Onkel zu bitten, ihr seine eilf Pfleglinge auf ihrem Schlosse zur weiteren Ausbildung zu überlassen, mit dem feierlichen Schwure, an allen diesen armen Kindern Mutterstelle zu vertreten und für sie mit Leib und Leben zu sorgen.

Der Hauptmann wußte nicht wie ihm geschah, jedoch der hohe Ernst, das wohlwollende Benehmen der erhabenen Frau beruhigte ihn ganz. Er küßte ihr mit Ehrfurcht die Hände, dankte voll innerer Rührung mit bewegter Stimme für die Großmuth, die sie an ihm und seinen Lieblingen in so großem Maße bewies, und nahm endlich dankbar das erhaltene Anerbieten an. Es wurde des andern Tages von Seite der Gräfin ein gerichtliches Dokument verfaßt – und so fort von ihr alle eilf Waisen als ihre Ziehkinder mit aller Liebe und Pflege übernommen. Die liebevolle Dame hatte auch das selige Vergnügen, von allen ihren Pfleglingen als wahre Mutter sich mit aller Kindesliebe belohnt zu sehen.

Endlich, nachdem der göttliche Vater auch diese edle Frau, als ihre zweite Mutter, in das Reich der Ewigkeit und zur himmlischen Belohnung berufen hatte, war sie schon früher darauf bedacht, alle ihre angenommenen zurückgebliebenen Lieblinge im irdischen Leben noch dadurch zu beglücken, indem sie in ihrem Testamente, da sie keine andern Verwandten mehr hatte, sie Alle zu Universalerben ihres ganzen Vermögens einzusetzen. Zugleich bestimmte sie mit einem ansehnlichen Legate den Hauptmann zum Vormunde der Kinder, und er unterließ auch nicht, seine verwandten Lieblinge zu den ausgebildetsten Staatsdienern zu bilden, um dann unter ihnen seine übrigen Lebenstage in Ruhe genießen zu können.

Lied.

1.

Ein Landmann mußt' zu einem Doktor gehen,
Weil sein Weib krank im Wochenbette lag;
Der Doktor sprach: ich werde sogleich sehen,
Was ich bei ihr durch meine Kunst vermag.
Der Landmann ging dann fort mit blassen Wangen,
Ihm lag zu sehr sein krankes Weib im Sinn,
Und kaum war eine kurze Zeit vergangen,
So kam der Doktor schon zur Wöchnerin.

2.

Das arme Weib hätt' bald ihr Leben verloren,
Unendlich stark war sie in der Gefahr,
Sie hatte dann das eilfte Kind geboren.
Der Doktor, der ihr Lebensretter war,
Hat wieder seinen Rückweg angenommen;
Allein der Landmann war noch nicht zu Haus,

Da sprach's Weib, mein Mann will lang nicht kommen,
Er ist doch schon volle fünf Stunden aus.

3.

Den andern Tag, es war in der Morgenstunde,
Da brachte man ihn todt zu seinem Haus,
Das Blut rann ihm noch heftig aus dem Munde,
Erbärmlich sah der arme Landmann aus.
Die Leute hatten ihn im Wald gefunden,
Bei einem Baumstock lag er hingestreckt;
Durch einen Sturz schlug er sich zwei Wunden
In seine Brust, so viel man hat entdeckt.

4.

Da schrie sein Weib verzweiflungsvoll im Zimmer:
»O großer Gott! du nahmst mir meinen Mann,
Er ist nun todt, und kommt zum Leben nimmer;
Wer nimmt jetzt sich der armen Waisen an!« –
Der Leichenzug war jammervoll zu sehen,
Zehn arme Kinder gingen hinter her;
Sie schrien laut, wie wird es uns jetzt gehen,
Wir sehen unsern Vater nimmermehr!

5.

Man denke sich der Kinder bitt'res Leiden
Und ach, wer hemmet wohl des Schicksals Lauf,
Die Mutter mußte auch von ihnen scheiden,
Denn sie starb schon in vierzehn Tagen d'rauf.
Die Kinder, die noch alle sehr klein waren,
Versorgte man bei armen Leuten dann,
Der Aelteste, ein Knab' von fünfzehn Jahren,
Kam in den Dienst zu einem Bauersmann.

6.

Er konnte sich vor Trübsal gar nicht retten,
Ging alle Tage auf den Friedhof hin,

That dort zu Gott für seine Eltern beten,
Er weinte laut, verloren war sein Sinn;
Da ging einmal ein Offizier vorüber,
Und sah das Kind mit großer Rührung an,
Ging hin zu ihm, frug was fehlt Dir mein Lieber?
Der Knabe sagt ihm seine Leiden dann.

7.

Der Offizier that ihn um so Manches fragen,
Sprach: nenn' Deines Vaters Name mir;
Kaum konnt' ihm nur der Knabe diesen sagen,
So schrie er laut: Ich bin ein Onkel Dir!
Er that darauf die Kinder zu sich nehmen,
Und zog mit sie zur Garnisonsstadt dann,
Trug auf dem Arm selbst ohne sich zu schämen
Das kleinste Kind, o welch ein edler Mann!

8.

Dies hatte eine Gräfin angesehen,
Erfuhr der armen Waisen Schicksal dann;
Ihr ist ums Herz unendlich hart geschehen,
Nahm sich als Mutter dieser Kinder an,
Verpflegte sie, und als sie einst that sterben,
War sie verwandtschaftslos, sie war allein,
Die Kinder thaten ihre Schätze erben,
Der Offizier mußt' dann ihr Vormund sein.

Oedenburg, Druck von C. Romwalter 1853.

Eine

Raben-Stiefmutter

oder

die Auffindung zweier dem Tode geweihter Kinder,

geschehen in O t a k r i n g bei Wien, Oesterreich,
in der neuesten Zeit.

Druck von J. F. R i e t s c h in L a n d s h u t (Bayern.)
Eigenthum und Verlag von W i l h e l m N e u m ü l l e r.

Unweit Wien in der Ortschaft Otakring lebten die Ehe-
leute Anton und Marie Wallisch. Wallisch, ein fleißiger
Mann, hatte zwei Kinder aus erster Ehe, denn seine erste Frau
war ihm gestorben. Nach eineinhalb Jahren heirathete er
seine Dienstmagd Marie Hein. Er glaubte, nachdem Marie
Hein schon 1 Jahr bei seiner verstorbenen Frau in Dienst gestanden, würde sie seinen Kindern eine gute Mutter abgeben.
Aber da irrte er sich sehr. Schon nach kurzer Zeit, als sie die
Frau des Hauses war, mußten die beiden armen Kinder, ein
Knabe von dreieinhalb Jahren und der andere von fünf Jahren
die rohesten Mißhandlungen erdulden. Das böse Weib wußte
es dahin zu bringen, daß selbst Wallisch die Kinder oft barba-
risch mißhandelte. Von dieser Zeit an hatten die Kinder oft-
mals nichts zu essen und immer machte die böse Stiefmutter
ihrem Mann Vorwürfe über die bösen Kinder. Ja, sie brachte
es soweit, daß die armen Knaben in einem Stalle eingesperrt
wurden und nicht mehr unter die anderen Kinder gehen durften. Da geschah es, daß die Kinder sich eines Tages aus dem
Stalle entfernten. Als Wallisch von seiner Arbeit nach Hause
kam, wurde er von seiner Frau angelogen und die Kinder von
nun an in einem Gemach, das sich im Keller befand, und so

finster war, daß kein Sonnenlicht zu ihnen drang, eingesperrt. Als Lagerstätte diente ihnen nur Stroh ohne irgend
welche Decke. Selbst der entmenschte Vater ließ sich nur
vereinzelt bei ihnen sehen.

Im Laufe der Zeit erregten die rohen Mißhandlungen der
Kinder durch die 22jährige Stiefmutter und den grausamen
Vater bei den Nachbarn Aergerniß, ohne daß jedoch Jemand
bei der Polizei Anzeige machte.

Doch es kam anders. Die Kinder erhielten so spärlich Nahrung, daß sie vor Hunger an ihren Fingern die Nägel abnag-
ten. Der Körper des größeren Kindes war ganz mit Unrath
bedeckt.

Der Kleinere lag den ganzen Tag am Boden, da er nicht
mehr mächtig war, aufzustehen. Der Körper des Kindes war
bis zum Skelett abgezehrt und über und über mit Beulen und
Eiter bedeckt.[1] Auf verwestem Stroh lag er im eigenen Un-
rathe, und war es deshalb selbstverständlich, daß das arme
Kind sich in einem Zustand befand, der jeder Beschreibung
spottet.

Wallisch, der Unmensch, befahl seiner Frau, den Kindern
die Nahrung gänzlich zu entziehen, trotzdem dieselbe nur
aus schimmlichem Brode und abgestandenem Wasser bestand, um die Kinder bald los zu werden. Mitleidige Nachbarn hatten durch ein Loch manchmal, wenn die böse Stiefmutter nicht zu Hause war, etwas Nahrung hinunter geworfen.

Eines Tages kam Wallisch in die finstere Grube, um nach-
zusehen, ob die Kinder noch nicht gestorben wären. Als der
ältere Knabe seinen Vater sah, flehte er ihn an, er solle sie
doch von hier wegthun und bat und flehte herzerschütternd,
aber die rührenden Worte des unschuldigen Kindes rührten
das harte Herz des elenden Vaters nicht.

Endlich kamen aber dem Postenführer (Gensdarmen) Anton Patek Gerüchte über die unmenschliche Behandlung der
Kinder zu Ohren. Er schritt zur Hausdurchsuchung und

1 Vgl. das Gleichnis vom reichen Mann und vom armen Lazarus, Lk. 16,19 ff.

fand die Kinder in einem Zustande, der geeignet war, selbst den an manches schreckliche Bild gewöhnten Gendarmen zu erschüttern. Er sorgte für sofortige Befreiung und Ueberführung der Kinder ins Hospital; jedoch schon nach drei Tagen starb der Jüngere und wurde unter großer Betheiligung von Jung und Alt zu Grabe getragen.

Wallisch und sein böses Weib wurden sofort verhaftet. Die Nemesis[2] erreichte sie sehr bald, denn bereits am 5. Tage erhängte er sich aus Verzweiflung in seiner Zelle und die böse Stiefmutter wurde zu 15 Jahren schweren Kerkers verurtheilt. So richtet Gott die Frevelthäter!

Lied zur Beschreibung.

Einsam bin ich nicht alleine
Denn es schwebet süß und mild
Bei dem lieben Mondenscheine
Meiner Geschwister theueres Bild.

O, ihr arme, hirnlose Eltern
Warum habt ihr denn das gethan
Eure unschuldigen Kinder
Von eurer Seite fortgethan.

Doch der Vater wollt' nicht haben
Mutter ließ ihm keine Ruh,
Endlich fügte sich der Vater
In Gedanken in den Schluß.

In den Himmel bei den Sternen
Schauen sie herab verklärt,
Droben ist es doch viel schöner
Als bei den Eltern auf der Erd.

---

2 Griechische Göttin, die für die ausgleichende Gerechtigkeit, die Zuteilung des Gebührenden sorgt und Hybris bestraft.

Blumensprache.

Drei Blümlein stehn in Blüthenpracht
Auf eines Feldes Rain,
Lau weht der Wind in Sommernacht,
Hin über Flur und Hain.
Sie flüsterten; was ich vernahm,
Drang mir ins Herz so wundersam.
 :,: O Welt so groß, o Welt so weit,
  Traf dich schon größ'res Herzeleid? :,:

Körnblümchen spricht: »Ich blüh, wozu?
Mir ist so weh im Sinn,
Mein großer Kaiser ging zur Ruh',
Für wen soll ich noch blühn?
Wie war ich stolz, wenn lieb und traut
Sein mildes Aug' mich angeschaut!
 :,: O Welt so groß etc.

Blauveilchen klagt: Verloren hab'
Auch ich ein treues Herz,
Mein Kaiser Friedrich ging ins Grab
Zu Deutschlands größtem Schmerz;
Im Frieden mild, im Kampf ein Held
Wie siegreich keinen sah die Welt!
 :,: O Welt so groß etc.

Doch Glöckchen tröstet alle dann;
Was weinet ihr und klagt?
Schaut euren jungen Kaiser an,
So kühn und unverzagt!
Vergeßt den Kummer und den Schmerz,
Es schlägt für all sein liebend Herz.
 :,: O Welt so groß, o Welt so weit,
  Vergiß, vergiß dein Herzeleid. :,:

Der Untergang

des

prachtvollen Dampfschiffs
Schiller,

der Hamburger transatlantischen Dampfschifffahrts
gesellschaft angehörend.

(Eigenthum von Florenz Harder.)

Druck von H. A. Jahlbrok, Hamburg, Hütten 63.

Der Untergang

des

prachtvollen Dampfschiffs

Schiller,

der Hamburger transatlantischen Dampfschifffahrt-gesellschaft angehörend.

(Eigenthum von Florenz Harder.)

Druck von H. A. Kahlbrock, Hamburg, Hütten 63.

Die schauerliche Kunde hallt durch ganz Europa von einem Seeunglück, wie wir es, Gott sei Dank, selten erleben, und da dies Unglück auch in Hamburg und Umgegend viele Familien betroffen, wodurch sie ihres Ernährers beraubt sind, versuche ich die gräßliche Katastrophe nach den erhaltenen besten Nachrichten zu schildern.

Der prachtvolle 2326 Register-Tons haltende Dampfer »Schiller«, der Hamburger Transatlantischen Dampf-schifffahrts-Gesellschaft angehörend, geführt von Capitain Thomas aus Hamburg, ging am 27. April d. J. von Newyork über Plymouth, Cherbourg[1], nach Hamburg, beladen mit Stückgut und Contanten[2], nebst vielen Passagieren, ab. Die Reise ging gut und schnell von Statten, doch mußten sie schon wegen Wassermangel bei Staaten Island[3]

1 Französische Hafenstadt auf der Halbinsel Cotentin.
2 Bargeld.
3 Staten Island, Insel an der Mündung des Hudson, gehört zu New York.

vor Anker gehen, setzten aber am 24. ihre Reise wieder fort, bis am Dienstag den 4. Mai ein dichter Nebel alle Observationen unmöglich machten nach beeidigter Aussage der 3 Schiffsoffiziere Heinrich Hillers, Edwin Pollmann und Richard Heinze, welche dieselben von den auf den Scilly-Inseln[4] zu St. Mary in der Grafschaft Cornwall beeidigten Notarius John Banfield abgelegt haben, wurde der Lauf des Schiffes sogleich gehemmt, was aber nicht verhindern konnte, daß dasselbe in der Nacht vom 8. auf den 9. Mai aufstieß und zwar auf den zur Gruppe der Scilly-Inseln gehörenden Insel Bishop Rock angrenzenden Felsenriffe. Man versuchte das Schiff wieder abzubringen, allein es war unmöglich; dabei ging die See hoch, spülte alles von Deck ab; man suchte sich durch Alarmschüsse, Raketen, blaue Lichter mit dem Lande in Verbindung zu setzen, allein vergeblich; der dichte Nebel vereitelte alles. Nach den Aussagen der Obenbenannten schlugen die hochgehenden Wellen alles von Bord. Die Schornsteine fielen um und das Wasser stieg immer höher im Raum; alle Versuche, das Schiff vom Felsen abzubringen, scheiterten, die Boote wurden ausgesetzt, zerschellten an den Felsen von Bishop Rock, es war eine fürchterliche Nacht; nach Aussagen der Obigen wurden an alle Passagiere Schwimmgürtel ausgetheilt. (Dasselbe wird von den Einwohnern der Scilly-Inseln widersprochen, da keine der angetriebenen Leichen mit denselben versehen waren) Eine ungeheure Verwirrung herrschte, gräßlich tobte der Sturm und spielte viele Menschen von Bord, welche nichts hatten, an das sie sich fest klammern konnten, welche versanken nach kurzem Kampf mit den Wellen, das Gejammer und Geschrei war gräßlich; Weiber schrieen nach ihren Männern, der Nebel und die Dunkelheit machte die Situation noch schauerlicher. Ungefähr um 12 Uhr wurde versucht ein drittes Boot auszusetzen, dasselbe kenterte doch mit 30 bis 40 Menschen und darunter der oben genannte Edwin Pollmann, welcher erst später aufgefischt wurde; sämmtliche noch übrigen Böte

4 Englische Inselgruppe im Atlantik, südwestlich von Lands End.

wurden jetzt auswärts gedreht, aber in Folge des zunehmenden Seeganges konnte keins derselben niedergelassen werden und am Sonnabend den 8. Mai, als alle Boote eins nach dem andern weggewaschen waren, die meisten Passagiere und die Schiffsbesatzung, sowie auch der Capitain, alle Maschinisten und auch der dritte Steuermann von Deck über Bord gespült, ungefähr um sieben Uhr wichen die Masten und die überlebenden Personen, welche in denselben Rettung gesucht hatten, wurden in die See gespült, darunter auch die obengenannten Hillers und Heinze, welche nebst einen wenigen durch Fischerböte aufgefischt wurden. Das Schiff wurde jetzt vollständig Wrack. – – Und nun erst konnte das Rettungswerk von Seiten der Inseln beginnen. – –

Und warum nun erst Alle behaupten nichts gehört und gesehen zu haben? Nur der Wächter des Leuchtthurms erinnert sich durch den Sturm einen Schuß gehört zu haben, den er für einen Salutschuß eines vorüberfahrenden Dampfers gehalten. Mehrere Gerettete starben nach ihrer Ankunft in Bishop Rock; die Andern waren in dem erbärmlichsten Zustande. Die freundlichste Aufnahme ward ihnen von den Bewohnern der Inseln und hofft man, daß von fremden Fischern noch mehrere gerettet, da noch viele Passagiere und von der Mannschaft 46 Personen vermißt werden.

Aber nun wirft sich die Frage auf: Wer trägt die Schuld an diesem ungeheuren Unglück, welches so viele Menschenleben kostete? Welche behaupten, daß die gräßliche Beschleunigung der einzelnen Reisen, da der Capitain von der betreffenden Gesellschaft eine Prämie für die schnellste Fahrt erhält, doch scheint dieses hier eben nicht der Fall gewesen zu sein, denn man muß als Hauptursache das Zusammentreffen unglücklicher Umstände, besonders starkes Nebelwetter, welches alle nautischen Beobachtungen unmöglich machte, als die Hauptursache der unheilvollen Katastrophe annehmen.

Selbstverständlich ist das Schiff, was den materiellen Schaden anbetrifft, gegen eine bedeutende Summe versichert gewesen.

Am dreizehnten Mai fanden Taucher das Wrack des Schiffes gänzlich zerbrochen und alles wirr durch einander. Sie erblickten weder Edelmetall noch andere Ladung, nur zwei Kisten, wovon die eine 6 Nähmaschinen enthielt wurden ans Land geschafft, auch sollen mehrere Postbeutel aufgefischt worden sein. Nachrichten von Rettung von Contanten und Edelmetallen fehlen gänzlich.

Da viele von den Passagieren aus dem fernen Lande ihrer Heimath zueilten, so zeigt dieses große Unglück deutlich, wie die Hoffnungen der Menschen durch einen Schlag des Schicksals oft vernichtet werden.

Gott der Allgütige möge die Hinterbliebenen trösten und den wunderbar Geretteten eine baldige Rückkehr in die Heimath bereiten, um seiner Liebe und Güte willen.

Das Lied.

Von Amerikas Gestaden
Fuhr nach Hamburgs heim'schen Port,
Glücklich schnell der Dampfer »Schiller«
Viele Passagier' am Bort,
Die zur trauten Heimath eilten,
Lang' schon in der Fremde weilten,
Und so fuhren sie in Ruh'
Der geliebten Heimath zu.

Auf dem stolzen Dampfer herrschte
Ruhe und Zufriedenheit,
Wenn auch Manchem schon vor Sehnsucht
Wurde ach zu lang die Zeit,
Da ganz nahe schon dem Lande
An dem felsigen Inselstrande
Kam das Unglück über Nacht,
Das der Leiden viel gebracht.

Es umhüllte dichter Nebel,
Das so stolze schöne Schiff,
Und trieb durch die wilde Brandung
Es auf scharfen Felsenriff,
Und auf diesen schroffen Klippen
Wir das stolze Schiff erblicken,
Und es barst die wilde Fluth,
Zeigte seine ganze Wuth.

Da ergriff ein wilder Schrecken
Mannschaft, sowie Passagier.
Alles suchte sich zu retten,
Und Verwirrung herrschte hier.
Viele, viele, ach ertranken,
Und so tief sie dann hinsanken,
In das feuchte Fluthengrab,
Das nie ein Opfer wiedergab.

Männer weinten um die Frauen,
Und die Mutter sucht ihr Kind,
Das die Fluthen wild verschlungen,
Wie ein Blitzstrahl so geschwind.
Mancher, der noch froh gefühlet,
Ward von Wellen fortgespület;
Ja sogar den Capitain
Wir im Meer versinken seh'n.

Und wenn Mancher auch gerettet,
Wie wir hören, ist's geschehn,
Doch die Meisten sind ertrunken,
Sollten nie die Heimath sehn,
Liegen still und kühl gebettet,
Denn nur wenig sind gerettet,
Und wie mancher wohl zu Muth,
Der verloren Hab' und Gut.

Und wie manche Wittwe weinet
Um den treuen Ehemann,
Die sich jetzt und ihre Kleinen
Durchaus gar nicht helfen kann.
Möge Gottes Gnad' Sie lenken,
Daß Sie an die Aermsten denken.
Manches edle Menschenherz
Daß sie lindern ihren Schmerz.

Gott im Himmel möge trösten
Die verloren Weib und Kind,
Möge sein der vielen Waisen
Stets ein Vater gut und lind,
Möge Jeden hier bewahren
Nun vor ähnlichen Gefahren,
Und es sei uns täglich neu
Seine ew'ge Vatertreu.

Die fürchterlichen Seestürme

bei

Helgoland, an der schwedischen und schottischen Küste

und im westindischen Archipel (Inselmeer),

die dadurch veranlaßten Verheerungen,
insbesondere das große Unglück der in diesen
Meeren beschäftigten Fischer und Seefahrer.

Ausführlich beschrieben und mit einem Liede versehen.

Druck von H. A. Kahlbrock. Hamburg, Hütten 63. – 1875.

Kaum war die traurige Kunde vom Untergang des Dampfers »Schiller«, welche traurige Katastrophe bis jetzt noch nicht recht aufgeklärt ist und auch nicht recht werden wird, da vieles, was auf offenem Meer passirt und das Meer deckt oft große und tiefe Geheimnisse wie mit einem undurchdringlichen Schleier bedeckt, wir uns mit dem begnügen müssen, was diejenigen, die bei dieser schrecklichen Begebenheit gerettet wurden, aussagten, welches auch nur mit großer Vorsicht aufzunehmen ist, da viele derjenigen völlig den Kopf verlieren, denen so etwas passirt.

So hören wir von neuen Unglücksfällen, welche auf offener See passirten und wenn sie auch nicht einer stolzen, einer schwer reichen Compagnie angehörenden Dampfer betreffen, doch unendlich Viele in ihrem Vermögen schädigten, da dieselben auf mehreren Stellen zugleich stattfanden, in Gegenden, die nicht zu den reichsten gehören, und deren Bewohner ihren Lebensunterhalt durch gefährliche Gewerbe der Fischerei mühsam verdienen müssen.

Da diese Begebenheiten sich an verschiedenen Orten zugetragen haben, nemlich bei Helgoland, an der schottischen und schwedischen Küste und in Westindien, so werde ich bei der nächsten beginnen.

Die hannöversche Insel Altenwärder, ganz in der Nähe Hamburgs und Altonas belegen, wird von einem betriebsamen Völkchen, circa zwölf- bis vierzehnhundert Seelen stark, bewohnt, welche sich als Milchleute, Grünwaarenhändler und besonders als Fischer und Seeleute (letztere sind in der deutschen Kriegs- und Handelsmarine sehr beliebt und berühmt), welche sich ihr tägliches Brot dem trügerischen Element mit Gefahr ihres Lebens abtrotzen müssen.

Schon vor ein paar Jahren hatten die Altenwärder das Malheur ihr weitläufig belegenes Dorf beinahe zu zwei Drittheilen abbrennen zu sehen, da keiner grade anwesend war zu retten und zu löschen, weil alle fähigen Leute theils auf dem Fischfang theils auf den weit entlegenen Feldern beschäftigt waren, so war der Schaden der Armen schon damals nicht gering, aber es sollte noch schrecklicher kommen.

Der Störfang bildet einen Haupterwerbszweig dieser Fischer; der Fang dieses großen Knorpelfisches, welcher sich in allen Meeren aufhält und sich auch hoch in die Flüsse zieht, ist im Juli bei Helgoland am ergiebigsten und so ist es denn nicht mehr als selbstverständlich, daß unsere Altenwärder Fischer daselbst ihrem Erwerb nachgingen. Da nahte sich das Unglück in Gestalt gewaltiger Orcane. Die kleinen Fischerfahrzeuge, Jollen und Fischewer genannt, wurden von den Wellen hin- und hergeschleudert und zum Theil von der empörten See verschlungen. Die Fischer kämpften mehrere Tage um ihre gekenterten Fahrzeuge mit den Wellen, bis bei gebessertem Wetter von andern Schiffen aufgenommen und so freilich ihrer Werkzeuge und Schiffe beraubt in ihre Heimath zurückkehrten.

Die erste Nachricht dieses ungeheuren Malheurs ließ die Zahl der Opfer bis auf fünfzig Mann steigen; die Zahl war, wie eben erwähnt, übertrieben, es fehlen im Ganzen nur noch drei und auch diese hofft man in Kurzem zurückkehren zu sehen oder wenigstens Nachrichten von ihnen zu erhalten.

Anderswo, so zum Beispiel an der schottischen und schwedischen Küste, stehen die Sachen anders. Da ist kein Fischerdorf, welches nicht wenigstens einige Opfer aufzuweisen und viele Familien sind ihres Ernährers beraubt; ja in manchem Fischerdorfe giebt es kein Haus, wo man nicht den Verlust eines geliebten Familien-Mitgliedes betrauert, versenkt im unergründlichen Abgrund des Oceans.

Da diese Küstenbewohner großentheils auf den Erwerb ihrer Fischerei angewiesen sind und nun nicht allein der Arbeitskräfte sondern auch der dazu nöthigen Utensilien und Geräthschaften beraubt sind, so ist der Nothstand ein allgemeiner und ganze Gemeinden, welche aus Fischern und Schiffern bestehen, sind geradezu an den Bettelstab gebracht.

Doch noch tausendmal schrecklicher sind die Nachrichten aus Westindien.

Das dortige Archipel (Inselmeer), welches aus ungefähr dreihundert Inseln besteht, ist von einem wirbelwindartigen Orkan heimgesucht worden. Die ganze Insel mit einer Einwohnerschaft von 1000 bis 1500 Menschen sind im Schooße des Meeres verschwunden; auf den anderen sind ganze Wälder entwurzelt, ganze Städte der Erde gleich gemacht. Der Orcan war von heftigen Gewittern begleitet, welche große Felsenmassen von den Bergen abspaltete und ganze Dörfer begruben. Ungeheure Feuersbrünste zerstörten Städte und Handelsniederlassungen, beiläufig gesagt sind auch viele europäische Häuser schwer betroffen worden. Zu diesen ungeheuren Schrecknissen gesellte sich noch der Umstand, daß sich Raub- und Mordbanden bildeten, welche plündernd und mordend die halbverheerten Gegenden durchzogen und die Flüchtigen und Rettenden die wenige Habe abnahmen und die froh sein konnten, wenn sie mit dem nackten Leben davon kamen, da diesen Hallunken nichts heilig war.

Viele Kirchen und Klôster, welche sich auf diesen Inseln befanden sind zerstôrt und beraubt, es herrscht in diesen Gegenden vôllige Anarchie und keiner ist sich seines Lebens sicher.

So habe ich nach den besten Quellen die Ergebnisse geschildert,[1] welche durch den von schweren Gewittern begleiteten sturmartigen Wirbelwind herbeigeführt. Die Verluste an Menschenleben sind nicht zu zâhlen, an Gut und Vermôgen schâtzt man sie auf hundert Millionen Pfund Sterling.

Gott im Himmel môge jeden Ort vor âhnlichem Unheil bewahren, den entfesselten Elementen Ruhe gebieten und durch Ruhe und Frieden die Wunden heilen, die den unglûcklichen Bewohnern ihr hartes Schicksal schlug, um seiner Liebe und Gûte willen.

Das Lied.

Wenn das Meer in sanften Wellen
Zeigt der Sonne goldenes Bild,
In der Fluth der silberhellen
Spiegelt sich der Himmel mild
Wenn sich Well' an Welle kräuselt
Mild und sanft der Zephir[2] säuselt
Und das Schiff dann unverweilt
Sanft die blauen Wogen theilt.

Aber wenn der Sturmwind brauset
In dem wildbewegten Meer,
Wo der Orkan wüthend hauset
Und wenn im Gewitter schwer

1 Es ist ganz ungewöhnlich, daß sich im Bänkelsang ein Ich-Erzähler zu Wort meldet.
2 (dichterisch) milder Südwestwind (vgl. Str. 3).

Blitz auf Blitze zünden
Und das schwache Schifflein finden,
Und wenn dumpf der Donner rollt
Nie dem Menschenwerke hold.

Wenn wie in dem ersten Bilde
Ruhig ist das weite Meer,
Und die Luft so sanft und milde,
Fährt der Fischer froh daher.
Und er macht auch reiche Beute,
Wünscht sich zu dem Tag wie heute
Milde Freunde in dem Blick
Sich und auch die Seinen Glück.

Aber wenn wies Andre zeiget
Wild entfesselt rast der Sturm,
Wenn der starke Mast sich beuget
Und die Well hoch wie ein Thurm,
Und das schwache Boot dann schwebet
Auf der Well', die hoch es hebet
Und dann wieder auch im Nu
Schleudert es dem Abgrund zu.

Um dies Alles zu beschreiben
Ist der Sänger viel zu schwach,
Denn des Sturmes wildes Treiben
Läßt nur böse Folgen nach.
Und der arme Fischer trauert,
Den noch in Gedanken schauert,
Und sein Herz schlägt trüb und bang,
Da sein Boot das Meer verschlang.

Das hat Altenwärders Männern
Vielen Schaden jüngst gemacht,
Und des Fischfangs sichre Kenner
Auch um Netz und Schiff gebracht.

Auch sind in den trüben Tagen
Menschenleben zu beklagen,
Denn der wilde Ocean
Fordert stets sein Opferlamm.

Doch nicht nur in unsrer Nähe
Auch an Schottlands Felsgestad
Und auf Schwedens fels'ger Höhe
Manches Glück zertrümmert ward
Von dem wilden Sturmsgebrause,
Trauer ist in jedem Hause.
Mancher Fischer sank ins Grab.
Manchen winkt der Bettelstab.

Auch vom Westind'schen Gestade
Aus dem fernen Inselmeer,
Von Verlust an Schiff und Habe
Tönen Trauerposten her.
Ueber tausend Menschenleben
Sind dem Tode preisgegeben,
Und was nicht verschlang die Fluth
Nahm des Feuers wilde Wuth.

Gott im Himmel mög gebieten
Ruhe dem bewegten Meer.
Statt die Elemente wüthen
Stell er milde Ruhe her.
Er mög', den wir alle preisen,
Der Verlassenen Wittwen, Waisen,
Der Verarmten nur allein,
Stets ein milder Tröster sein.

Freia,

das Findelkind.

Sieg und Entsagung

oder:

Die Heldin von Silistria.

Gedruckt bei Johannes Bock in Lübeck.

In den Schreckenstagen des Julimonats[1], bei der Entthronung Karls X.[2], mußte auch der General Bouvier aus seinem Vaterlande flüchten. Mit seiner Gemahlin und einigen Dienern eilte der Reisewagen des Generals ohne Rast Deutschlands Grenzen zu, um das Sachsenland zu erreichen. Doch fern noch war das Ziel ihrer Reise, als die Generalin schwer erkrankte. Zum Unglück hatten sie in der Nacht den Weg verloren, und, von ihren Verfolgern hart bedrängt, hatten sie keine Aussicht auf ein Obdach. Das Leid der bedrängten Dame war hart, ihre Wehklagen wurden immer ängstlicher und nach einer schwer durchlebten Nacht beschenkte sie ihren Gemahl mit einer neugeborenen Tochter. Die Lage der Flüchtlinge war schrecklich. Mit den Händen tappend, leitete der Kutscher die ermatteten Pferde, da sie keinen ebenen Weg finden konnten. Immer leiser ward das Aechzen der Kranken, mit Todesschweiß auf der Stirn starrte die Generalin in die dunkle Nacht und seufzte nach Hülfe und Rettung, noch

1 Juli-Revolution in Frankreich 1830.
2 Französischer König von 1824 bis 1830; mußte in der Juli-Revolution abdanken und floh nach England.

ein Schmerzenslaut der Leidenden – und ihr Geist war entflohen. Von Verzweiflung erstarrt, hielt der General die kalte Hülle der Dahingeschiedenen im Arm und ließ sich bewußtlos dahin fahren, wohin das Schicksal ihn leiten wollte, als der Weg sich ebnete und fernes Hundegebell ihm die Nähe eines Dorfes vermuthen ließ. Es war beinahe erreicht, von dem Kirchthurm des nahen Dorfes tönte die Stunde der Mitternacht. Was ist hier zu thun? fragte sich besinnend der General, wir würden zu solch ungewöhnlicher Stunde im Dorfe Aufsehen erregen und unseren Verfolgern leichtes Spiel machen. Da entschloß sich der Diener, ein Grab aufzuscharren und die Entseelte in dasselbe zu versenken. Man ging ans Werk, zündete behutsam Blendlaternen an und erforschte die Gegend. Ein hohler Eichenbaum nahm das scheinbar leblose Kind auf und dessen Schatten den Grabhügel der Generalin. Noch ein Blick auf das Stückchen Erde, das sein ganzes Erdenglück barg, und dahin rollte der Wagen des verwittweten Generals.

Am folgenden Morgen trieb der Hirt des Dorfes seine Heerde dahin. Plötzlich springt sein Hund auf einen hohlen Baum zu, dann wieder bellend zu ihm zurück, da vernimmt, dadurch aufmerksam gemacht, der Hirt die schwache Stimme eines Kindes; er folgt den kläglichen Tönen und seinem Hunde nach bis an den hohlen Eichenbaum und findet zu seinem Erstaunen ein neugebornes Kind darin. Da der Hirt selbst Vater geworden war, so fühlte er das tiefste Mitleid gegen das arme verlassene Wesen. Zufällig kam sein Weib daher, dieser reichte er seinen Fund und bat, sie möchte dem verlassenen Geschöpf, das Gott in seine Hände gegeben, Mutter sein. Liebevoll nahm es die Hirtin auf und nährte es an ihrer Brust, so daß es zu beider Lust und Freude gedieh. Da das Kind an einem Feiertage gefunden war, nannten sie es Freia[3]. Bald waren zwei Jahre verflossen und der Hirt hatte nichts über die Herkunft seines Findlings erfahren. Er gab

3 Germanische Göttin, Gemahlin Odins, den sie zuweilen in die Schlacht begleitet.

nun das Forschen auf und beschloß, das Kind als sein eigenes zu betrachten, womit auch sein Weib einverstanden war. Im dritten Jahre Freia's starb jedoch ihre Pflegemutter und nach derselben ihr eigenes Kind. Der Verlust seines Weibes und Kindes war für den Gatten ein herber Schlag, doch pries er Gott noch für den Findling, in welchem er noch eine Tochter besaß, aber er vermißte bald die thätige Hülfe seines Weibes, auch Freia wurde sehr vernachlässigt, und dem Hirten blieb nichts übrig, als sich wieder zu verheirathen. Er fand endlich was er suchte und kurze Zeit darauf rührte sich in der Wirthschaft eine junge Frau. Doch war es nicht die Pflegemutter Freia's: das Kind wurde mit Arbeiten überhäuft, die ihre Kräfte weit überstiegen, und oft noch dazu gemißhandelt. Der Pflegevater beschützte sie wohl und schickte sie, um sie nur seiner Frau fern zu halten, oft für sich auf die Weide; doch die Macht der Frau hatte auch den Pflegevater umgeändert, und so litt Freia fünf Jahre lang und erlag oft den grausamsten Mißhandlungen.

Eines Tages saß sie weinend bei ihrer Heerde, als ein eleganter Reisewagen die Straße entlang fuhr, worin eine schöne Dame und ein Jüngling saß. Als die Dame die weinende Kleine erblickte, stieg sie aus dem Wagen und erkundigte sich nach ihren Thränen. Freia erzählte, was sie erleiden müßte, und die mitleidige Dame beschloß, das Kind mit sich zu nehmen; freudig willigte Freia ein und sie fuhr von dannen. Die Gräfin Weinholm, so hieß die Dame, brachte ihr Leben auf einem ihrer Güter bei Wesel zu; sie hatte mit ihrem Sohne eine Reise in die Rheingegend gemacht, um ihn einer dort lebenden Verwandten vorzustellen, weil er bald zu seiner weiteren Ausbildung nach Paris reisen sollte. Graf Weinholm, 15 Jahr alt, war das Herzblatt der Mutter. Mühsam unterdrückte sie den Schmerz der nahen Trennung, als sie die Reise unternahm, und sie betrachtete es als eine Fügung des Himmels, daß sie die kleine Freia gefunden, welche ihr in der Einsamkeit ein Trost bleiben sollte. Sie erzog sie wie ihr eigenes Kind und verwandte alle Sorgfalt auf ihre Ausbildung.

Freia wuchs im Glück zur herrlichen Jungfrau heran, sie zählte jetzt 20 Jahre und war die Freude der alten Gräfin.

Da schrieb Graf Weinholm, der inzwischen in Paris geheirathet hatte, seiner Mutter, daß er in einigen Tagen bei ihr eintreffen werde. Auf dem Schlosse der Gräfin entstand dadurch ein reges Leben, denn glänzend sollte der geliebte Sohn empfangen werden. Endlich erschien das junge Ehepaar und ward von der Gräfin freudig empfangen. Fest reihte sich an Fest, so daß Niemand zur Erholung und Besinnung kam, bis die junge Gräfin selbst wünschte, sich ruhig zurückziehen zu können. Es verschwanden allmälig die Gäste und Freia konnte wieder wie vorher im Garten ihr Lieblingsplätzchen besuchen, auch Graf Weinholm besuchte den Garten und erblickte öfters Freia; ihre Schönheit und Anmuth bezauberten ihn, so daß er ihr endlich ohne Rückhalt seine Liebe gestand. Freia hatte nie einen schöneren Mann als den Grafen gesehen, und bei dem ersten Blick hatte ihm ihr Herz entgegengeschlagen, sie wußte, welche Wohlthäterin ihr seine Mutter war und sie sollte Ungemach in diese Familie bringen! Nein, schweige Herz, rief sie, ob du auch noch so laut schlägst, ich will dir Schweigen gebieten. Sie zog sich so viel als thunlich zwar zurück, aber destomehr suchte sie der Graf und bestürmte sie mit seiner heißen Liebe, ja er schien zu verzweifeln, als sie ihn an seine Pflicht und eheliche Treue erinnerte. Da fluchte der Graf entrüstet seiner Ehe und zornig schied er von Freia. Doch nicht allein ihr Herz hatte einen solchen Sturm erleiden müssen, auch ein zweites mußte ihn bestehen, denn die junge Gräfin, die ebenfalls in den Garten gegangen war, hörte die Stimme ihres Mannes und so war sie unbemerkt hinzugetreten und hatte Alles vernommen. Unter Thränen machte sie dem Grafen Vorwürfe, bat ihn und flehete, wieder nach Paris zurückzukehren, was er ihr auch versprach.

Nach einigen Tagen jedoch war die Gräfin plötzlich spurlos verschwunden. Bald darauf ging der Graf mit einem seiner Diener hinaus, die Gräfin zu suchen und das Schloß blieb also einsam und leer. Nur Freia, ganz verlassen, saß in stiller Nacht einsam in dem großen Ahnensaale des Schlosses wach, traurig und nachsinnend über das plötzliche Verschwinden der jungen Gräfin; da schien es ihr, als ob sie aus der fernen Ecke Klagetöne hörte, sie horchte aufmerksamer und es bestätigte sich. Mit dem Leuchter in der Hand ging sie der tiefsten Ecke des Saales zu, ohne dort etwas zu finden; da bemerkte sie endlich an der Wand eine Thür, die sie früher wegen einem davorgehangenen, jetzt daneben stehenden Bilde nicht gesehen hatte, sie suchte vergeblich dieselbe zu öffnen; endlich gewahrte sie einen kleinen Drücker in der Gestalt eines Nagels. Bei der Berührung desselben sprang die Thür auf, ein langer Gang lag vor ihren Augen; ruhig ging sie vorwärts und nach einer langen Wanderung befand sie sich in der Familiengruft. Hier erblickte sie die Gräfin auf einem Sarge sitzend; staunend rief Freia ihren Namen und fragte sie, wie sie denn in das Bereich der Abgeschiedenen gekommen. Weinend erzählte die Gräfin, wie zwei Diener auf Befehl des Grafen sie hierher geschleppt und sie nun vor Angst und Kummer dem Tode nahe sei. In der That war sie ganz entkräftet, so daß Freia sie nur langsam aus der Höhle des Todes leiten konnte und verbarg dann die Gerettete in ihrem kleinen Kabinette. Als nun des andern Tages die Gräfin sich etwas erholt hatte, überlegten die beiden Frauen, was sie thun sollten. Beide schlossen ihr Herz gegenseitig auf und nichts blieb unverhehlt. Sie beschlossen beide zu fliehen; die Gräfin wollte zu ihrem Vater zurückkehren. Freia traf heimlich Anstalten zur Flucht, sie suchte alle Kostbarkeiten der jungen Gräfin, sowie die ihrigen bei Seite zu bringen und so ging Alles glücklich und heimlich von Stadten. Der folgende Tag fand sie schon auf der Reise und sie kamen glücklich auf dem Gute des Generals, des Vaters der jungen Gräfin, an. Mit offenen Armen empfing er seine Tochter, die vor Thränen kein Wort sprechen konnte. Freia mußte nun erzählen und der Vater war betrübt über das Schicksal seiner Tochter.

Nachdem der erste Empfang vorüber war, fragte der General auch, wie nahe Freia der Familie Weinholm verwandt sei; sie erzählte ihre Geschichte, so weit sie nur denken konnte, und gestand auch die Liebe offen, die sie für den Grafen gehegt. Weinend riß sie der General an seine Brust und rief: O, meine Töchter, meine unglücklichen Töchter, sollt ihr leiden gleich wie der Vater? und nun kam es an den Tag, daß Freia sein in jener Schreckensnacht ausgesetztes Kind war. Mit Thränen schlossen sich die beiden Schwestern in die Arme. Um seine Töchter vor den Nachforschungen des Grafen zu sichern, beschloß nun der General, mit denselben nach der Türkei zu gehen. Freia legte von nun an die weiblichen Kleidungsstücke weg, indem sie schwur, nie mehr eine Mannsperson zu lieben. Noch einmal wollte sie die Gebeine ihrer Mutter besuchen, um dann im fremden Lande in den Tod zu gehen. Mit dem Vater begrüßte sie die bekannte Gegend und den gealterten Hirten, worauf die vermoderten Ueberreste der Theuren auf dem Friedhofe des Dorfes feierlich beerdigt wurden; vor dem Abschiede wurde der alte Hirt vom General reichlich beschenkt. In Gallipoli[4] angekommen, trat Freia nebst ihrem Vater mit Bewilligung des Prinzen Napoleon unter dessen Truppen und ihr Muth sollte bald erprobt werden, denn sie wurden einer Vorhut zugetheilt und kamen endlich bei Silistria[5] mit den Russen in ein hitziges Gefecht[6]. Mitten im Kampfgewühl hatte Freia mehre Male das Glück, ihrem Vater das Leben zu retten, aber endlich wurde ihr durch eine Kugel doch der Theure entrissen. Nach dem Gefecht erhielt sie als Lohn für ihren Muth den Orden der Ehrenlegion; im nächsten Gefecht aber machte eine feindliche Kugel auch ihrem Leben ein Ende, so daß sie nun mit Ehre und Ruhm bedeckt in fremdem Boden ruht.

---

4 Türkische Hafenstadt auf der gleichnamigen Halbinsel.
5 Silistra, bulgarische Stadt an der Donau, in der Dobrudscha.
6 Gemeint sind vermutlich die Krimkriege (1853–56) unter Napoleon III.

Lied.

Es saust der Sturm in dunkler Nacht.
Verworren ist der Pfad,
Und Seufzer tönen, weh und ach:
Ein treues Herz es brach.

Ins unbekannte Weltenlicht
Ein Wesen schaut herein,
Das unbewußt, was ihm geschieht,
Verlassen mußte sein.

Es bricht dem Vater zwar das Herz,
Doch kann's nicht anders sein,
Sein Schicksal treibt ihn ohne Rast,
Es muß geschieden sein.

Der Sonne goldnes Morgenlicht
Scheint auch Verlass'nen hold:
Ein Hirt mit Freud' den Fund erblickt,
Denn Gott hat es gewollt.

Es blüht das Kindlein wundervoll,
Durch Treu' und Pfleg' erquickt,
Es ward ihm Liebe reich gezollt,
Doch flüchtig ist das Glück.

Die zweite Mutter sinkt ins Grab,
Das Leid, – es stellt sich ein,
Nun wandert sie den Tugendpfad,
Es naht sich Qual und Pein.

Doch Gott hat Maß und Ziel gesetzt,
Es nahet eine edle Frau,
Die sich am holden Kind ergötzt,
Sie stillt der Thränen Thau.

Sie nimmt sie liebreich in ihr Haus,
Will der Verlass'nen Wohl,
Nun lebt sie fröhlich wieder auf,
Sie wird so schön, so hold.

Da naht der Liebe süßes Glück,
Zerreißt mit Weh ihr Herz,
Denn strafbar ist ihr Sehnsuchtsblick,
Drum schweig, o armes Herz.

Zerrissen ist durch sie ein Band,
Das erst nicht längst geknüpft,
Verstoßen in der Todten Land
Der nasse Thränenblick.

Doch rettend bietet sie die Hand,
Sich keiner Schuld bewußt,
Führt muthvoll sie an treuer Hand
Sie an des Vaters Brust.

Hier lächelt wieder auch das Glück
An Vaters-, Schwesterhand,
Doch wehmuthsvoll blickt sie zurück
Auf ihren Frauenstand.

Sie schwöret, nicht mehr Weib zu sein,
Gebüßet ist die Schmach,
Sie stellt sich in die Kriegerreih'n
Zum Sieg in der Türkei.

Sie schützt des Vaters Leben oft
Im heißen Schlachtgewühl,
Sie erntet Kränze viel und oft,
Bis sie im Kampfe fiel.

Die
Seeräuber-Königin
Antonia Morino,

welche

mit ihrer Bande zu Wasser und zu Lande

ganz Italien

in Furcht und Schrecken setzte.

Lübeck.
Gedruckt bei Johannes Bock.

Die

Seeräuber-Königin

Antonia Morino,

welche

mit ihrer Bande zu Wasser und zu Lande

ganz Italien

in Furcht und Schrecken setzte.

Lübeck.
Gedruckt bei Johannes Bock.

Wild brauste das Meer und der Sturmwind trieb die schweren Wolken vor sich her, die sich dann auf einmal unter Krachen des Donners und Zischen der Blitze ihrer Last entledigten. Da hörte man in dem Hafen von Neapel ein helles Pfeifchen ertönen und eine Stimme rief. A n t o n i a, A n t o n i a! geschwinde, oder wir sind verloren! Eine mehr große als kleine Figur kam in einem Mantel gehüllt, nahte sich einem Fahrzeuge, das am Bollwerke festgebunden, worin schon zwei Getreue warteten, springt hinein und stellt sich ans Steuerruder. Nachdem das Boot gelöst war, verließ es das Ufer; der Sturmwind wurde heftiger, der Mast zerbrach, und die Segel gingen über Bord. Jedoch stand felsenfest Antonia am Steuerruder und schien die Gefahr zu verlachen, indeß die andern bebten; mit einer besonderen Geschicklichkeit wußte sie das kleine Fahrzeug zu lenken, sie steuerte einem großen dreimastigen Schiffe zu, das auf offener See lag und bei ihrer Ankunft auch gleich die Anker lichtete. Vom Ufer hörte man das Schießen, das Geläute der Glocken und das Rufen: es war Antonia Morino, die Seeräuber-Königin! – Am Bord des Schiffes warf sie Bart und Perücke von sich und stand bald in weiblicher Tracht vor ihren Leuten. Während dieser Zeit hatte der Sturm etwas nachgelassen, der Wind war günstig und die Fahrt ging nach Verona.

Antonia de Virzino, unter dem Namen Antonia Morino, war die Tochter eines armen, aber braven Edelmannes, aus der Gegend von Mailand; sie hatte die beste Erziehung genossen, die nur eine Edeldame verlangen konnte. Vater und Mutter hatten alles angewendet, um die Anlagen ihrer einzigen Tochter bis zum höchsten Grade auszubilden, welches ihnen auch auf's Vollkommenste gelang. Sie ward bald als die schönste Dame der ganzen Gegend bekannt und so kam es, daß sie die Aufmerksamkeit Vieler erregte. Da sprach eines Tages ein junger Graf, der vorgab aus Rom zu sein, bei ihrem Vater ein; sein Reichthum seine Schönheit und besonders seine Gewandtheit im Reden gewannen ihm bald Antonia's Herz; er überhäufte sie mit Geschenken und hielt nach einiger Zeit bei den Eltern um ihre Hand an, und da Antonia ihn liebte, hatten die Eltern nichts dawider, und man machte Anstalt zur Verlobung. Eines Abends, als die beiden Liebenden in einer Akazien-Laube traulich bei einander saßen, trat ein Mann mit zweideutigem Ansehen in die Laube und überreichte dem Grafen ein Schreiben mit den Worten, er wünsche gleich Antwort darauf. Nach Lesung dieses Schreibens wurde der Graf sehr blaß, nahm ein Blatt Papier aus seiner Schreibtafel, beschrieb solches und übergab es darnach dem Kerl, worauf dieser sich auch sogleich entfernte; Antonia wurde auch sehr bestürzt, doch entging ihr die Gemüthsbewegung des Grafen nicht, sie forschte ernstlich nach dem Inhalt des Briefes. Der Graf warf sich ihr zu Füßen und rief: O himmlisches Mädchen, vergieb, wenn ich dich aus allzugroßer Liebe hinterging; ich bin kein Graf und du kannst nur die Meine werden, wenn du mit mir fliehst: denn dein Vater wird nicht zugeben, daß du unter deinem Stande heirathest. Ich bin zwar sehr reich, aber nicht von Adel, folglich wird er nie zugeben, daß du meine Gattin wirst. Wenn du mich wirklich liebst, so komme diese Nacht um 12 Uhr an die Schloßpforte, wo ich dich erwarten werde. Die allzugroße Liebe der Antonia war die Ursache, daß sie ihrem Geliebten zu folgen versprach, und kaum hatte die Schloßuhr die Mitternachtstunde verkündet, als Beide im Mantel gehüllt das Schloß verließen und zu einem Gebüsch eilten, wo zwei Männer mit vier Pferden bereit standen; auf selbige warfen sie sich und nun ging es waldeinwärts. Mehrere Stunden mochten sie so geritten haben – denn schon begann es zu tagen, – als man ein altes Gemäuer erreichte; hier zog der vermeinte Graf ein Pistol aus dem Gürtel und brannte es los, alsbald wurde von einer verborgenen Stimme ein Wer da? gerufen; R o m a l d o, euer Hauptmann, war die Antwort; sogleich wurde eine verborgene Fallthür geöffnet und man stieg hinab. Antonia folgte schweigend. Jetzt traten sie in ein Gewölbe, wo mehr als 600 Mann beisammen waren, die aus voller Kehle riefen: es lebe der Hauptmann und seine schöne Braut! Es läßt sich leicht denken, was Antonia empfand, als ihr Geliebter jetzt als Oberhaupt einer furchtbaren Räuberbande vor ihr stand; lange dauerte es, ehe sie sich einigermaßen beruhigt fühlte, doch die alles heilende Zeit that wie sonst, auch hier ihre Wirkung; die besondere Liebe, die sie zu Romaldo hatte, und die Zuvorkommenheit der Bande trugen viel dazu bei, daß sie bald Vergnügen daran fand, daß die Männer, vor denen ganz Italien zitterte, ihr gehorchen mußten.

Als Antonia eine Zeit lang bei ihnen gewesen war, wurden die Räubereien stärker denn jemals betrieben und die zahlreiche Bande verbreitete Furcht und Schrecken überall. Bei einem dieser sogenannten Streifzüge, wo sie von der Miliz stark verfolgt waren, wurde Romaldo schwer verwundet. Da er nun im Anfange nur wenig darauf achtete, so verschlimmerte sich die Wunde so, daß er nicht aufstehen konnte, ohne die furchtbarsten Schmerzen zu empfinden.

Seine Befehle konnte er jetzt nur von seinem Lager aus geben und gingen alle durch Antonia's Hände, wodurch diese die ganze Lage und Verwaltung der Dinge kennen lernte. Da sich nun die Krankheit immer mehr verschlimmerte und der Hauptmann oft Tage lang ohne Bewußtsein lag, so stand sie der Bande als Oberhaupt vor und ging einige Male mit auf Streifereien aus. Romaldo starb. Da sie nun in ihren Unternehmungen stets glücklich war, so gefiel dies den Räubern sehr, sie setzten sie jetzt förmlich zum Oberhaupt der Bande ein und schwuren ihr den Eid der Treue. Sie nannte sich von nun an Antonia Morino.

Daß sie nun so vielen rauhen Männern befehlen konnte, schmeichelte ihrer Eitelkeit, und die Räuber waren vergnügt ein solch hübsches Weib zum Oberhaupt zu haben. Da sie nun bei ihren Streifzügen noch immer viel Glück hatte, so wurden die Räubereien immer größer und vielfältiger, wodurch die Regierung aufmerksam wurde, welche dann kräftige Maßregeln ergriff, dem Unwesen zu steuern. Sie sah es selbst ein, daß sie sich nicht lange mehr helfen konnte, nahm ein bedeutendes Kapital und kaufte ein großes dreimastiges Schiff, welches erst eben vom Stapel gelaufen und daher verkauft wurde, weil der Eigenthümer gestorben; sie bestieg mit ihrer Mannschaft das Schiff, um sich zur See auch ruchtbar zu machen. Auch hier trieb sie ihr Wesen mit vielem Glücke; eines ihrer größten Gräuel war, daß sie einst ein Kauffahrtei-Schiff, welches sie nahm, plünderte, und den Kapitain, Steuermann und alle übrige Mannschaft über Bord warf, das Schiff war nach Nordamerika bestimmt und hatte fünf Auswanderer am Bord, nämlich: Vater, Mutter und drei Kinder; diese begnadigte sie, und ließ sie in den untern Raum bringen. Ein Räuber belauschte sie aber einst und hörte, daß die Familie die Räuber verwünschten; sie ließ sie aussetzen und hielt am Lande Gericht über sie: die Kinder ließ sie morden, und die Eltern von einem Felsen hinab in's Meer stürzen. Da sie hinlänglich mit falschem Papieren versehen, landete sie und trieb daselbst ihr Wesen, als das Pfeifchen zu Neapel im Hafen ertönte.

Jetzt ging's nach Verona; hier trieb sie in der Waldung von neuem ihr Wesen, bis sie von einer Nachricht Gebrauch machte, die ihr ein Spion brachte und sie eine starke Karavane Kaufleute anfiel, die unter Bedeckung des Militairs den Wald durchzogen. Es war ein furchtbares Gemetzel: auch die großen Hunde der Kaufleute wehrten sich tapfer. Antonia mußte, obgleich sie sich tapfer vertheidigte und ihre Räuber mit Verzweiflung fochten, endlich doch unterliegen. Sie selbst wurde mit 80 ihrer Getreuen umzingelt. Die Soldaten schienen es darauf abgesehen zu haben, Antonia lebendig zu fangen, und es gelang ihnen auch, sie mit 15 andern Räubern gefangen zu nehmen. Man führte sie hierauf zur Stadt, wo sich Alles drängte und drückte, die Furchtbare zu sehen. Voran ging ein Officier, dann folgte Antonia, hierauf die Räuber und zum Schluß die Soldaten. Nach kurzer Gefangenschaft wurde Antonia lebendig verbrannt und die übrigen Räuber durchs Schwert hingerichtet.

Lied.

Laut erschallt des Donners Dröhnen
An Neapels schönem Strand,
Da hört man ein Pfeifchen tönen,
Das gar Manchem wohl bekannt:
Dir, Antonia gilt das Zeichen,
Die Seeräuber-Königin
Muß mit ihren Treuen weichen,
Eilt zum Boote flüchtend hin.

Und die Glocken hört man läuten,
Und die Menge tobt und schreit,
Will den Räubern Tod bereiten
Denn noch sind sie nimmer weit.
Doch Antonia steht am Steuer,
Lenkt es, ob der Mast auch bricht,

Ob auch durch den Wolkenschleier
Zuckt des Blitzes wildes Licht.

An ihr großes Schiff gekommen
Ist nun bald das Räuberheer,
Und im Schiffe tönt's »Willkommen!«
Und fort gehts in's offne Meer.
Als ein Kaufmannschiff sie sehen,
Da entbrennt der Kampf mit Wuth,
Und der Widerstand, vergehen
Muß er vor der Räuber Muth.

Alle müssen elend sterben,
Mit drei Kindern nur ein Mann
Und sein Eh'weib kann erwerben,
Daß dem Tode er entrann.
Aber bald scheint zu gereuen
Dies die grause Königin,
Und am Strand, von ihren Treuen,
Läßt die Fünf sie richten hin.

Wo sie immer sich ließ sehen,
Raubte frech sie fort und fort,
Nichts half je der Opfer Flehen,
Sie erreichte blutger Mord.
Wo Verona sich erhebet
Stolz, die hochberühmte Stadt,
Sie nach neuer Beute strebet
Von der man verkündet hat.

Durch den Wald ein Kaufmann ziehet,
Ihm folgt die Soldatenschaar;
Doch Antonia, sie glühet
Nach des Kaufmann's reicher Waar.
Nun beginnt ein wildes Kämpfen,
Und Antonia unterliegt,

So gelangs, die Wuth zu dämpfen,
Die so Schlimmes zugefügt.

Elend muß die Räub'rin enden,
Wird lebendig bald verbrannt,
Ihren Leuten sieht man senden
Auch den Tod durch Henkers Hand.
Strafe folget dem Verbrechen,
Denn es lebt ein weiser Gott,
Welcher wird gerecht stets rächen
Frecher Sünder Hohn und Spott.

Preis 10 Pfennig.

Zwei neue

Mordthaten

aus der Gegend von Bochum,
verübt

I. am 10. April dieses Jahres

an der 16jährigen Dienstmagd

Ostermann aus Hiltrop,

II. am 21. Mai dieses Jahres

an der Dienstmagd

Hantenberg aus Dahlhausen.

Zweite Auflage.
Enthaltend die neuesten gerichtl. Ermittelungen.

Druck und Verlag von Fr. Rodewald
Hannover Eckerstraße 3.

Preis 10 Pfennig.

Zwei neue

Mordthaten

aus der Gegend von Bochum,

verübt

I. am 10. April dieses Jahres

an der 16jährigen Dienstmagd

Ostermann aus Hiltrop,

II. am 21. Mai dieses Jahres

an der Dienstmagd

Gantenberg aus Dahlhausen.

Zweite Auflage.

Enthaltend die neuesten gerichtl. Ermittelungen.

Druck und Verlag von Fr. Rodewald
Hannover Eckerstraße 3.

Die Bevölkerung Westfahlens kommt aus der Aufregung nicht mehr heraus! kaum ist eine Schauerthat in etwas aus der Rede gekommen, so hallt die Kunde von einem neuen fürchterlichen Verbrechen durch das Land und verbreitet von neuem Bestürzung, Schrecken und Wehklagen.

Kaum 3 Monate waren verflossen nach der Hinrichtung des Lustmörders P e t e r S c h i f f, durch dessen Tod von den sechs hinter einander in der Umgegend von Bochum verübten abscheulichen Verbrechen drei die irdische Sühne erhalten haben und wieder erscholl die Kunde von einem neuen Lustmorde durchs Land und versetzte alle Gemüther in die höchste Aufregung; wieder ist es dem Unholde gelungen den Ort seiner ewigen Schande ungesehen zu verlassen und die Angehörigen der Ermordeten erhoben bisher vergeblich die Hände zum Himmel empor und erflehen verzweiflungsvoll die Rache des Höchsten auf das Haupt des blutbefleckten Wüstlings herab.

Die Gemordete und gräßlich Zugerichtete ist die eben erst 16 Jahre alte Dienstmagd des Oeconomen[1] Koldewey in Hiltrop[2], Friederike Ostermann, dieselbe wollte am 2. Ostermorgen früh sieben Uhr nach Herne in die Kirche gehen, ist aber dahin nicht gekommen. Gegen 4 Uhr Nachmittags wurde sie in einem hundert Meter vom Wege abliegenden Gehölze als Leiche aufgefunden.

Die Uebereinstimmung aller durch den Leichenbefund festgestellten Umstände lassen unwillkürlich an einen in der Person des Thäters liegenden Zusammenhang dieses Falls mit den vor zwei Jahren an der Minna Pott begangenen Morde glauben. Das arme Mädchen ist am hellen Tage und auf freiem Felde überfallen worden. Das Gebetbuch wurde am Wege, die Leiche im dichten Busche gefunden, die Kehle mit einer hanfenen Schlinge zugeschnürt, der Leib durch Messerschnitte zerfetzt.

Der Oberstaatsanwalt von Bochum ist sofort hinübergereist und hat alle Hebel in Bewegung gesetzt um dem Verbrecher auf die Spur zu kommen, indeß fehlt vorläufig noch jeder sichere Anhalt.

Selbstverständlich herrscht in Bochum und der Gegend die größte Aufregung, man spricht nur von dieser neuen schreck-

---

1 Landwirt, Verwalter eines landwirtschaftlichen Gutes.
2 Vermutlich Hiltrup, südlich von Münster.

lichen That und wohl tausendmal wird der Wunsch ausgesprochen, daß es der strafenden Gerechtigkeit endlich gelingen möge, die Gegend von diesen Bestien zu säubern.

Das Justizministerium hat sich über alle am Thatorte aufgenommenen Spuren und Ermittelungen genauen Bericht erstatten lassen und mehrere der tüchtigsten Agenten der Berliner Criminalpolizei in die Gegend entsandt, deren planmäßige Nachforschung natürlich vor Jedermann streng geheim gehalten wird.

Aber trotzdem und alledem nehmen die Lustmorde ungestört ihren Fortgang, so daß schon nach 7 Wochen (am 21. Mai) abermals ein solcher unentdeckt geschehen konnte.

Das Opfer dieser neuen Blutthat ist das Dienstmädchen Gantenberg geworden, welches auf dem Wiesmannschen Hofe in Haftenberg (zwischen Altenbochum und Langendreer) wohnte und am 21. Mai, Sonntag Morgens, den Hof verlassen hatte, um in Bochum zur Kirche zu gehen. Das Mädchen kam nicht wieder, auch an den folgenden Tagen nicht, und man glaubte, es habe böswillig den Dienst verlassen und sei zu seinen Eltern nach dem nahen Dahlhausen[3] gegangen.

Indessen erwiesen die angestellten Nachforschungen diese Annahme als irrig, und es drängte sich den Leuten die Gewißheit eines Unglücks oder Verbrechens auf. Bereits am Donnerstag berichteten die Zeitungen über das geheimnißvolle verdächtige Verschwinden des Mädchens, die ganze Feldmark wurde abgesucht, und endlich fand man am Freitag Abend die Leiche in einem Roggenfelde, ganz nahe der Stelle, an welcher vor zwei Jahren die Hebamme Becker ermordet wurde.

Statt der Hanfschlinge war diesmal nur das Messer gebraucht worden. Wie Leute aus dortiger Gegend berichten, war der Kopf vom Rumpfe völlig abgetrennt und die Spuren eines sonstigen schändlichen Verbrechens an allem zu ersehen.

3 Vermutlich östlich von Wuppertal.

Daß auch bei diesem Falle behördlicherseits die erdenklichsten Anstrengungen zur Auffindung des Thäters gemacht worden sind braucht nicht erst erwähnt zu werden; aber nach jedem neuen Morde steigert sich in der Bevölkerung mit dem Gefühl der Entrüstung und des Abscheus auch das des Schreckens und der vollständigen Unsicherheit, und man zweifelt daran, daß es den Behörden trotz aller angewandten Mittel gelingen werde, die Mörder zu ergreifen.

Inzwischen sind und werden noch Manche unschuldig in Verdacht und Verhaft gerathen. Gegenwärtig wagt dort fast keine weibliche Person ohne männliche Begleitung über Feld zu gehen und selbst die Muthigsten riskiren solches nicht unbewehrt. – Die Bevölkerung, welche nach der Hinrichtung Schiffs erleichtert aufathmete, ist durch diesen neuen entsetzlichen Mord wieder aufs Höchste erregt und hat auch wahrlich Ursache dazu, denn es zeigt sich nur zu klar, daß trotz aller Scheinheiligkeit gar Viele die strafende Hand Gottes nicht mehr fürchten und nur, um dem irdischen Richter und der öffentlichen Schande zu entgehen, zu dem geringeren Verbrechen das größere des Mordes hinzufügen, um ihr Opfer stumm zu machen.

In der Regel sind es schwache oder gar kränkliche Wesen, welche sich diese Wüstlinge zum Opfer erwählen, wie die kaum 12jährige Hümelmann, die vor etwa Jahresfrist auf der Heimkehr von der Kirmeß in gräßlichster Weise zerfleischt wurde.

Am 4. Juli abends 9 Uhr wurde ein 20jähriges Mädchen bei Altenbochum überfallen und in ein Roggenfeld geschleppt, das Attentat wurde aber noch rechtzeitig bemerkt und der Thäter, der sein Opfer bereits am Boden liegen hatte überrascht und zur Haft gebracht. Er wurde als der Schriftsetzer Wendenburg aus Bochum erkannt. Dieser Vorfall gab zu dem Gerüchte Anlaß, es sei wiederum ein Mädchen ermordet und verstümmelt aufgefunden.

Am 1. Juni wurde ein Arbeiter in Wattenscheid verhaftet, welcher des Mordes an der Elise Gantenberg beschuldigt wird. Derselbe ist am 15. April d. J. aus dem Arresthause in Recklinghausen entlassen worden und trieb sich seitdem vagabundirend umher. In seinem Besitze wurden zwei den bei früheren Opfern vorgefundenen sehr ähnlichen fein gearbeiteten Hanfschlingen, zwei lederne Riemen und zwei Messer vorgefunden und beschlagnahmt.

Die an ihn gerichteten Fragen beantwortete er sofort. Auf die Frage jedoch, wozu er die Hanfschlingen mit sich führe, gab er nur ausweichende Antworten.

Schließlich ist auch noch aus Minden zu berichten, daß in der Nähe von Hausberge ein etwa 10jähriges Mädchen von einem Strolche angefallen und geschändet worden ist. Das Kind wurde von der Stadt zurückkehrend abends gegen 7 Uhr von einem etwa 50jährigen Manne überfallen und in ein Roggenfeld geschleppt. Kurze Zeit vorher begegnete der Vater des geschändeten Kindes in Begleitung des Colon[4] D. aus Lerbeck dem Kerl und äußerte noch, als sie desselben ansichtig wurden: »Na, das ist auch so ein richtiger Bruder, wenn der nur meinem Kinde nicht begegnet, welches nach der Stadt ist.«

Die bisher über diesen Fall erfolgten Verhaftungen richteten sich gegen Unschuldige.

Außer diesen beiden Lustmorden sind noch drei andere dort vorgekomene nicht aufgeklärt, nämlich der an der Josephine Kost, der an der Hebamme Becker aus Bochum und der an der 11jährigen Christina Hümelmann verübte. Außerdem wurde bei Hildesheim ein 16jähriges Mädchen geschändet, ermordet, von Waldarbeitern aufgefunden. Bei Verden[5] und Geestemünde[6] sind mehrere Mädchen auf gleiche Weise umgekommen und nur in einem Falle ist der Mörder ergriffen. Hoffen wir, daß keiner von ihnen der gerechten Justiz entgehe.

---

4 Colonel.
5 an der Aller.
6 bei Bremerhaven.

Lied zur Geschichte.

Ob neuer Unthat klagt entsetzt
Die Menschheit im Westfahlenland.
Entehrt, gemordet, fleischzerfetzt
Von eines Wüstlings Mörderhand,
So ward ihm Gang zum Gotteshaus
Das Opfer ins Gebüsch geschleift,
Ein Mägdlein zart, – das Herz ergraust –
Zur Jungfrau kaum herangereift.

Nun auf, ihr Todten zum Gericht!
Wohl mag Gott säumen in Geduld
Doch glaubt, der Rächer schlummert nicht,
Und nie bleibt ungestraft die Schuld,
Die Hölle selbst zu Fall ihn bringt,
Sie hetzt von That zu That ihn fort
Und wenn ihm auch die Flucht gelingt,
Sie treibt ihn an von Mord zu Mord.

Dann aber tönt aus Himmels Höh'
Der Racheruf: »Zum Hochgericht!«
Und aus den Gräbern tönt das Weh',
Wie wenn das Herz in Aengsten bricht,
Da thut sich weit der Abgrund auf,
Wie Geisterruf: »Die Stunde naht!
Nun Mörder hemme deinen Lauf,
Die Strafe folgt der Missethat!«

»Fort aus der Menschheit sei verbannt,
Das Thier steht hoch noch über dir,
Hat seinesgleichen stets erkannt,
Drum sei verfluchet dort und hier!
Vernichtet sei dein freches Hirn,
Das Wollust nur und Mord ersann,

Herunter mit der frechen Stirn,
Gescheh' dir nun, wie du gethan!

Hinauf, hinauf zum Hochgericht! –
Was zaudert noch des Mörders Fuß?
Wir zünden an das Todtenlicht,
Die Hölle schmückt sich dir zum Gruß.
Nun bücke dich und fasse Muth,
Es blinkt das Beil, der Menge graut's,
Ein Blitz, ein Schlag, hoch springt das Blut,
Wir sind gerächt! – Hoch Meister Krauts! –

Nun fliege fort von Stadt zu Stadt,
Von Dorf zu Dorf, von Haus zu Haus,
Du von der Unthat redend' Blatt
Und wecke Abscheu, Scham und Graus.
Verfolge auch der Mörder Spur,
Die diesem gleich, noch unentdeckt
Sich bergen, doch so lange nur,
Bis das Gericht sie donnernd weckt.

Zieht mit ihr Opfer, nah und weit,
Zeigt eure Wunden klagt und zeugt
Bei Hildesheim die junge Maid,
Dess' Tod der Eltern Herz gebeugt.
Und noch viel andre Morde sind
Von gleicher Art, noch unentdeckt,
Zieh mit du Geist vom jungen Kind,
Daß sich vor dir dein Mörder schreckt.

Verfolgt, verfolgt der Mörder Spur,
Gönnt ihnen nimmer Ruh, noch Rast,
Bis sie, wie diese Unnatur
Der Rächerarm des Henkers faßt.

Zeigt eure Qual, zeigt eure Wunden
Ihr Opfer und ihr, Mörder, schaut's! –
Bis sie entdeckt, bis sie gefunden,
Halt scharf das Richtbeil Meister Krauts.

———————————

Außer diesem sind in meinem Verlage stets die neuesten Volkslieder, sowie die Beschreibungen der neuesten Zeitereignisse zu haben
und bitte ich, diese in spannender veredelnder Form geschriebenen
Geschichten nicht mit jenen völlig werthlosen aus Berlin-
Schwiebus und anderen Orten hier incolportirten[7], zu verwechseln, da jene auf die Bildung des Volkes nicht die mindeste Rücksicht
nehmen. Man wolle beim Angebot stets darauf sehen, ob die Sachen
mit meinem Namen bedruckt sind.

Buchdruckerei von Fr. Rodewald in Hannover.

7 Von *kolportieren*, d. h. Schriften im ambulanten Handel vertreiben.

Traurige und schreckliche

Begebenheit

eines

verarmten Bergmannes,

welcher

seine Frau mit sieben Kindern und
seinen alten Vater von 70 Jahren

in der Nacht vom 3. Februar v. J.

in der Nähe der englischen Hauptstadt

auf grausame Weise ermordet hat.

Eigenthum von Andreas Kindel.

Höchst traurig ist es, meine Freunde, wenn die Dürftigkeit
und Armuth einen Anlaß geben, eine so schreckliche Gräuelthat zu verüben, wie in dieser Geschichte hier mitgetheilt
wird. Wie manchen Menschen treibt die Armuth auf verbo-
tene und unerlaubte Wege und stürzt ihn dadurch in das
größte Elend und Verderben für Zeit und Ewigkeit.
    Aber nur Derjenige tritt auf solche Wege, der sich von Gott
und Religion lossagt und solchem nicht zutrauet, daß er ihn
mit seiner Familie erhalten und ihm aus seiner Noth helfen
könne, da doch ein jeder Mensch, der seine Hoffnung auf den

Herrn setzt, von ihm Mittel und Wege zu erwarten hat und ihm zeiget, wie er sich und die Seinen in allerlei Trübsal, Hunger und theuren Zeiten durchbringen kann. Fraget das Vieh, das wird euch lehren, sagt Hiob im Capitel 12[1], und die Vögel unter dem Himmel werden dir sagen, wer den Raben die Speise bereitet, wenn seine Jungen nach ihrer Weise zu Gott rufen. Ebenso werden wir Menschen, wenn wir bei unsern kleinen Tischpredigten täglich zum Herrn rufen: Dein Reich komme, gieb uns unser täglich Brod und erlöse uns von dem Uebel der theuren Zeit, nie verlassen stehen und er wird uns helfen aus aller Noth. Hätte dieser Bösewicht, von welchem unsere Geschichte die folgenden Gräuelthaten erzählen wird, Gott um seinen Beistand, Hülfe in seiner Armuth angerufen, so hätte er die furchtbare Begebenheit nicht vollbracht, denn Heinrich Dorfmaler, so hieß dieser Verbrecher, war ein armer Bergmann in einem Dorfe bei London im Königreiche England; er lebte mit seiner Frau und seinen Kindern in einer großen hülflosen Armuth, da sein Verdienst bei den billigen Zeiten kaum hinreichte, seine Frau und Kinder zu ernähren und dabei hatte Heinrich noch seinen alten Vater von 70 Jahren zu erhalten. Heinrich arbeitete früh und spät, um sich und seine Familie ernähren zu können; allein niemals wollte es hinreichen und dabei konnte er, wo er einmal geborgt hatte, keine Zahlung mehr leisten. Dadurch kam Heinrich in Mißcredit und stand nun in aller seiner Noth von Jedermann verlassen da, und dabei verfluchte er sich und seinen alten Vater, daß er ihn als einen armen Menschen auf die Welt gesetzt habe; er murrte gegen Gott und seine Vorsehung, daß er ihn nicht zum reichen Mann machte, und daß manche Menschen so viel besäßen und er nichts habe, daß er seine Noth decke; er war mißmuthig und zweifelhaft gegen Gott und glaubte zuletzt an gar nichts. Noth treibt zum Gebete, aber hier war es der Fall: hier trieb die Noth zum Verderben; Heinrich wich vom Wege des Herrn und neigte sich zu bösen Gedanken. Er verkaufte bei der Theue-

1 Hiob 12,7 ff.

rung des verflossenen Jahres nach und nach Mobilienstücke, um den vorhandenen Hunger zu stillen, er versetzte Kleidungsstücke, Alles, um die Noth zu decken, sein Verdienst ließ nach, da er nicht mehr einkaufen konnte, und sich nur noch auf das Graben beschränken mußte. Die Noth stieg in dieser verarmten Haushaltung am höchsten. Es war der 3. Februar, da er mit seinen sieben kleinen Kindern das letzte Stücklein Brod verzehrt hatte, das ihre Speise für den ganzen Tag war; da schickte er sein ältestes Kind, ein Mädchen von 10 Jahren, zu einem Bäckermeister, um einen Laib Brod zu holen: allein der hartherzige Mann gab dem Kinde, weil es kein Geld hatte, kein Brod, und als das Kind weinend und ohne Brod nach Hause kam und zu seiner Mutter sagte: Jetzt, liebe Mutter, müssen wir verhungern, denn wir bekommen nichts mehr ohne Geld, fluchte der Vater wie ein Türke, und es tauchte ein Plan, schwärzer als die Nacht, in ihm auf, da er sich in einem solchen Zustande befand, wo er nicht mehr für einen Laib Brod Credit hatte. Er verwünschte sich und seine Familie, und schwur, daß er ein Ende daraus machen wollte. Die Mutter weinte, denn sie wußte keine Hülfe noch Rath. In der kommenden Nacht, da alles im Hause in tiefen Schlaf versunken war, stand der Bergmann eilends auf, um sein schauderhaftes Vorhaben zu vollführen. Er ergriff den auf einer Bank liegenden Hammer und versetzte mit einem heftigen Streiche seinem Weibe den entsetzlichen Todesschlag, die unter einem lauten Schrei ihren Geist aufgab; seine Kinder sprangen mit einem entsetzlichen Jammergeschrei aus dem Bette, welche alle sogleich ein Opfer ihres Vaters wurden. Der alte Vater wollte noch schwankend aus dem Bette steigen, da ergriff ihn der Mörder, welcher hier seinen eigenen Vater ermordete, und versetzte ihm den entsetzlichen Todesstoß! Der Mörder stellte sich am folgenden Tage selbst vor dem Bürgermeister des Orts, zeigte hier seine gräßliche That an und sprach: Mich trieb die Noth zu diesem entsetzlichen Verbrechen, ich stehe nun hier als Mörder meiner eigenen Familie, ich war verlassen von Gott und der Menschheit ohne Rath und Hülfe, arm, ohne Vermögen, ohne Geld, ohne Credit, ohne Verdienst, und ohne Mitleiden meiner Nachbarschaft; das sah ich wohl ein, daß ich meine Familie nicht mehr ernähren konnte, darum faßte ich den bösen Entschluß, ein Mörder meiner Frau und Kinder und meines eigenen Vaters zu werden. Ich selbst hätte mich gerächt für meine That, und wollte mich zum Selbstmörder hingeben, wenn ich nicht überlegt hätte, andere Unschuldige aus diesem Verdacht zu ziehen. Ueberliefern Sie mich nun dem Gerichte, daß ich meinen gerechten und verdienten Lohn empfange und mein Dasein ein Ende hat. Der Bürgermeister stand und hörte nun die entsetzlichen Dinge, er schickte nach der Obrigkeit, welche in Begleitung der Gensdarmen in der Behausung des Herrn Bürgermeisters ankam. Man besah nun die im Blut liegenden Opfer und fesselte den sich selbst gestellten Verbrecher, der darauf nach London ins Gefängniß gebracht wurde. Er saß nun hier an Ketten geschmiedet, ein Geistlicher wurde ihm zugeordnet, der ihm zur Vorbereitung in die Ewigkeit sehr willkommen war. Hier, am Abende seines Lebens, sah er wohl ein, wie weit er von Gott gewichen sei, und wie ihn Gott habe sinken lassen, da er sich immer in seiner Armuth schwer an ihm versündigt habe, und dies seien jetzt die Früchte, welche er auf dem Schaffote ernten werde; jetzt bereute er die Versäumung des Gebets, wovon er abtrünnig war, jetzt betete er mit seinem Geistlichen, daß Gott seine Seele aufnehmen möge in die ewige Ruhe. Am 9. März vorigen Jahres wurde er vor das englische Kriminalgericht gestellt, wo er seine Schuld anerkannte und freiwillig erklärte, daß er den Tod gerne leiden und für die grausame That auf dem Schaffote büßen wollte. Die Geschworenen ließen das Todesurtheil über ihn ergehen, welches nach drei Tagen vollzogen werden sollte. Nachdem der Verbrecher sich mit seinem Schöpfer ausgesöhnt hatte, rückte sein Todestag heran, es war am 20. März v. J. Eine große Volksmenge eilte nach dem Gefängnisse und dem Schaffote. Um 8 Uhr wurde er den Scharfrichtern übergeben, welche ihn in Begleitung seines Geistlichen zum Schaffote hinführten. Er betete noch mit seinem Geistlichen inbrünstig zu Gott, daß er seiner Seele

Gnade und Barmherzigkeit erweisen möge. Hierauf entfernte sich der Geistliche und in wenigen Augenblicken war er dem Tode übergeben. So endete der Familienmörder sein gottvergessenes Leben, wohin ihn die Noth und die drückende Armuth gerathen ließ. Möge dieses doch ein jeder zu Herzen nehmen und seinen verarmten Mitbrüdern in der theuren Zeit ein wenig Hülfe leisten, damit in ihnen nicht auch böse Gedanken aufsteigen möchten, ein solches Uebel zu verrichten, und suchet in theuren und jammervollen Jahren das Böse mit Gutem zu überwinden, daß nicht bei uns auch solche ähnliche Fälle eintreten mögen.

―――――――

Lied

(von ihm selbst gedichtet).

Ach, ich lebe ganz verlassen
Auf der Welt von jedermann;
Keinen Trost weiß ich zu fassen,
Niemand nimmt sich meiner an,
Ach, auf wen soll ich mich trösten,
Meine Noth, die ist am größten.
Einen Freund, den hab' ich nicht,
Nirgends scheinet mir ein Licht.

Ich habe wohl Freunde in der Welt,
Wenn keine Noth mich überfällt;
Ach, wie betrübt ist mir die Seele,
Ja, die Füchse hab'ne Höhle,
Und die Vögel in dem Wald
Haben ihren Aufenthalt.
Ich darf keine Herberg' sehen
Und muß ganz verlassen stehen.

Ich thue einem Kranich gleichen,
Niemand will mir Hülfe reichen,
Ach so wünscht' ich oft so sehr,
Daß ich nie geboren wär';
Ach, die Noth hat mich gezwungen,
Diese Gräuelthat zu begehen,
Und des Teufels Werk gelungen,
Ach, mein Gott, es war geschehen.

Ich ermordet' Weib und Kinder,
Dies bracht' mir die große Noth,
Ach, ich bin der größte Sünder,
Ich schlug meinen Vater todt.
Jetzt bin ich nun eingekerkert,
Um zu büßen meine That,
Jetzt verfolgen meine Werke
Mich ja bis zu dem Schaffot.

Gott, was hat in diesen Tagen
Sich in unserer Nachbarschaft
Für ein Unglück zugetragen;
Es ist mehr als schauderhaft.
Ach, man kann es fast nicht glauben,
Und doch sahen's unsere Augen.
Höret aus der Weltgeschichte
Ob auch wohl in tausend Jahr

Eine solche Mordgeschichte
Zum Vollzug gekommen war.
Wenigstens im Vaterlande
Hat man nie erlebt solch' Schande.
Kinder! ihr seid nun entgangen
Allen Leiden dieser Zeit,
Habt ein schön'res Loos empfangen
Drüben in der Ewigkeit.

Frei von allem Weltgetümmel
Lebt ihr selig in dem Himmel!
Gott! Erbarmer aller Sünder,
Weck' ihm sein Gewissen auf,
Denn das Blut von seinen Kindern
Schrie zu Gott um Rach' hinauf.
Möcht' er's reuevoll einsehen,
Und zu Gott um Gnade flehen.

Druck von C. Schulze und Co. in Schmiedeberg, (Prov. Sachsen.)

Die
verstoßene und schwergeprüfte
Milda,

oder:

Gott verläßt die Seinen nie,
Das Vateraug' bewachet sie.

Motto:

Auf Gott vertrau' in deinen Unglückstagen,
Er giebt den Seinen Kraft, die Leiden zu ertragen.

Eigenthum von Andreas Kindel.

Die

verstoßene und schwergeprüfte

Milda,

oder:

Gott verläßt die Seinen nie,
Das Vateraug' bewachet sie.

Motto:

Auf Gott vertrau' in deinen Unglückstagen,
Er giebt den Seinen Kraft, die Leiden zu ertragen.

———————

Eigenthum von Andreas Kindel.

In einer romantischen Gegend Ungarns lebte auf seinen
unübersehbaren Besitzungen der Graf Pranzinsky, ein strenger und sehr stolzer Mann. Durch den plötzlichen Tod seiner
innigstgeliebten Gemahlin, einer liebevollen, tugendhaften
Dame, wurde der Graf tief erschüttert. Die Unterthanen
beweinten ebenfalls den Tod der Gräfin, denn erst jetzt fühl-
ten sie den Druck der Leidenschaft. Der Graf lebte fortan nur
für seinen Sohn, Namens Arthur; es war ein bildschöner
Knabe, von edlem, gefühlvollem Herzen, das Ebenbild seiner
Mutter. Als Arthur zum Jünglinge herangewachsen, sein
achtzehntes Jahr erreicht hatte, gedachte der Vater, das Glück
seines Sohnes zu begründen durch die Heirath einer reichen
Verwandten, der Baronesse von Waldenzki, ein sehr fein-
gebildetes, in allen Künsten des höheren gesellschaftlichen

Umgangs gewandtes Mädchen. Sie hatte bei den gegenseitigen Besuchen durch ihre unerschöpfliche Gabe der verschiedenartigsten Unterhaltung beim alten Grafen großes Wohlgefallen erregt und seine Zuneigung sich errungen. Doch Arthur konnte ihr keinen Geschmack abgewinnen, weil er bei ihr keine wahre Herzlichkeit, keine reine Natur, sondern nur eingelernte Künste, Verstellung und Gefallsucht wahrnahm. Wie anziehend, wie liebenswürdig im Vergleich zu der Baronesse war in den Augen Arthurs Milda, die als Kind nach dem Tode ihrer Mutter, einer Schauspielerswittwe, von der verstorbenen Gräfin ins Schloß war aufgenommen worden und mit Arthur erzogen, mit allen weiblichen Tugenden ausgestattet, jetzt als Muster weiblicher Schönheit und Frömmigkeit dastand. Ihr hatte Arthur längst sein Herz geschenkt und sie ihm, seinen Schwüren trauend, hatte sie ihm ihre Unschuld geopfert, wovon sie nur zu bald die Folgen der unglücklichen Stunde fühlte. Voll Reue über ihren Fehltritt dachte sie mit Schmerz an die Zukunft, mit Angst an ihr Unglück, wenn das Liebesverhältniß, das zwischen ihr und ihrem Arthur obwaltete, bekannt würde. Mit Sehnsucht harrte sie der Stunde, welche sie in einer Laube am späten Abende hinzubringen pflegten, um dorthin zu eilen und sich dem Gefühle des Schmerzes zu ergeben. – »Wie beklommen,« rief sie, dort angelangt, »ist meine Brust! Ja, eine Ahnung sagt es mir, welch ein großes Unglück mein Fehltritt über mich und Dich, mein geliebter Arthur herbeiführt. Ach, ich will Alles ertragen, so mir Deine Liebe und Treue bleibt.«

Ein Thränenstrom begleitete diese Worte, da hörte sie ein Geräusch und mit den Worten: »Auf immer Liebe und Treue!« schloß sie Arthur in seine Arme. – »Milda, meine Geliebte, Du bist vor den Augen Gottes mein! Hier schwör' ich Dir's, hier wiederhole ich den Schwur und keine Macht der Erde soll Dich mir entreißen. Plötzlich zog ein Geräusch die Aufmerksamkeit der Liebenden auf sich. Ein Diener des Schlosses, welcher sie belauscht und Alles gehört hatte, zog sich alsbald, ohne bemerkt zu werden, hinweg, um dem alten Grafen die entdeckte Liebschaft zu hinterbringen. Voll Zorns wegen solcher Nachricht läßt der Graf seinen Sohn zu sich entbieten. Kaum ist Arthur eingetreten, als auch der Graf seinen Zorn unterdrückend, ihn mit den Worten anredet: »Ich wollte Dich jetzt mit meiner Ansicht bekannt machen, Deine Verlobung mit der Baronesse Waldenzky nächstens zu feiern.«

Da Arthur dagegen seine Einwendungen machte, läßt jener, Arthur seine entdeckte Liebe vorhaltend, seinen Zorn in Ausdrücken los, die jedes zarte Gemüth empören würden. »Eher soll das verdorbene Blut aus Deinen Adern fließen,« spricht er, »ehe ich in dieses entehrende Bündniß einwillige.«

»Nun denn, mein Vater, hören Sie meinen Entschluß: Die Baronesse, die eine leichtfertige Kokette ist, wird nie meine Hand erhalten. Milda wird meine Gemahlin.« – Wüthend wegen dieser Sprache befahl der Graf seinem Sohne, sich sogleich auf sein Zimmer zu verfügen, woselbst er ihm den Arrest ankündigen und bewachen ließ und schwur zugleich, das verführerische Mädchen, das es gewagt, die jahrelangen Wohlthaten durch Liebschaft mit seinem Sohne so undankbar zu vergelten, hinaus in die tieffste Wildniß jagen zu lassen.

Milda, auf die jetzt der ganze Zorn des alten Grafen fiel, bat fußfällig um Verzeihung, um Schonung, allein sein Grimm hatte kein Erbarmen, er stieß sie von sich und befahl den noch immer zögernden Leibeigenen, Milda mit Peitschenhieben vom Schlosse, weit in die tiefe Wildniß, in den undurchdringlichen Wald zu jagen. Verzweifelnd sah Arthur aus seinem Kerker die Scene: sein Liebstes wurde ihm geraubt. Weinend verließ Milda das Schloß und wanderte in die Wildniß, auf Gott vertrauend. Als die Sonne sank, befand sie sich in dem undurchdringlichen, finstern Walde.

Die Nacht brach an, ihre Kräfte schwanden sie konnte fast nicht mehr gehen; schluchzend und mit angsterfülltem Herzen fiel sie auf ihre Kniee und rief Gott um Schutz und Beistand an, und fand nach einigem Suchen eine Höhle, worin sie zu übernachten beschloß. Sie ging hinein, setzte sich auf ein hervorspringendes Felsstück, wo sie eine schreckliche Nacht verbrachte. Kein Schlaf erquickte ihre matten Glieder, ihre Augen brannten von den vielen Weinen gleich Kohlen, sie fühlte ihre Kraft gebrochen. Als der Morgen kam, konnte sie vor Lähmung nicht aufstehen und ihre Füße versagten den Dienst. Sie lehnte sich an die kalten Felsen, seufzend: »O Gott sei mir gnädig und laß mich nicht in dieser Wildniß sterben und ein Raub der Thiere werden.« Der Tag verging und eine noch schrecklichere Nacht brach über sie herein. Sie gebar einen Sohn. Ohne alle Hilfe lag sie da am harten Gestein, kein Tropfen Wasser konnte ihre brennenden Lippen laben: sie flehte zu Gott um ein baldiges Ende, bis eine Ohnmacht sie umfing. Als sie nach einigen Stunden erwachte, stand ein alter, ehrwürdiger Greis, ein Eremit, vor ihr, der in der Nähe Kräuter sammelnd, durch ein plötzlich entstandenes Unwetter genöthigt war, in der Höhle Schutz zu suchen. »Bist Du ein Engel, den mir Gott sendet,« rief das erstaunte Mädchen, »o, so hat der allmächtige Gott mich noch nicht verlassen.« Verwundert sah der Eremit das Mädchen mit dem Säugling an. »Du bedarfst der Hilfe,« sprach er, und führte die Entkräftete, von Kälte fast Erstarrte nach seiner nicht weit entfernten Wohnung. Er brachte sie in ein von Moos und Thierfellen bereitetes Bett, kochte ihr einen Trank von Kräutern und erwärmte den Säugling, dessen Hunger man mit Milch von einer zahmen Hirschkuh stillte. Bald erholte sich Milda unter der liebevollen Pflege ihres Wohlthäters, dem sie ihr Leiden und unglückliche Liebe erzählte. Dem alten Greis standen die Thränen in den Augen. Wohl hatte er in früheren Jahren geliebt, und wußte daher, was Liebe ist. – »Armes Herz« sprach er, »Du hast das Sprüchwort: »Mit Herzen ist nicht gut scherzen!« theuer bezahlt; bald hätte es Dir Dein Leben gekostet, doch Dir ist geholfen; ich werde Dich ernähren, Gott wird es mir tausendfach vergelten.« Milda dankte inbrünstig dem frommen Manne für seine edle Gesinnung und versorgte von nun an seine kleine Wirthschaft. Obwohl diese Einsamkeit für Milda drückend war, so verflossen ihr die Tage doch reich an Seelenfreuden.

Drei Jahre waren vergangen, da erschallt plötzlich Hörner-

schall und Hundegeklaff durch den öden Wald. Die Hirschkuh, welche in den Wald gegangen war, um für sich Nahrung
zu suchen, kommt daher geeilt, bei Milda Schutz suchend.
Bald darauf tritt ein Jäger herzu, der die Spur der Hirschkuh
verfolgt hate. Wer beschreibt die Freude, als Milda in dem
Jäger Arthur erkannte. Sie zeigte ihm seinen Sohn und den
frommen Eremit, der so väterlich für sie gesorgt hatte. Er ließ
durch's Waldhorn sein Jagdgefolge zusammenrufen und
führte dann Milda und seinen Sohn unter Jauchzen und Hörnerschall nach dem Schlosse. Der alte Graf segnete den Bund,
um dadurch einigermaßen die alte Schuld abzutragen. – Feierlich und unter Glockengeläute wurden Arthur und Milda
durch Priesters Hand vermählt und lebten noch viele Jahre,
von ihren Unterthanen geliebt und geehrt.

Lied zur Beschreibung.

Mel.: In Mirtills zerfallner Hütte etc.

In des Gartens dunkler Laube
Schwur Arthur beim Mondenschein:
Meine Milda, bei Gott glaube,
Treue Lieb' will ich Dir weih'n!
Und Milda, die Heißgeliebte,
Konnt' zuletzt nicht widersteh'n,
Da sie gleiche Liebe fühlte,
Sie erlag des Jünglings Fleh'n.

Einst in stille Lieb' versunken,
Hatten Beide nicht bedacht,
Daß in später Abendstunde
Der Verräther auch noch wacht.

Denn ein alter Diener hatte
Sie behorcht und beobacht'.
Die entdeckte Lieb' aus Rache
Arthurs Vater hinterbracht.

Wüthend ließ der Vater kommen
Augenblicklich seinen Sohn,
Sprach: Hah! Bub', ich hab vernommen,
Du willst bringen Spott und Hohn
Mir durch Liebschaft mit 'ner Dirne,
Die nichts hat als ihr Dasein!
Jetzt sollst Du als Strafe fühlen
Eingesperrt der Reue Pein.

Hierauf ließ mit Peitschenhieben
Er Milda, die arme Maid,
Deren Bitten ihn nicht rührten,
In die öde Wildniß weit
Von Leibeignen hineinjagen,
Die, wohl fühlend Milda's Schmerz,
Doch bei Straf nicht durften wagen,
Zeigen ein mitleidig Herz.

Ihr, da bald die matten Glieder
Sie nicht bringen konnte fort,
Gab auch Schutz und Obdach wieder
Gott in einer Höhle dort.
Wo zwei Nächte sie durchwachte,
Und mit kummervollem Herz
Einen Knaben sie gebar
Unter bitterm, herben Schmerz.

Und mit thränenvollen Augen
Seufzt sie mit Gebete: Herr!
Laß in dieser Noth mich glauben,
Daß du mich noch liebst recht sehr.

Und ihr Flehen that er hören,
Gott, der gerne Hilfe giebt,
Hilfe that er ihr bescheeren,
Durch den frommen Eremit.

Durch das sorgfältige Pflegen
Dieses frommen Eremiten
Genas Milda durch den Segen
Gottes, der die Seinen liebt.
Selbst der Mutter Kind zu nähren,
Sandte eine Hirschkuh Gott,
So stets helfend ist auf Erden
Gott den Seinen in der Noth.

Manches Jahr war so verflossen
In der Wildniß der Milda,
Die ihr Leid trug unvertrossen,
Weil Gott's Wille es war ja.
Auf ihn bauend, war ihr Streben,
Sich dem Kind und Gott zu weih'n,
Und für dieses fromm' Ergeben
That sie Gott noch hoch erfreu'n.

Einst, in später Abendstunde,
Ließ sich hören Hörnerschall,
Und das Klaffen vieler Hunde
Naht der Höhle sich überall.
Da kommt schnell herangesprungen
In die Höhle, die Hirschkuh,
Und ein Jäger, bald gefunden
Hat die Höhle tritt hinzu.

Wer beschreibet Arthurs Freude,
Als er plötzlich wiederfand
Die Betrau'rte und Beweinte,
Seine Milda und ihr Kind.

Sie an seine Brust voll Liebe
Drückt er unter Freudenzähr;
Gott, ruft er, durch deine Güte
Fand ich sie, trenn' uns nicht mehr.

Bald zum Schloß durch Jagdknaben,
Unter lautem Hörnerklang,
Ließ sein Kind und Milda tragen,
Arthur, wie im Triumphgang.
Und sein Vater, längst bereuend,
Seinen Fehltritt aufrichtig,
Gab, den Bund der Liebe weihend,
Seinen Segen feierlich.

Und nachdem ward bald erhoben
Milda in den Adelstand,
Ward am Altar auch vollzogen
Die Trauung durch Priesters Hand.
Beide lebten lang in Frieden,
Leiden kannten nimmer sie,
Mag uns lehren dies, ihr Lieben.
Gott verläßt die Seinen nie.

Druck von C. Schulze u. Co. in Schmiedeberg (Pro. Sachsen.)

Der

Wildschütz,

oder:

Der bestrafte Frevler.

Wahre Begebenheit der neuesten Zeit.

In einem wohlhabenden Dorfe in Tyrol lebte der reiche Unterbauer Joseph Winkler, ein schöner, starker Bursche, ein wahrer Tyroler, von 26 Jahren. Joseph besaß ein schönes Gut, 10 schöne, spiegelglatte Rinder und eine Heerde milchreiche Ziegen, kurz, er war ein wohlhabender Mann. Munter und lustig war Joseph, ein tüchtiger Bauer und verwegener Gemsjäger, nur Eins fehlte ihm: die Gottesfurcht. Bete und arbeite, sagt die Bibel, eins that Joseph redlich, das Arbeiten, aber leider an das Beten dachte er zu wenig. Wenn des Sonntags die Bauern andächtig in der Kirche beteten, da trieb sich Joseph auf den Bergen umher, oder er arbeitete auf dem Felde, oder spielte in der Schänke Karte und trank seinen Schoppen; wenn seine Braut, die schöne Annerl, dann ihn warnte und bat, er möge doch nicht so gottlos sein, dann lachte er und rief: »Vom Beten hab' ich nichts, ich bin kein Betbruder.« Die Bauern schüttelten oft über den Joseph den Kopf und sprachen: »Der wird's noch erfahren, er führt ein gottloses Leben, schade um die wackere Annerl, daß sie sein Weib werden will« – doch Joseph lachte über Alle – daher kam es auch, daß die anderen Bauern sich von ihm zurückzogen, er hatte wenig Freunde. Und seine wackere Braut bat ihn oft so inständig: »Joseph, geh' nicht des Sonntags in die Schänke, nicht auf die Berge, arbeite nicht, da ruht kein Segen d'rauf,« umsonst, er hörte nicht, und wenn sie dann selbst ihn vom Kartenspiele holte, ihn bat, er möge sie doch zur Kirche begleiten, dann lachte er ihr in's Gesicht. »Komm, mein Mädel, trink' einen Schoppen und bete in der Kirche, ich bring's mein Lebtag nicht fertig!« – und er lachte die andern Bauern aus, wenn sie sagten, ihm bringe es keinen Segen, denn seine Scheunen waren voll, seine Kühe rund und glatt, und seine Ziegen kamen allabendlich gesund in den Stall. »Bin ich nicht glücklich,« rief er lachend zu seiner Annerl. – Doch lacht nicht zu früh, denn an Gottes Segen ist Alles gelegen! – Es heißt nicht allein arbeite, sondern arbeite und bete auch, wer auf Gott vergißt, den vergißt er auch! – Es war an einem heiligen Festtage, alle Dorfbewohner saßen andächtig in der Kirche, Joseph nahm Büchse und Stab zur Hand, um heute ein Gemsböcklein zu schießen. »Geh' nur heute nicht, bat seine Anna, laß die armen Thiere nur heute ruhen, es ist ein gottloser Frevel, an diesem heiligen Tage zu jagen, Joseph, mir zieht ein unheimlich Bangen in mein Herz, bleib' nur heute zu Hause;« doch er rief ungeduldig: »Laß mich, thöricht Mädel, gerade heute schieß ich meinen feisten Bock, denn kein Jäger pfuscht mir da in's Handwerk, bete Du, so viel Du willst, ich mache mir mein Vergnügen auch.« Und er zog pfeifend fort, die Bauern, die ihm begegneten, schüttelten die Köpfe, sie gingen in die Kirche, er in die Berge! – Und den Nachmittag kam ein furchtbar Unwetter, ein Sturm, ein Gewitter. Annerl betete in dem Stübchen: »Gott, schütze den Joseph draußen!« Und das Unwetter dauerte fort, Blitz auf Blitz folgte, Annerl kniete im Stübchen neben Joseph's blinder Mutter und betete: »Herr sei uns gnädig;« sie hielt ihren Säugling in den Armen, das Pfand Josephs Liebe, der schreiend sich an der Mutterbrust barg, da zuckte ein greller Blitz, ein betäubender Schlag ertönte, die Stube flammte wie ein Feuermeer, es knisterte und dampfte, Annerl sprang schreiend empor, floh mit ihrem Kinde zur Thür hinaus in den Hof, da brannte das Haus lichterloh, es hatte eingeschlagen! – Mit rasender Eile fachte der Sturm die Flamme empor, es faßte vom Hause die Scheune, die Ställe, in Zeit von 20 Minuten stand das ganze Gut wie in einem Feuermeer. Annerl erholte

sich von ihrer Ohnmacht; Hülfe, Hülfe! kreischte sie. Die
Bauern kamen herbei; da ist keine Hülfe, sprachen sie, da ist
Alles verloren; das arme Vieh blökte, es mußte jämmerlich
verbrennen, die alte, blinde Mutter sie war verbrannt, die
vollen Scheuern, sie waren ein Aschenhaufen; »da habt ihr's,«
sprachen die Bauern, »das ist Gottes Strafe für sein gottloses
Treiben. Was ist nun der stolze Joseph, ein Bettler, nun wird
er wohl beten lernen, der gottlose Bursche! Und Dir Mädel,«
sprachen sie zu Annerl, »rathen wir, zieh' fort von ihm, er
kann Dir so nichts mehr geben, er ist so arm wie eine Kirchen-
maus. Du bist eine wackere Dirne, gehst in einen Dienst,
Dein Wurm wird nicht umkommen, Du kriegst auch einen
andern Burschen zum Mann, denn Du bist arbeitsam und
gottesfürchtig.« Sie war ganz empört darüber, und sprach:
»Ihr seid eben so gottlos wie er, solch Unglück kann Euch
auch alle Tage begegnen, doch ich kann arbeiten und will mit
ihm das Unglück ertragen, ihm erleichtern helfen, die guten
Tage hab' ich mit ihm durchgemacht, und soll die trüben
nicht tragen wollen?« »Na, sprachen sie, wem nicht zu rathen
ist, ist auch nicht zu helfen, wirst schon sehen, wie weit es
kommt, auf dem ruht Gottes Fluch.« – Und am Abend kam
Joseph pfeifend mit einem schönen Gamsbock heim, er wun-
derte sich, daß ihn die Bauern so anstarrten; wie er bald an
sein Haus kommt, sieht er den Rauch, er blickt nach demselben, statt seinem Gut sieht er einen glühenden Aschenhaufen.
Vor Schreck und Grauen steht er wie angewurzelt, dann
stürzt er aber wie verwirrt dem schauerlichen Orte zu, denn
Alles däucht ihm wie ein böser Traum; da sieht er das Ent-
setzliche, sein Reichthum, sein Gut, sein Vieh, Alles ist
dahin, ein rauchender Aschenhaufen grinst ihm höhnisch
entgegen. Annerl, sein armes Lieb, liegt auf den Knieen, hält
ihm sein Kind entgegen. »Joseph!« ruft sie, »Du hast Alles
verloren, das Unglück ist gekommen, auch Deine Mutter
verbrannte mit, Rettung war nicht möglich; doch tröste
Dich, Gott wird Dich nicht verlassen.« Und die Bauern im
Kreise herum murmelten: »der hat's verdient, das ist der

Lohn für sein gottloses Leben, wär'st lieber Sonntags in die Kirche gegangen, als im Wirthshaus zu spielen, oder die armen Gemsen zu jagen, solch gottloses Treiben ahnt sich, der glaubt an keinen Gott, aber Gott hat es ihm gezeigt, daß er mächtiger war als er.« Dies Alles hörte Joseph, dies zerriß ihm das Herz, doch Annerl schmiegte sich an seinen Busen und sprach: »Höre nicht auf die albernen Schwätzer, der Herr gab es, er nahm es, sein Name sei gelobt.« »Ha, Mädel,« sprach Joseph bitter, »jetzt kannst auch Du gehen, denn ich bin ein Bettler, muß arbeiten um's liebe Leben.« Doch sie sprach: »Joseph, kann ich nicht arbeiten? sei zufrieden, wir werden satt haben.« Und Joseph verkaufte sein bischen Feld, kaufte sich ein kleines Hüttchen am äußersten Dorfende und ein Paar Ziegen. War er erst allein für sich geblieben, so wurde er jetzt noch mehr einsamer, er kam mit keinem Bauer mehr zusammen, floh ihre Gesellschaft, denn er glaubte sich seiner Armuth halber von ihnen verachtet, gehöhnt, er trieb sich tagelang in den Bergen umher, schoß die Gemsen und anderes Wild, das er in der Stadt verkaufte. Er wurde ein verbotener, verfolgter Wildschütz, der sich jedoch nie fangen ließ. Annerl sah mit Schmerzen die Zerrüttung seines Gemüths, doch wagte sie ihm keine Vorwürfe zu machen. Noch mehr als je mied er die Kirche, er glaubte fest, Gottes Fluch ruhe auf ihm, deshalb spottete er ihn. – »Er hat mich allein heimgesucht,« sprach er oft, »warum soll ich da für seine Strafe noch zu ihm beten.« – Er ward von seinen Landsleuten verachtet und bemitleidet, denn er war eine verlorne Seele, man nannte ihn im ganzen Dorfe den gottlosen Wildschützen, und da mancher Jäger schon seine Kugel umsonst auf den Wilden gezielt hatte, so glaubte man allgemein, er habe einen Pakt mit dem Bösen geschlossen. – Drei Jahre waren Joseph in Noth vergangen, es war am heiligen Marien-, bei uns Johannisfeste. – Die Leute waren alle in der Messe, die immer für die Entschlafenen gehalten wird, oder schmückten die Gräber der Verstorbenen. »Wollen heut auch uns'rer Mutter Grab besuchen,« sprach Annerl zu Joseph bittend, doch er sagte »nein, muß heute auf der Wiese Gras mähen, bin ein armer Mann und meine Ziegen haben im Winter kein Futter; kannst gehen, ich brauche Dich nicht dazu, meinen Buben aber nehme ich mit; laß Dich nicht halten, bist ja nicht meine Magd, Annerl!« Sie sprach: »Bitte, geh' nur heute nicht, lieber Schatz, heute an diesem heiligen Tage, was sollen die Bauern sagen, frommt nicht, lieber Joseph.« Doch es blieb alles Bitten vergebens, »ich bin ein Bettler, muß schaffen, was frage ich nach Sonn- und Feiertagen, vom Himmel regnets nichts, glaub mir's, Annerl!« »Es ist ein Frevel, Joseph,« sagte sie, »doch auch ich geh' mit, bin nicht faul.« Und während sie, im Schweiße gebadet, im hohen Grase arbeiteten, läuteten die Glocken zur andächtigen Messe. Niemand, kein menschliches Wesen, war heut in der Flur, die Bauern, die im Sonntagsstaat vorher zur Kirche gingen, schüttelten die Köpfe und sprachen: »es ist der gottlose Wilderer, der heute arbeitet.« Mittag war vorüber, noch immer führten sie die Sichel und Sense, ihr kleiner dreijähriger Bube spielte im Grase. Plötzlich vernahm die Mutter des Kindes ein Geräusch in der Luft, sie sah empor, ein großer Vogel hatte etwas in seinen Klauen, es schimmerte wie ein rothes Gewändchen. Sie rannte hin, ihr Bub' war weg. »Jesus Maria,« kreischte sie, »Joseph, unser Kind hat ein Aar geraubt! O, mein Alles, mein Kind! Gott, erbarme dich!« Wie vom Blitz getroffen, sprang Joseph auf, »wahrhaftig,« rief er, »o wie entsetzlich,« und schlug die Hände verzweifelt zusammen. »Annerl,« rief er, »verklage mich bei Gott, ich bin schuld an dem Unglück; ich trieb Dich hinaus, ich spottete dem heiligen Tage, und nun werde ich bestraft, Alles nahm mir Gott, jetzt meinen einzigen Reichthum, mein Kind! O, Erde öffne dich und verschlinge den Sünder!« Die schreiende Mutter eilte in's nahe Dorf. »Helft, Leute!« rief sie, »der Aar hat mein Kind geraubt!« Nahe der Wiese war ein jäher, hoher Felsen, hier hauste seit Jahren ein Lämmergeier-Paar. Der Fels war seiner Steilheit wegen nicht ersteigbar. Dies wußten die Raubvögel, deshalb nisteten sie auf dem Felsen. Die ganze

Dorfbewohnerschaft, alle im Sonntagsstaat, eilten herbei und starrten zum Felsen empor. Die Mutter rief: »Helft, erklettert den Felsen und rettet mein Kind.« Alle schüttelten unwillig die Köpfe, es war unmöglich. »Es ist des Wilderers Kind,« sprachen sie, »das ist Strafe Gottes, der arme Wurm ist verloren.« »Und, wenn ihr nicht wollt,« rief Annerl, »so vollbringe ich es, mein Kind muß ich haben und wenn es nur seine Gebeine sind.« Sie schwang sich auf den Felsen, sprang über rollendes, niederstürzendes Gestein, oft sich nur an einen Ast oder eine Wurzel haltend. Wie Joseph sah, daß sie es vollbringen wollte, sprang er nach, entriß einem Burschen die Büchse, »ich will Dich begleiten edles Weib,« rief er, »kann steigen, bin's gewohnt.« Bald hatte er sie erreicht, sie faßten sich Beide an und er zog sie von Felsen zu Felsen mit sich hin. Gott schütze sie; sie kamen glücklich oben an, auf dem Felsenplateau bei dem Adlernest. Hoch schwangen sich zwei mächtige Geier von ihrem Horste auf, fielen grimmig über Joseph her, denn sie vertheidigten ihre Jungen. Der Eine hatte ihn mit seinen Klauen gepackt, und drohte ihn mit seinen gewaltigen Flügelschlägen zum Felsen hinunterzustürzen, während der Andere mit seinem Schnabel die Schulter zerfleischte. Joseph stritt tüchtig, während Annerl sich zum Horste schwang, und ein Freudengeschrei ausstieß, denn mitten unter fünf jungen Adlern saß munter ihr Knäblein, das tüchtig auf die aufgesperrten Schnäbel der jungen Brut losschlug, und sie ungezogene Thiere nannte; kein Blutfleckchen war an ihm zu sehen, sie nahm ihr Kind aus dem Horste, drückte es an ihr Herz, dann kniete sie nieder und dankte Gott für die Rettung ihres Kindes. Joseph hatte indeß, zwar übel zugerichtet, dennoch die Raubvögel mit seiner Büchse verscheucht, ein Schuß vertrieb die kreischenden Geier, er stürzte zu seinem Weibe, drückte sein Kind an sein Herz und sank dann ebenfalls zu Boden, faltete die Hände und betete zum erstenmale innig und warm, und lange, sehr lange. Als er aufstand, war er ein anderer Mensch; sein Gesicht war wie verklärt, er hatte gebetet, Gott hat ihn erhört; rüstig, Hand in

Hand stiegen sie den schauerlichen Pfad hinunter; das Kind hatte sich die Mutter mit einem Tuch auf den Rücken festgebunden, um so besser die Felsblöcke hinunterspringen zu können; und sie kamen glücklich unten an, und wurden von der jubelnden Menge fröhlich empfangen. – Joseph schritt zuerst zum Pfarrer, reichte demselben die Hand, indem er sprach: »Ehrwürdiger Mann, verzeihet mir mein bisheriges gottloses Leben, ich bin ein armer Mann geworden, ich habe zu Gott gebetet, er hat mich erhört, ich werde nie mehr wieder an seiner Allmacht zweifeln. Und auch ihr, Kameraden, sprach er, seid mir nicht mehr böse, ich bin ein anderer Mensch geworden, ich werde auch mit Euch zur Kirche gehen, ihr sollt mich nicht mehr gottlos nennen.« Und sie drückten ihm alle versöhnt die Hand und sagten zu ihm: »Du bist wieder unser Bruder Joseph.« Und Joseph hatte Wort gehalten, er ist ein anderer Mensch geworden, man sah ihn Sonntags in der Kirche mit seiner Annerl, die nun an Gottes Traualtar sein Weib geworden war. Er arbeitete tüchtig sechs Tage, am siebenten aber betete er wie ein frommer Christ. An dem Fuße des Felsens hatte er einen Stein gesetzt, darauf den Tag und die Stunde geschrieben, wo er denselben mit seinem Weibe bestiegen, und sein Kind gerettet aus dem Adlerneste. Er nannte den Tag den Auferstehungstag, denn in ihm war der Glaube, die Hoffnung und Liebe zu Gott an denselben wiedergekehrt. Sonn- und Festtags besuchte er mit Weib und Kind diesen Ort, und betete hier eine Viertelstunde lang. Er nannte dies sein Kirchlein. Er hatte Gott wieder gefunden und auch seinen Segen, denn bald hatte er durch seinen Fleiß und gute Menschen sein Haus auf der Brandstelle wieder aufgebaut, auch gingen sechs glatte Rinder wieder auf die Alm, und schellengeschmückte Ziegen zogen Abends blökend in sein Thor. Joseph ist ein glücklicher, fleißiger und frommer Mann geworden, mag der Himmel ihm auch ferner gnädig sein.

Lied.

Munter, lustig und verwegen
Streifet Joseph durch die Flur,
Um ein Böcklein zu erlegen,
Kühn verfolgt er seine Spur.
    Nach der Arbeit auf dem Feld'
    Nur das Jagen ihm gefällt.

Wenn am Sonntag and're Leute
Andachtsvoll zur Kirche wall'n,
Hat der Joseph seine Freude
An der Büchse lust'gem Knall'n.
    Die Geliebte oft ihn warnt,
    Doch zu sehr hat ihn umgarnt

Schon das Laster, immer wieder
Treibet er den Frevel fort,
Annerl sinkt am Altar nieder,
Betet für ihn fort und fort.
    Doch der Wilde mag nicht hör'n,
    Will sich nimmermehr bekehr'n.

Auf der Jagd ist Joseph wieder,
Schwer Gewitter zieht heran,
Rothe Blitze zucken nieder,
Aber Joseph steigt bergan.
    Da – ein fürchterlicher Schlag –
    Josephs Gut der Blitzstrahl traf.

Bald ist nur ein Aschenhaufen
Haus und Hof, – die Mutter gar
Konnt' dem Feuer nicht entlaufen,
Fand hier ihre Todtenbahr'.
    Als der Frevler kehrt zurück,
    Sieht er sein zerstörtes Glück.

Härter noch wird sein Gemüthe,
Finster treibt er sich umher,
Annerl aber wird nicht müde
Ist die Arbeit noch so schwer.
　　Frech schießt nieder er das Wild,
　　Gott's Gebot ihm nicht mehr gilt.

Da – ein Aar mit starken Schwingen
Raubt das einz'ge liebe Kind,
Niemand kann es wiederbringen,
Zu dem Nest trägt er's geschwind.
　　Annerl auf den Fels sich wagt,
　　Joseph folgt ihr unverzagt.

Ach – das Kind, es ist gerettet,
Beide drücken sich an's Herz.
Im Neste war es weich gebettet;
In Freude wandelt sich der Schmerz.
　　Sie kehren von dem Fels zurück
　　Und danken Gott für dieses Glück.

Ein andrer Mensch ist Joseph worden,
Zur Kirche sieht man ihn jetzt geh'n,
Und an des Tempels heil'gen Pforten
Hat Gott erhört sein heißes Fleh'n.
　　Der Wohlstand kehret bei ihm ein,
　　Nie wieder mag er Wildschütz sein.

Eigenthum von Andreas Kindel.

Im ewigen Eise

oder: Tragödien beim Wettrennen zum Nordpol

Druck von Hermann Reiche, Schwiebus.

1138

Im ewigen Eise

oder: Tragödien beim Wettrennen

zum Nordpol

(Nachdruck verboten).

Druck von Hermann Reiche, Schwiebus.

1138

Das Polarluftschiff »Norge«.[1]

1 Roald Amundsen (1872–1928), Umberto Nobile (1885–1978) und Lincoln
Ellsworth (1880–1951) überflogen 1926 mit diesem Luftschiff den Nordpol.

Es sind viele, viele Hunderte, die den »Drang nach dem Pol« mit dem Leben haben bezahlen müssen: verunglückt, ertrunken, erfroren und – der schrecklichste der Schrecken! – langsam verhungert! Furchtbare Tragödien haben sich abgespielt da oben im ewigen Eis. Von mancher Expedition ist auch nicht ein Einziger zurückgekommen, Schiffe sind mit Mann und Maus verschwunden, zu Wracks zerquetscht worden zwischen den langsam mahlenden, aber unermüdlichen Kinnbacken riesiger Eisschollen oder sie kreisen, vom Packeis eingeschlossen, als eisüberkrustete Gespensterschiffe – die »Fliegenden Holländer« der Eskimosagen – mit Skeletten an Bord in ewiger Triftfahrt rund um den Pol. Glücklich noch die, die keinen Versuch zu ihrer Rettung gemacht und sich rasch entschlossen zum Sterben aufs Eis niedergelegt haben. Denn der Polar-Tod ist grausam! Grausam, weil er mit den Menschen spielt wie die Katze mit der Maus, weil bei der Eigenart der Polarkatastrophen gewöhnlich ein Teil der Lebensmittel gerettet werden kann. Die Erzählungen Geretteter, die Tagebücher, die man neben Skeletten aufgefunden hat, sprechen eine erschütternde Sprache. Wochen, Monde ja oft Jahre sind die Schiffbrüchigen zwischen Eis und Felsen umhergeirrt und wenn die Vorräte aufgezehrt waren, da hat ihnen das tückische Schicksal ein paar eßbare Flechten an einem Felsen, ein paar Wurzeln unterm Schnee, eine Robbe oder einen Eisbären geschenkt und die Qualen der Sterbenden um Wochen verlängert. Und der ewige Kampf mit Kälte und Hunger und die hoffnungspendenden kleinen Danaergaben[2] des Schicksals steigern den Lebensmut der Irrenden zu einer furchtbaren Lebenswut, die – so reich die Geschichte der Polarforschung auch an Kameradschaftstreue ist – Kranke und Invalide dem Schicksal überläßt und schließlich nicht einmal mehr Ekel fühlt vor – M e n s c h e n f l e i s c h !

Es ist durchaus nicht die Kälte, die die Polarkatastrophen verschuldet. Freilich sind die Winter oft furchtbar und manche Expedition hat ihren

---

2 Unheilbringende Geschenke (in Homers Epen werden die Griechen als Danaer bezeichnet; ihr Geschenk ist das Trojanische Pferd).

und am Feuer auftauen müssen. Oft kams vor, daß die Mannschaft in hohem Fieber, aber mit steifgefrorenen Gliedern in den Hütten lag und die Leute von der Hall-Expedition[3] im Jahre 1871 haben

mit gefrorenen Quecksilber-Kugeln
durch Bretter geschossen.

Furchtbar wird die Kälte, wenn ein Schiff, das nicht auf eine Überwinterung vorbereitet ist, im Eis eingeschlossen wird. Gefährlicher werden die langen Polarnächte, weil sie von der Bewegung in der freien Luft abhalten und ihre dumpfe Trägheit den Körper so schwächen, daß er gegen die Polarkrankheit widerstandslos wird. Und diese furchtbare Polarkrankheit, die schon ganze Expeditionen vernichtet hat, ist der Scharbock[4]. Er entsteht durch Mangel an frischen Lebensmitteln und hat wohl die meisten Todesopfer unter den Polarfahrern gefordert.

Die meisten Polarkatastrophen sind letzten Endes auf die furchtbare Gewalt des Eises zurückzuführen, das oft Schiffe zerdrückt als wären es Streichholzschachteln oder sie so in Fesseln schlägt, daß sie nie wieder vom Eis loskommen. An sich ist so ein Schiffsverlust nicht so gefährlich. Aber bei den Versuchen, bewohnte Gegenden zu erreichen, erliegen die meisten den Strapazen. Die Boote müssen oft über kilometergroße Eisschollen getragen werden. Nicht selten überlassen sich die Schiffbrüchigen solchen Riesenschollen, die sie ins offene Meer treiben. Monatelang sind schon ganze Expedi-

3 Charles Francis Hall (1821–71), amerikanischer Arktisforscher; erreichte 1871 mit der »Polaris« 82 Grad 16 Minuten nördliche Breite; starb beim Rückmarsch im November 1871; die »Polaris« erlitt auf der Rückfahrt in Schneestürmen und Packeis Schiffbruch.
4 Skorbut (Krankheit aus Mangel an Vitamin C).

tionen auf solchen Eisschollen herumgetrieben. So die Mannschaft der deutschen »Hansa«[5] deren Schiff im Jahre 1869

zum Wrack zerquetscht

worden war. Sie bauten eine Blockhütte auf die Scholle, mit der sie dann kreuz und quer über 2000 Kilometer trieben. Ein ähnliches Schicksal hatte eine der ersten Polarexpeditionen überhaupt, die holländische Barents-Expedition[6], getroffen. Sie hatte in einer Blockhütte überwintert und war durch den Scharbock dezimiert worden. Im Frühjahr suchten sie das Festland zu erreichen. Nach furchtbarer Fahrt – sie legten in 25 Tagen nur 110 Kilometer zurück – wurden sie von Fischern gerettet. Das war im Jahre 1596. Erst dreihundert Jahre später kam wieder einmal ein Mensch in jene Gegend, wo Barents überwintert hatte. Seine Hütte fand man mit

5 Deutsche Grönlandexpedition mit zwei Schiffen (»Hansa« und »Germania«) unter Leitung von Karl Koldewey (1837–1908).
6 Expedition von 1596 unter Leitung des Holländers Willem Barents (um 1550–97); entdeckte die Bären-Insel und befuhr die Küste Westspitzbergens, wurde zur Überwinterung in der Arktis gezwungen, wobei Barents starb.

allen zurückgelassenen Instrumenten und einem schriftlichen Bericht unversehrt vor.

Die furchtbarste Katastrophe, die sich je im Eis abgespielt hat, ist an den Namen des Engländers Franklin[7] geknüpft. Schon seine erste Expedition 1823[8] endete mit einer gruseligen Tragödie. Er wollte damals den Verlauf des Kontinents feststellen. Seine Annahme, daß er durch Eskimos Lebensmittel bekommen könne, war falsch; nach einem mehrwöchigen Marsch mußte er umkehren. Und er hat nur noch Lebensmittel für zwei Tage! Am dritten Tag essen seine Leute Flechten und kauen Schuhwerk. Einer nach dem andern bleibt entkräftet zurück. Der Arzt, Dr. Richardson, macht absichtlich den Letzten, um die verzweifelten Nachzügler doch noch in das rettende Fort Enterprise vorwärts zu peitschen. Da sendet der vorauseilende Franklin zwei seiner Leute mit dem Irokesen Michel zur Unterstützung Richardsons zurück. Der Irokese kommt wohlbehalten und kräftig bei dem Arzt an. Aber allein. Seine beiden Begleiter, so erzählt er, seien unterwegs gestorben. Er aber habe Glück gehabt und einen Wolf erlegt. Und er bringt Fleisch mit für die wandernden Skelette. Fleisch! Frisches Fleisch! Zwar von einem Wolf, aber es ist frisches Fleisch! Gierig essen es die Leute.

Es war Menschenfleisch!

Mit 25 Personen war Franklin ausgerückt. Fünf von ihnen sind zurückgekommen.

Noch furchtbarer war die zweite Expedition: mit 138 Personen ist Franklin 1845 auf den Schiffen »Erebus« und »Terror« abgefahren und alle sind in Schnee und Eis umgekommen. Und die Unglücklichen sind, wie später durch die Rettungsexpedition festgestellt wurde, zum Teil noch Jahre lang in der Eiswildnis umhergeirrt und einer von ihnen soll 1864 noch gelebt haben! Nach anfänglich gutem Verlauf der Expe-

---

7 Sir John Franklin (1786–1847), englischer Polarforscher; erste Arktisfahrt 1818; starb 1847 bei der Erkundung der Nordwestpassage.
8 1821 begonnene Nordkanada-Expedition.

dition wurden die beiden Schiffe rettungslos im Eis eingeschlossen. Der Sommer kam, der die Schiffe hätte freimachen
sollen. Aber das Packeis blieb geschlossen. So mußte man
zum zweitenmal überwintern. Das wäre an und für sich nicht
gefährlich gewesen, denn die Expedition war für fünf Jahre
mit Lebensmitteln versorgt. Aber man hatte bald nach der
Abfahrt eine furchtbare Entdeckung gemacht: Der größte
Teil der Lebensmittel war völlig unbrauchbar und mußte
über Bord geworfen werden. Der durch diesen schändlichen
Betrug des Lieferanten entstandene Lebensmittelmangel war
der Hauptgrund für den

Tod der 138 Polarfahrer!

Franklin und etwa 30 Mann starben während der dritten
Ueberwinterung. Die Schiffe setzen sich zwar im Frühjahr
noch einmal in Trift[9] und werden mit dem Eis südwärts getragen, aber nach kurzer Zeit stockt die Trift abermals und man
muß die Schiffe verlassen, da man nur noch für 40 Tage
Lebensmittel hat. – Aber man kommt am Tag nur 8 Kilometer vorwärts. Man muß Kranke und Invalide zurücklassen.
Vierzig versuchen, sich aufs Schiff zurückzuschleppen. Nur
einer erreicht es. Im Juli glaubt sich der Rest der Expedition
gerettet. Man stößt auf ein Eskimolager. Die Eskimos können die Engländer retten. Aber sie verschwinden bei Nacht
und Nebel. Aus den Erzählungen von Eskimos, aus den später von Rettungsexpeditionen gemachten Funden, lassen sich
gruselige Schlüsse auf den verzweifelten Kampf der Schiffbrüchigen ziehen. 30 Leute kommen bis zur Richardson-
spitze. Dort erliegen sie ihrem Schicksal. Ein Teil wendet sich
zur Oggle-Spitze, wo

sie sich gegenseitig auffressen!

Wie furchtbar diese Einzeltragödien waren, das geht aus der
erschütternden Erzählung eines Eskimoweibes hervor: auf
einer Wanderung sah sie 40 Europäer, die sich mühsam fort-

9 Drift (unkontrolliertes Treiben eines Schiffes).

schleppten. Als sie nach kurzer Zeit an der gleichen Stelle vorüberkam, lagen alle tot im Schnee. Nur einer lebte noch. Er saß am Strand. Er war groß und stark und hatte den Kopf auf die Hände gestützt und die Ellenbogen auf den Knien. Er starb, als er den Kopf erhob, um mit ihr zu reden. Keiner von den 138, die ausgezogen waren, die nord-östliche Durchfahrt[10] zu suchen, ist in die Heimat zurückgekehrt. Nur einer hat sein Ziel erreicht, der »Terror«! Der hat ohne Kapitän und Mannschaft, von der Strömung getrieben, die Nordwestpassage passiert.

Das furchtbarste Schicksal aber, das je Menschen in der Polaris getroffen hat, war das des berühmten Polarfahrers Hudson[11]. Fast am Ziel hat seine Mannschaft gemeutert und ihn mit dem Schiffsmathematikus und fünf treuen Matrosen und seinen kaum den Kinderschuhen entwachsenen Sohn in ein Boot gezwungen. Nichts hat man den Armen mitgegeben, kein Instrument, keinen Bissen Zwieback, kein Gewehr. »Man hat nie wieder etwas von ihnen gehört!« sagt die Geschichte der Polarforschung, wie von so vielen, die mit Schiff und Schlitten und Ballon ausgezogen waren, den Nordpol zu suchen.

In neuerer Zeit mehren sich nun wieder die Forschungsexpeditionen nach dem Nordpol und man spricht von nicht weniger als 6 vorbereitete Reisen. Wir wollen hoffen, daß es doch gelingen möge, ein Werk, welches schon seit Jahrhunderten in Angriff genommen und stets weiter verfolgt ist, endlich zum Gelingen zu bringen und bis jetzt unentdecktes Land der Allgemeinheit zu Nutze zu machen.

Unser Titelbild zeigt das Schiff »Chantyer« im Brooklyner Hafen kurz vor der Abfahrt nach Spitzbergen beim Verladen

10 Franklin suchte die Nordwestpassage.
11 Henry Hudson (um 1550–1611) wurde bei der Suche nach der Nordwestpassage nach einer Meuterei ausgesetzt.

eines Fokkerflugzeuges und das Bildnis des Kapitänleutnants Byrd[12]. Die anderen Aufnahmen geben ein Bild von den großen Gefahren, welchen Schiff und Mannschaften ausgesetzt sind.

Im Mai d. J. ist es nunmehr dem amerikanischen Oberleutnant Byrd mit seinem Piloten gelungen in ihrem Fokker-Flugzeug den Nordpol auf dem Luftwege zu erreichen, beide sind wohlbehalten in Kingsbay wieder gelandet.

12 Richard Evelyn Byrd (1888–1957), amerikanischer Polarforscher; flog 1926 von Kingsbay (Spitzbergen) zum Nordpol; unternahm seit 1928 mehrere Antarktis-Expeditionen.

Bilder

Vorbemerkung

Die Beispiele aus Malerei und Graphik zeigen, daß die bildende Kunst sich in ähnlich vielfältiger Weise wie die Literatur mit dem Bänkelsang auseinandergesetzt hat (von pittoresken Genreszenen bis hin zum Bänkelsänger als Personifikation des Weltlaufs).[1] Um zu vermeiden, daß der späte Bänkelsang in dieser Sammlung dominiert, wird bei den Abbildungen der Moritatentafeln (und fast alle noch erhaltenen Tafeln stammen aus dieser Spätzeit) auf den Abdruck der zugehörigen, meist gut greifbaren Texte verzichtet (auch zugunsten weniger bekannter Texte). Statt dessen wird jeweils kurz der Inhalt referiert.

Allein sechs der hier vertretenen Schilder stammen von Adam Hölbing (1855–1929), einem gefragten und produktiven Moritatenschildermaler aus Neustadt in Holstein. Seine Beliebtheit erscheint verständlich, vergleicht man die Schilder aus seiner Werkstatt mit denen anderer Maler (hier etwa mit Abb. 26): klarer Aufbau, leicht lesbare Darstellungen, geschickte, plakative Durchführung. Hölbing ist bislang der einzige Maler von Bänkelsängertafeln, dessen Leben und Werk ausreichend erforscht und dokumentiert sind.[2]

Die Schilder wurden meistens als Ölgemälde auf Leinwand

---

1 Weiteres Bildmaterial zum Straßen- und Bänkelsang in den Katalogen: *Die Singenden in der graphischen Kunst 1500–1900. Ausstellung anläßlich des XV. Deutschen Sängerbundfestes in Essen. Kunstsammlungen der Veste Coburg 1962; Die Drehorgel in der Graphik*, Sonderdruck [o. O. 1980]; *Bänkelsang und Moritat. Ausstellung der Staatsgalerie Stuttgart, Graphische Sammlung vom 14. Juni bis 24. August 1975* [Stuttgart 1975]; *Traurig aber wahr! Die Sammlung R. A. Stemmle zu Bänkelsang und Moritat. Ausstellung des Puppentheatermuseums im Münchner Stadtmuseum vom 3. Oktober 1980 bis 4. Januar 1981*, München 1980.

2 Vgl. Max Kuckei, »Ein Moritatenmaler aus Schleswig-Holstein«, in: *Die Heimat* 51 (1941) S. 47 f.; vor allem aber Christa Pieske, »Der Moritatenschildermaler Adam Hölbing aus Neustadt in Holstein«, in: *Jahrbuch für Heimatkunde im Kreis Oldenburg/Holstein* 9 (1965) S. 88–114; dies., »Ein Moritatenschildermaler – Adam Hölbing aus Neustadt/Holstein«, in: *Bänkelsang und Moritat* (Anm. 1) S. 35–42.

ausgeführt; sie waren oben und unten von Holzstäben einge-
faßt. So konnte man sie, wenn sie nicht gebraucht wurden,
wie eine Landkarte platzsparend zusammenrollen. Natürlich
litten darunter die Farben, denen auch der Zeigestock
zusetzte, wenn er beim Deuten der einzelnen Szenen auf die
Leinwand tippte. Die Bänkelsängerschilder weisen deshalb
alle deutliche Gebrauchsspuren auf, haben lappige, gewellte
Ränder, Risse, abgeplatzte Farbpartien: Gebrauchskunst, die
verbraucht wurde, nicht hergestellt zu musealer Auratisie-
rung.
Bei allen Abbildungen werden Provenienz und die genauen
Maße (Höhe × Breite in cm) angegeben. Weiteres zu den
einzelnen Bildern findet sich in den Kommentaren und im
Nachwort.

Abb. 1: Liedsänger.
Anonym (17./18. Jh.). Radierung, 16,5 × 13,2. Germanisches Nationalmuseum Nürnberg: HB 16 315.

Mit diesem zerlumpten Liedsängerpaar – die bucklige Frau singt, der verkrüppelte Mann dreht die Orgel dazu – zeigt das Blatt Vorläufer und enge Verwandte der Bänkelsänger und dokumentiert, daß das Gewerbe des Straßensangs von Menschen aus den untersten sozialen Schichten ausgeübt wurde.

Abb. 2: Prospectus amplissimi loci Viennae, 1733.
Nach einer Zeichnung von Salomon Kleiner (1703–61) gestochen von Georg Daniel Heumann (1691–1759). Kupferstich,
22,2 × 33.

Der Text lautet: »Prospectus amplissimi loci Viennae Vulgo
Forum, (der Hoff) dicti. a. Templum S. | Mariae in foro et
PP. Soc. Jesu domus Professorum. b. Statua B. V. Mariae ex
aere. | c. armentarium civium. d. Templum Scotensium. e.
Scalae S. Mariae.
Prospect deß Wienerischen Plazes, der Hoff genannt. a. St.
Maria am Hoff und PP. Soc. Jesu | Profeß-Hauß. b. Die
Marianische Säule von Metall. c. Das Bürgerliche Zeüghauß.
d. Die Schotten | Kirche. e. St. Mariae Stiegen.«

Der Stich findet sich in: *Neo-aucta Vienna Austriae seu vera
et accurata repraesentatio antiquarum, tum modernarum
ecclesiarum, colossorum, fundationum, hospitalium etc. [. . .]
secundum suam existentiam delineata a Salomone Kleiner*, Augsburg 1733. Wiener Stadt- und Landesbibliothek:
D 5.796.

Prospect außerhalb des Wiener Burg-Thors, gegen die K. K. Favorita, S. Marxer ... St. Marx und zum H. Sel. Ziegelhüten ...

Abb. 3: Schöne Rarität, schöne Spielewerk.
Christian Friedrich Boetius (1706–82) nach einer Zeichnung
von Richter (vermutlich J. A. Richter, ein Sohn des Meißener
Malers Johann Christoph Richter, 1673–1717). Kupferstich,
18,5 × 20,5.
In: *Jean Chretien Toucement des Deutsch Franços Schrifften
mit viel schön Kuffer Stick, Kanß Complett, mehr besser und
Kanß viel vermehrt.* Zu Leipzigck Bey die Auteur und ock
bey Johann Christian Troemer, Leipzig 1736. Herzog
August Bibliothek Wolfenbüttel: Lo 7608 (1).

Das Blatt, Titelkupfer dieser merkwürdigen Schrift, zeigt einen geöffneten Raritätenkasten. Die Tür kann geschlossen werden; sie trägt dann die als Titel genannte Aufschrift. Unter dem Kasten sind Schriften aufgestapelt, die von diesen ›Raritäten‹ berichten (»Memoires, Aventures, Histoires, Curiosa, Raritaeten, Poesies, Voyages, belles Lettres«: Und von allem bietet das Buch etwas).

Der Autor ist Johann Christian Troemer (um 1697–1756). Ein Überblick über Leben und Werk bei Wolfgang Braungart, »Einer aus Eulenspiegels Verwandtschaft: Der ›Deutsch-Franços‹ Johann Christian Troemer«, in: *Eulenspiegel-Jahrbuch* 24 (1984) S. 119–132.

Abb. 4: Der Bänkelsänger.
Norbert Grund (1717–67). Öl auf Holz, 11 × 13. National-
galerie Prag: 0 – 8746.

Vermutlich eine Skizze für ein größeres Bild (heute in Lon-
doner Privatbesitz), dessen Kopie sich in den Bayerischen
Staatsgemäldesammlungen München befindet (abgebildet in:
Bänkelsang und Moritat, S. 17).

Abb. 5: Der Bänkelsänger.
Christian Wilhelm Ernst Dietrich (1712–74)? Öl auf Holz,
32 × 24,5. Nationalgalerie Prag: 0 – 13 176.

Abb. 6: Bänkelsängerin.
Johann Conrad Seekatz (1719–68)? Öl auf Leinwand,
78 × 128. Museum für Kunst und Kulturgeschichte der Stadt
Dortmund: C 5082.

Abb. 7: Untertasse eines Kaffeeservices.
Porzellanmanufaktur Meißen um 1760. Hausmalerei aus der
Werkstatt von Franz Ferdinand Mayer, Preßnitz in Böhmen.
Durchmesser 13,2. Jacobs Suchard Museum – Sammlung zur
Kulturgeschichte des Kaffees, Zürich: C 82/9.

Die Untertasse gehört zu einem Service, das mit Monatsbildern bemalt ist; sie zeigt eine Szene zum Monat November. Es wird Kirchweih gefeiert, wie man aus der am Kirchturm wehenden Fahne entnehmen kann, und die Termine für dieses Fest liegen meistens im Herbst, wenn die Ernte abgeschlossen ist. Der Sänger verkauft wohl aus diesem Anlaß auch Devotionalien (s. die Rosenkränze, die von seinem ›Bänkel‹ baumeln) und nicht nur seine Texte.

Abb. 8: Der Jahrmarktsänger, 1772.
Jean Michel Moreau (1741–1814). Radierung, 12,5 × 9,4.
Kunstsammlungen der Veste Coburg: X, 68,15.

J. M. moreau le J.ᵉ Inv. Sculp. 1772

Abb. 9: Bänkelsänger, 1772.
Robert Laurie (um 1740–1836). Schabkunstblatt nach
Adriaen van Ostade (1610–85), 50,3 × 35,5 (Platte). Ger-
manisches Nationalmuseum Nürnberg: STN 6179.

Ein Blatt C. W. E. Dietrichs (s. Abb. in: *Bänkelsang und Moritat*, S. 93) gleicht Lauries Arbeit fast völlig.

Abb. 10: Der Jahrmarktsänger.
Antoine Louis Romanet (1742 – nach 1810), nach einem
Gemälde von Johann Conrad Seekatz (1719–68). Kupferstich, 23,9 × 18,5. Kunstsammlungen der Veste Coburg: X,
97,3.

Der Text unter dem Bild: »Ich singe Lieder von neuen Wunderereignissen in einem melodischen, schweren Ton voller
Leidenschaft. Ich verdopple meinen Eifer, wenn ich meine
Kunden zähle, und das Geld funkelt, wenn ich das Herz
rühre«.

Peint par J.^s Jordan

Gravé à l'Eau par Romanet

LE CHANTEUR EN FOIRE

Des Miracles nouveaux je chante les Cantiques,
D'un ton mélodieux, grave, et plein de ferveur,
Je redouble mon Zéle en nombrant mes pratiques,
Et l'argent brille alors que j'attendris le Cœur.

Abb. 11: Volksfest bei Cannstadt im Herbst 1835.
Anonyme Radierung, 16 × 24. Stadtarchiv Stuttgart: B 3075.

Die Sängerin deutet auf ein Schild mit einer Darstellung des berühmtesten Findlings des 19. Jh.s: Kaspar Hauser. Materialien und Literaturhinweise zu diesem bis in die Gegenwart hinein (vgl. Peter Handkes Stück *Kaspar* von 1967, Werner Herzogs Kaspar-Hauser-Film von 1974 *Jeder für sich und Gott gegen alle* und Dieter Fortes Drama *Kaspar Hausers Tod* von 1979) immer wieder bearbeiteten Stoff bei Jochen Hörisch (Hrsg.), *Ich möchte ein solcher werden wie ... Materialien zur Sprachlosigkeit des Kaspar Hauser*, Frankfurt a. M. 1979; dort auch die Abb. einer Lithographie, die dem Hauser-Porträt des Bänkelsang-Schildes zugrunde gelegen hat (ebd., S. 2 und 204 f.); vgl. auch das sehr materialreiche Buch *Kaspar Hauser. Das Kind von Europa*, in Wort und Bild dargestellt von Johannes Mayer und Peter Tradowsky, Stuttgart 1984.

Volksfest bei Cannstadt im Herbst 1835.
II^{tes} Blatt.

Abb. 12: Das Kirchweihfest bei Wien, um 1855.
Matthias Trentsensky (1790–1868). Kolorierte Federlithographie, 24,5 × 39,5 (ein Ausschneidebogen).
Historisches Museum der Stadt Wien: 158.481/3.

Die Brüder Matthias und Joseph Trentsensky (1792–1839) leiteten den größten Wiener Bilderbogen-Verlag des 19. Jahrhunderts und gehörten überhaupt zu den wichtigsten Herstellern dieser populären Druckgraphik (der heute wohl noch bekannteste: Gustav Kühn aus Neuruppin). Für die Brüder Trentsensky arbeiteten u. a. Moritz von Schwind, Mathias Ranftl und Joseph Danhauser. Matthias Trentsensky hat die von ihm herausgegebenen Bogen z. T. selbst gezeichnet, also vielleicht auch den vorliegenden. Ein Bogen kostete einen Kreuzer.
Der vorliegende Bogen setzte freilich der Kreativität der Kinder, die mit ihm spielen wollten, enge Grenzen. Die einzelnen Figuren sind in ihrer theatralischen Gebärdensprache auf den Leierkastenmann hin ausgerichtet und damit so angelegt, daß sie nach dem Ausschneiden arrangiert werden, wie es der Bogen vorgibt: dem schematischen Charakter des Bänkelsangs durchaus ›adäquat‹.

Lit.: Ein gut illustrierter Überblick zur Geschichte des Bilderbogens bei Heiner Vogel, *Bilderbogen und Würfelspiel. Volkstümliche Graphik für Kinder und Papierspielzeug von den Anfängen bis ins 19. Jahrhundert*, Leipzig 1981; weitere Lit. in der Bibliographie von Brückner (1979). Zum Verlag Trentsensky s. Hubert Kaut (Hrsg.), *Alt-Wiener Spielzeugschachtel. Wiener Kinderspielzeug aus drei Jahrhunderten*, Wien 1961; und den Katalog *Die kleine Welt des Bilderbogens. Der Wiener Verlag Trentsensky. 50. Sonderausstellung des Historischen Museums der Stadt Wien*, Wien (Eigenverlag der Museen der Stadt Wien) 1977.

DAS KIRCHWEIHFEST BEI WIEN.

Abb. 13: Der Stralauer Fischzug im Jahre 1860.
Arnold Neumann (erwähnt 1856–1903). Farblithographie,
41,5 × 49,5. Märkisches Museum Berlin [DDR]: VII 62 /
258 w.

»Italienischer Feldzug« heißt es auf dem Schild des Sängers
(rechts im Hintergrund): Bänkelsängertafeln als Historien-
malerei – tatsächlich gibt es da viele Entsprechungen: narrative Bildkonzeption, Konzentration auf das darzustellende
Ereignis, inszenierte, pathetische Durchführung (vgl. etwa
Abb. 22).

Abb. 14: Von der Wiege bis zum Grabe! Immer die alte Leier, um 1910/1920.
Joseph Uhl (1877–?). Radierung, 38 × 50,8 (Platte). Germanisches Nationalmuseum Nürnberg: K 23 880.

Drehorgelspieler und Bänkelsänger als Allegorie des Weltlaufs, der ›ewigen Wiederkunft des Gleichen‹: Die Tafel der Sängerin zeigt 12 Stationen des menschlichen Lebenslaufs; auf dem Kleid der Frau, das selbst eine Bildertafel ist mit Porträts der ›Großen der Geschichte‹, steht zu lesen: »Sehet hier die Helden der Geschichte – Die alles überwanden ... Auch sie hat der Tod besiegt ... So ist das menschliche Leben schon seit Jahrtausenden ...« Uhl hat immer wieder ein solch melancholisches Fazit gezogen (so in seinen Blättern: ›Lauf der Welt‹, ›Die Sorge‹, ›Melancholie‹).

Abb. 15: Ernst Becker, der »letzte Bänkelsänger«, beim Auftritt, 1968.
Photographie. Kreismuseum Neustadt in Holstein.

So etwa muß man sich die Aufführungen der späten Bänkelsänger vorstellen: Mehrere Schilder hängen an einem Gerüst; der Sänger erläutert sie nacheinander. Dagegen verfügen die Sänger des 18. und 19. Jh.s, wie das die Abb. 3–12 zeigen, meist nur über ein Schild; sie konnten sich die Investitionen für mehrere Schilder kaum leisten. Beckers Präsentationsweise hat freilich bereits etwas Nostalgisches: Er will seine Schilder, seine Schätze vorführen.

Vier Schilder sind auf dem Foto zu sehen (alle heute im Kreismuseum Neustadt in Holstein): »Die Tochter des Försters, oder Folgen unglücklicher Liebe«, »Gerettet durch die Hand der Vorsehung oder Die Macht der Mutterliebe« (s. Abb. 20), »Das erwachte Gewissen oder eine Rabenmutter« (s. Abb. 26) und »Die Rache der betrogenen Braut«.

Ein Interview mit Ernst Becker, der seine Schilder bei den letzten Bänkelsängerfamilien Rosemann und Damm gekauft hatte und sich als »Beschützer einer alten längst vergessenen Volkskunst« verstand, bei Petzoldt, »Der Niedergang eines fahrenden Gewerbes. Interview mit Ernst Becker, dem ›letzten Bänkelsänger‹, in: *Lechzend nach Tyrannenblut*, S. 25 bis 35, hier S. 25.

Abb. 16: Anonym, Original um 1790.
Hier eine Kopie von 1960, 150 × 70. Nationaal Museum van
Speelklok tot Pierement Utrecht: 620 C.

Das Schild unterscheidet sich deutlich von deutschen Tafeln.
Es erzählt in der Art von Comics eine Bildgeschichte und ist
damit aus sich selbst heraus verständlich. Was geschildert
wird, hat mit dem ernsten, moralisierenden Bänkelsang, wie
ihn diese Sammlung dokumentiert, wenig gemeinsam.

»DAER WAS LAETST EEN MEiSjE LOOS | DiE WOU GAEN
VAEREN | DiE WOU GAEN VAEREN | DAER WAS LAETST EEN
MEiSjE LOOS | DiE WOU GAEN VAEREN ALS ZEE-MATROOS ||
ZiJ MOEST KLiMMEN iN DE MAST | BiNDEN DE ZEijLEN | BiN-
DEN DE ZEijLEN | ZiJ MOEST KLiMMEN iN DE MAST | BiNDEN
DE ZEijLEN ZOO ALS DAT PAST || MAER Bij STORM EN
TEGENWEER | ViELEN DE ZEijLEN | ViELEN DE ZEijLEN |
MAER Bij STORM EN TEGENWEER | ViELEN DE ZEijLEN OP 'T
TENEER || Zij MOEST KOMEN iN DE KAjUijT | KREEK EEN
PAK RANSEL | KREEK EEN PAK RANSEL | Zij MOEST KOMEN
iN DE KAjUijT | KREEK EEN PAK RANSEL... | TOEN
SCHREEUWDE ZE LUiD: || 'OH, KAPTEijNTjE, SLA ME NiET, |
iK BEN UW LiEFjE, | ik BEN UW LiEFjE! | 'OH, KAPTEijNTjE,
SLA ME NiET! | Zij WERD ZijN LiEFjE | ZOO ALS U HIER
ZiET...!« (Jüngst wollte ein freches Mädchen als Matrose hin-
ausfahren. Sie mußte den Mast hinaufklettern und die Segel
festbinden. Aber bei Sturm und Wetter fielen die Segel wieder
aufs Deck hinunter. Sie mußte deshalb in die Kajüte kommen
und erhielt eine Tracht Prügel. Da schrie sie laut: Oh, Kapi-
tänchen, schlag mich nicht. Ich bin doch euer Liebchen. Und
wie ihr hier seht, wurde sie sein Liebchen.)

Abb. 17: Anonym, Original um 1871 (die Tafel bezieht sich
auf die Schlacht bei Sedan von 1870 während des Deutsch-
Französischen Krieges von 1870/71).
Hier eine Kopie von 1960, 150 × 70. Nationaal Museum van
Speelklok tot Pierement Utrecht: 620 B.

Zwar behandelt diese Tafel schon eher einen Moritaten-Stoff,
doch wiederum in der Art eines Comics. Direkt den Einzel-
bildern zugeordnete Texte erzählen die Geschichte.
Eine deutsche Fassung des Liedes bei Janda/Nötzoldt, *Die
Moritat vom Bänkelsang*, S. 182 f. (»Andreas Förster aus
Angermünde«). Vermutlich ist der Text bei Janda/Nötzoldt
eine Nachdichtung des niederländischen Liedes.

»TE · SEDAN · AL · OP · DIE · HEUVELEN . . . | | TE SEDAN AL OP
DIE HEUV'LEN, | ONSTOND LAATST EEN BLOEDIGE SLAG |
EN OP DIE LATE AVOND-UREN | STOND EEN SAKS AL OP DE
WACHT. | | EN DE SAKS LIEP OP EN NEDER, | ZAG DE LIJKEN
IN HET GRAS, | DIE NOG GISTEREN OP DIT URE | ZOO VOL
VUUR EN MOEDIG WAS. | | EN WAT RUISCHT DAAR IN DAT
BOSCHJE? | HET IS EEN RUITERMAN, | DIE MET DIEP DOOR-
SCHOTEN WONDEN | IN ZIJN BLOED LAG NABIJ SEDAN. | |
›OCH WAT WATER, BESTE KAMERAAD! | WANT DIE KOGEL
TRAF MIJ GOED | EN OP GINDSCHEHOOGE HEUVEL | DAAR
STROOMDE VOOR 'T EERST MIJN BLOED.‹ | | ›EN IK HEB
THUIS VROUW EN KINDREN, | EN DAT DOET MIJ HET HART
ZOO ZEER, | WANT ZIJ BEMINNEN HUNNEN VADER? | EN IK
KEER TOT HEN NOOIT WEER.‹ | | 'T WAS OP EEN ZONDAG-
MORGEN, | TOEN DOLT DIE SAKS EEN GRAF . . . | EN HIJ
STROOIDE MOOIE BLOEMEN | EN TAKJES OP DAT GRAF . . . | |
EEN KRUISJE VAN TWEE TAKJES, | MET DE BLAADREN SPELT
DE WIND . . . | EN HIERONDER LIGT BEGRAVEN | ANDREAS
VESTER VAN S' HEREMUND.« (Bei Sedan auf den Hügeln.
Jüngst gab es zu Sedan auf den Hügeln eine blutige Schlacht.
Ein Sachse stand in der späten Abendstunde auf der Wache.
Der Sachse sah, auf- und niedergehend, die Leichen im Gras,
die gestern noch um diese Stunde voll Feuereifer und mutig

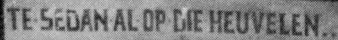

waren. Was rauscht dort im Busch? Ein Reiter, der mit schwerer Schußwunde in seinem Blut lag bei Sedan. Gib mir etwas Wasser, bester Kamerad! denn die Kugel traf mich gut. Auf diesem hohen Hügel vergoß ich zum erstenmal mein Blut. Daß ich zu Hause Frau und Kinder habe, das tut meinem Herzen so weh, denn sie lieben ihren Vater. Und ich kehre zu ihnen niemals mehr zurück. An einem Sonntagmorgen grub der Sachse ein Grab, und er legte schöne Blumen und Zweige darauf. Ein Kränzchen von zwei Zweiglein, mit dessen Blättern der Wind spielte. Und darunter liegt Andreas Vester von Heremund begraben.)

Abb. 18: Eine Schreckensnacht oder Führe uns nicht in Versuchung.
Adam Hölbing (1855–1929). Öl auf Leinwand, 280 × 170. Museum für Kunst und Kulturgeschichte der Hansestadt Lübeck: 1941/4.

Das Schild gehört zu dem Text gleichen Titels aus dem Verlag Reiche (Deutsches Volksliedarchiv Freiburg: Bl 9414): Gregor Wilmowitsch gelingt der Aufstieg vom Kind armer Leute zum wohlhabenden, angesehenen Gutsbesitzer. Mit der Heirat einer jungen, schönen Frau scheint sein Glück vollkommen (erstes Feld, links oben). Zwei Kinder werden geboren. Die Frau beschließt an einem Wintertag, ihren Vater zu besuchen und dabei die Kinder mitzunehmen (zweites Feld, rechts oben). Die Rückfahrt wird angetreten, obwohl sich ein Schneesturm ankündigt und bekannt ist, daß sich Wölfe in den Wäldern aufhalten. Der Sturm bricht los, Wölfe greifen den Schlitten an. Um ihr eigenes Leben zu retten, opfert die Frau die beiden Kinder (Zentralbild). Die Kutsche erreicht schließlich Wilmowitschs Gut. Der Vater ist völlig gebrochen, als er erfährt, was vorgefallen ist; die Mutter wird zu Zwangsarbeit in Sibirien verbannt. Das Lied bezieht sich nicht direkt auf die Geschichte (Liedeingang: »Wenn du noch eine Mutter hast, / So danke Gott und sei zufrieden«).

Eine Schreckensnacht
oder Führe uns nicht in Versuchung.

Abb. 19: Die Rache der betrogenen Braut.
Adam Hölbing (1855–1929). Öl auf Leinwand, 282 × 169.
Kreismuseum Neustadt in Holstein: 1/67.

Das Schild illustriert den Reiche-Text Nr. 415a *Das schöne
Landmädchen von Mexiko, oder: Die Rache der betrogenen
Braut.* (Abb. und vollständiger Text bei Stemmle, S. 77 ff.).

Adele, Tochter einer armen Witwe, wird von Henriquez del
Crespo, dem »Sohn einer reichen altspanischen Familie«,
geliebt und erwidert diese Liebe. Für Henriquez stellt das
Ganze nur ein Abenteuer dar; er beabsichtigt, eine bessere
Partie zu machen. Adele sieht sich betrogen (Zentralbild); sie
rächt sich, indem sie Henriquez' Frau vergiftet (rechts oben)
und ihren untreuen Liebhaber auch gleich ersticht (links
unten). Schließlich begeht sie Selbstmord (rechts unten).

Die Rache der betrogenen Braut

Abb. 20: Gerettet durch die Hand der Vorsehung oder Die Macht der Mutterliebe!
Adam Hölbing (1855–1929). Öl auf Leinwand, 295 × 165. Kreismuseum Neustadt in Holstein: 30/65.

Auch dieses Schild illustriert einen Text des Verlags Reiche. Die Aroleid-Sage wurde jedoch auch von anderen Bänkelsang-Verlagen verwertet (s. Komm. zu S. 251). Der vollständige Text (mit Abb.) bei Stemmle, S. 68 ff.

Der reiche Niklas und die arme Anna Müller wollen heiraten, doch Niklas' Vater verweigert seine Zustimmung: »Deine zukünftige Braut muß Geld ins Haus bringen. Das ist meine feste Bedingung [. . .].« Anna gebiert einen »lieblichen Knaben«, nimmt ihn eines Tages mit zur Heuernte, und während sie arbeitet, wird der Säugling von einem Adler geraubt. Anna klettert zum Nest des Adlers hinauf; es gelingt ihr tatsächlich, das Kind zu retten, obwohl der Fels unbezwingbar schien. Zufällig kommt ein reicher Engländer vorbei; er beobachtet die spektakuläre Tat und stattet Anna, von deren Schicksal und Mutterliebe gerührt, »fürstlich aus und ließ ihr Kind zum Erben seines großen Vermögens einsetzen«. Damit sind die Ehehindernisse ausgeräumt. »So wurden alle durch Gottes Fügung glücklich, und wir lernen einsehen, daß auch das größte Unglück uns unter Gottes Schutz zum Glück führen kann. Darum laßt uns auf ihn vertrauen, er wird es wohl machen.«

Gerettet durch die Hand der Vorsehung oder
Die Macht der Mutterliebe!

Abb. 21: Arno Felsenau, das Opfer väterlicher Härte und Selbstsucht, um 1900.
Adam Hölbing (1855–1929). Öl auf Leinwand, 285 × 180.
Stadtarchiv Stuttgart: S 1003.

Der Verlag Reiche hat die zugehörige Geschichte als Nr. 575 (*Arno Felsenau, oder: Ein verhängnisvoller Schwur*) gedruckt. Der Text ist auch als »Eigenthum« des Bänkelsängers Andreas Kindel nachweisbar (*Arno Felsenau, das Opfer väterlicher Härte*; Stadtbibliothek Braunschweig: III 0/379, vermutlich ein bei Carl Hermann Müller in Berlin gedrucktes Heftchen. Der Verlag Müller war von 1873 bis 1930 im Berliner Handelsregister eingetragen.).

Arnos Vater, »der alte reiche Kaufmann Felsenau«, verweigerte dem Sohn aus Standesgründen die Heirat mit der »reizenden Alexa«. Im Zorn trennt man sich, Arno und seine Geliebte beziehen »ein einfaches Dachstübchen«, wo sie der Vater jedoch bald entdeckt; die Polizei weist Alexa aus der Stadt. Beide irren im Wald umher, Alexa gebiert »zwei todte Knäblein« und stirbt dabei. Ein Förster verfolgt die Szene gerührt. Nachdem Arno seine Geliebte begraben hat, kehrt er, um sich zu rächen, zu seinem Vater zurück; der hat sich inzwischen »mit einem blutjungen Frauenzimmer« verbunden; Arno beschließt, sich dieser Stiefmutter als Instrument seiner Rache zu bedienen: »Mit kaltem Herzen eroberte er das Herz seiner jungen Stiefmutter, bis sie ganz in seinem Netze war.« Sie mauern den Vater im Keller ein, wo er »drei volle Jahre schmachtete«, bis ihn die Polizei findet. Zwar bereut der Vater seine Fehler, doch die sind irreparabel. Felsenau, als armer Bettler jetzt selbst durch den Wald ziehend, wird von einer Räuberbande aufgenommen. Dort trifft er wieder auf seinen Sohn, der mittlerweile zum gefürchteten Räuber avanciert ist. Arno ist verzweifelt; er weist das Versöhnungsangebot seines Vaters zurück, weil er sich nun selbst für zu sehr schuldig geworden erachtet, und begeht Selbstmord. Bei der Leiche seines Sohnes trifft Vater Felsenau der Schlag.

Abb. 22: Der Flammentod der Mönche auf dem Berge Athos bei Athen.
Adam Hölbing (1855–1929). Öl auf Leinwand, 283 × 174. Stadtmuseum Köln, Graphische Sammlung: RM 1940/491.

Das Schild illustriert den gleichnamigen Text des Verlags Reiche (Nr. 1012 des Verlagsprogramms von 1932). Es konnte kein Heftchen aufgefunden werden.

Der Flammentod der Mönche auf dem Berge Athos bei Athen.

Abb. 23: Edler Lohn der treuen Liebe. Aus den Kämpfen zwischen Kreuz und Halbmond.
Adam Hölbing (1855–1929). Öl auf Leinwand, 271 × 175.
Städtisches Museum Braunschweig.

Wiederum liegt ein Reiche-Text zugrunde (Nr. 95 und 411). Hölbing hat die Geschichte auch unter dem Titel *Das Wiederfinden zweier Liebende [!] auf dem Schlachtfelde von Larissa!* bearbeitet (Text und Abb. bei Kohlmann, 1983, S. 30 ff.).

Die zwei verfeindeten Söhne eines türkischen Fürsten lieben dieselbe Frau. Zaara hat sich allerdings schon für einen von beiden, Adrian, entschieden. Hussar, der andere, nimmt sie gefangen. Um »sie durch Furcht zu zwingen«, sperrt er sie mit einem Tiger zusammen. Doch Zaara freundet sich schnell mit dem Tier an, und statt sie zu fressen, bahnt es sich und ihr den Weg in die Freiheit. Zaara verkleidet sich als Soldat, um zu ihrem geliebten Adrian zu kommen. Hussar verfolgt sie; bevor er sie gefangennehmen kann, wird er von dem ›lieben Tiger‹ getötet. Zaaras treuer Kampfgefährte bezahlt seinen mutigen Einsatz jedoch selbst mit dem Leben. Adrian, endlich hinzugekommen, wird auf die Szene aufmerksam, die Liebenden erkennen sich und heiraten bald darauf.
(Vgl. Schenda, 1977, S. 395 ff.: ›Lieber Löwe‹.)

Edler Lohn der treuen Liebe.
Aus den Kämpfen zwischen Kreuz und Halbmond.

Abb. 24: Ein Liebesdrama in Prag.
Anonym. Öl auf Leinwand, 265 × 164. Städtisches Museum
Braunschweig.

Das Schild stammt sicherlich vom gleichen Maler wie das zum
Reiche-Text Nr. 687 *Die Armen Verlassne sieben Weisen
Kinder aus Böhmerland geschehn in Amerika*, s. Text und
Farbabb. bei Kohlmann (1983) S. 66 ff.

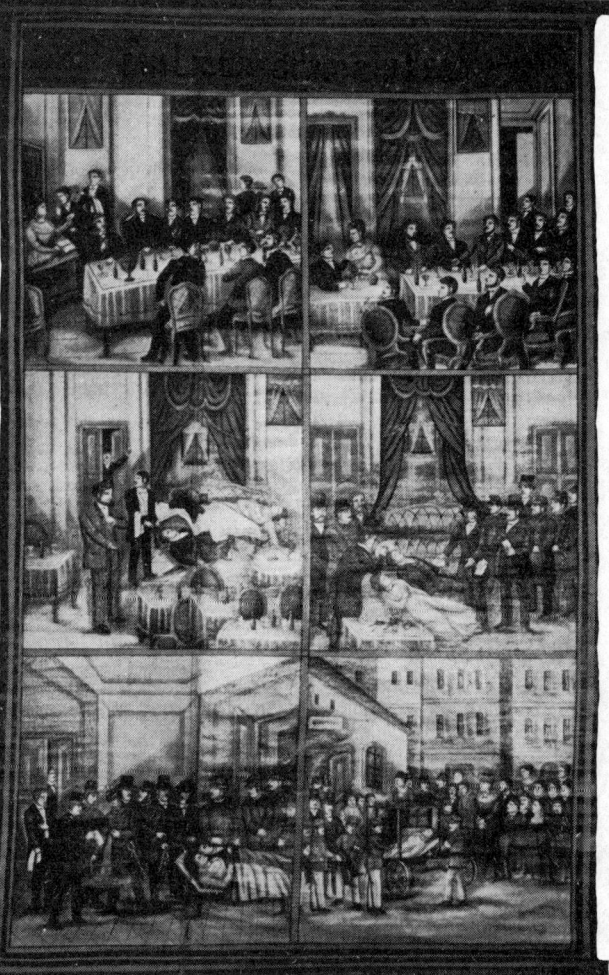

Abb. 25: Die Kinder des Verschollenen, um 1880.
Anonym. Öl auf Leinwand, 270 × 170. Historisches Museum der Stadt Wien: 66. 800.

Verschiedene Text- und Bildfassungen zur Geschichte von den Kindern des verschollenen Kapitäns Bêllmont sind bekannt (vgl. *Bänkelsang und Moritat*, S. 112 f., mit zwei Abb.; ein Text aus dem Reiche-Verlag bei Kohlmann, 1983, S. 56 ff.).

Kapitän Bêllmont kehrt eines Tages nicht mehr zurück. Drei Jahre wartet seine Frau ab; dann beschließt sie, ihren Liebhaber zu heiraten. Nun sind freilich die Kinder im Weg, die Bêllmont als Erben eingesetzt hat; erst nach deren Tod sollte die Frau Universalerbin werden. Die Rabenmutter sperrt sie zunächst im Keller ein und läßt sie hungern; weil sie aber nicht sterben, werden sie schließlich ausgesetzt. Zwei der Kinder kommen um; das dritte wird vom überraschend heimkehrenden Vater entdeckt. Während der Trauzeremonie kommt das Verbrechen ans Licht, und die Verbrecherin wird der ihr gebührenden Strafe zugeführt.

Abb. 26: Das erwachte Gewissen oder eine Rabenmutter. Anonym. Öl auf Leinwand, 246 ×140. Kreismuseum Neustadt in Holstein: 1/68.

Der Plot der Rabenmuttergeschichten im Bänkelsang ist immer der gleiche. Dem Liebhaber, der Stiefmutter oder der Mutter selbst sind bei ihren Liebeshändeln die Kinder im Weg. Sie werden in den Keller gesteckt, oft dann auch ausgesetzt. Bei der vorliegenden Tafel genügt die erste Stufe: Die Kinder sterben; bei der Beerdigung regt sich das Gewissen der Mutter. Vgl. zu diesem Schild auch Abb. 25 und Text S. 192, eine weitere Rabenmutter-Variante bei Kohlmann (1983) S. 92 ff. (mit Abb.).

Das erwachte Gewissen
oder eine Rabenmutter

Abb. 27: Grosses Gruben Unglück bei dem viele Bergleute
den Tod fanden; bei diesem Grubenunglück büßten 237 fleißige Arbeiter ihr Leben ein. Glück auf.
Anonym. Öl auf Leinwand, 266 × 187. Puppentheatermuseum im Münchner Stadtmuseum: 81/22.

Der Aufbau der Tafel erinnert an den Moritatenschildermaler
Kottermann (Abb. bei Kohlmann, 1983), von dem sie jedoch
kaum stammen dürfte. Seine Arbeiten sind versierter. Vgl. zu
diesem Schild auch Abb. 11 und Komm. zu Text S. 235.

Abb. 28: Im Tode vereint, oder: Treu ist die Soldatenliebe. Anfang 20. Jh. Loetz (Loetsch), Hannover. Öl auf Leinwand, 267 × 162. Museum für Kunst und Kulturgeschichte der Stadt Dortmund: C 4722.

Das Schild illustriert den Reiche-Text gleichen Titels (Nr. 669; abgedruckt bei Petzoldt, 1978, S. 52 ff.) und war im Besitz des Bänkelsängers Paul Damm.

Einmal mehr geht es um eine aus Standes- und Vermögensgründen verweigerte Heirat: Wenzel Storek, ein reicher Bauernsohn aus einem Dorf bei Prag, liebt die »anständige junge – schöne aber arme« Tochter eines Maurers; doch die Mutter hat eine bessere Partie für ihn vorgesehen. Sie möchte ihn mit einer reichen Bauerntochter verheiraten. Wenzel kann seine Josepha so nur heimlich sehen. Gleichwohl will er ihr treu bleiben, auch während seiner Soldatenzeit, die er in Prag abzuleisten hat. Als beide eines Tages bei einem Treffen in einem Tanzlokal von der eifersüchtigen Bauerntocher beobachtet werden, kommt die verborgene Liebelei ans Licht; Wenzel wird von seiner Mutter des Hauses verwiesen. Die Liebenden wissen keinen Ausweg mehr; sie gehen ein letztes Mal zum Tanz und verüben dann am frühen Morgen Selbstmord.

Vgl. zu dieser Geschichte, die von Kellers Novelle *Romeo und Julia auf dem Dorfe* inspiriert scheint (auch bei Keller feiert das Paar Abschied mit einem Tanz, und die Zeitung berichtet von dem Selbstmord), Abb. 20 und 21 sowie Text S. 163.

Im Tode vereint,

oder: Treu ist die Soldatenliebe.

Abb. 29: Anonym, 19. Jh.
Öl auf Leinwand, 110 × 90. Niederösterreichisches Landes-
museum: R 1734 W.

Über die dargestellte Handlung und möglicherweise zugehörige Texte ist nichts bekannt.

Anhang

Kommentare

Vorbemerkung

Nur soweit die Angaben über Erscheinungsort und -jahr nicht aus den vollständig wiedergegebenen Titelformulierungen der Heftchen hervorgehen, werden diese – sofern erschließbar – in den Kommentaren angegeben. Mitgeteilt werden außerdem das Kolophon, die Maße (Höhe × Breite in cm) und die Fundstelle mit Signatur. Soweit das Deutsche Volksliedarchiv in Freiburg (DVA) Kopien der Texte besitzt, werden zusätzlich die entsprechenden Nummern des DVA genannt. Die Kommentare sind als Hinweise und Anregungen zu verstehen, Vollständigkeit kann und soll nicht angestrebt werden. Weitere Literatur zu den Stoffen und Motiven, die in den Texten aufgegriffen werden, findet sich etwa bei Franz Anselm Schmitt, *Stoff- und Motivgeschichte der deutschen Literatur. Eine Bibliographie*, Berlin / New York ³1976. Viele Hinweise auf lange tradierte Strophenformen, die der Bänkelsang nutzt, bietet Hans Joachim Frank, *Handbuch der Strophenformen*, München 1980.

15 1735; 4 S., 19,6 × 14,6. S. 2 Rankenwerk über dem Text 3,5 × 12,1; S. 4 nach d. Schlußstrophe Holzschnitt mit verschiedenen Hinrichtungsszenen, 5,8 × 7,3.
Wiener Stadt- und Landesbibliothek: C 39.975 / 1. Tl. / (1735).

Der Text wurde vermutlich bei der Hinrichtung verkauft; darauf deutet das Lied hin, das als Valet-Lied gehalten ist (zur Hinrichtungsliteratur als Quelle für den Bänkelsang vgl. Petzoldt, 1974, S. 68 ff.).
Die im Bänkelsang des 19. Jh.s übliche Zweiteilung in Prosabericht und Lied kündigt sich hier schon an: Der ausführliche Titel zählt die Schandtaten des Diebes auf; gleichsam in Postfiguration zum biblischen Schächer besinnt sich der Verbrecher im Lied dann eines besseren, wendet sich mahnend ans Publikum und fleht in zwei an Kirchenlieder erinnernden Schlußstrophen Jesus und Maria um Beistand an (vgl. das

protestantische Kirchenlied von 1638 »In Christi Wunden schlaf ich ein | die machen mich von Sünden rein«).
Lit.: Zum Wiener Bänkelsang vgl. Gugitz, S. 1 ff. (»Die Bänkelsänger und Liederweiber in Alt-Wien«).

20 8 S., 17,0 × 11,0.
Stadtarchiv Hannover: Sammlung Jänecke Nr. 0700.

Das Heftchen versammelt drei verschiedene Texte, die noch ganz eindeutig in der Tradition der Erbauungsliteratur stehen, und erinnert an die zahllosen bis ins 19. Jh. reichenden Drucke ›schöner neuer Lieder‹. Nur der erste Text zeigt die für den Bänkelsang des 19. Jh.s charakteristische Kombination von Prosatext und Lied, das die *applicatio moralis* bringt. Die beiden anderen Lieder unterscheiden sich nicht von den Zeitungs- und Flugblattliedern der frühen Neuzeit (dazu Brednich, 1974/75).
Der Prosateil und Haupttext des Heftchens lehnt sich an zwei in der populären Literatur weit verbreitete Motive an: an das vom undankbaren Sohn und das von den Folgen schlechter Erziehung (zum ersten Motiv vgl. Lutz Röhrich [Hrsg.], *Erzählungen des späten Mittelalters und ihr Weiterleben in Literatur und Volksdichtung bis zur Gegenwart*, Bd. 1, Bern/München 1962, S. 93 ff.). Das zweite Motiv dominiert in diesem Fall eindeutig, und es wird auch in Bänkelsang-Heftchen des 19. Jh.s immer wieder variiert (vgl. auch Wilhelm Buschs Bildergeschichte *Trauriges Resultat einer vernachläßigten Erziehung*). Die Methode, die der mißratene Sohn wählt, um seine Mutter zu beseitigen, wird auch sonst in der populären Literatur gerne angewendet (vgl. Schenda, 1977, S. 382 f.). Versteht sich, daß der Sohn gerade nach sieben Jahren zurückkehrt (vgl. auch den Text von den »sieben Mordthaten des Schneidermeisters Hammelmann«, hier abgedruckt S. 87); dann nämlich ist seine Zeit erfüllt. Derartige Zahlensymbolik greift populäre Literatur immer wieder auf (vgl. Schenda, 1977, S. 414 ff.).

Die Quellenandeutung, die der Text macht (»schreibt der selige Hr. Magister Scriver«), ist richtig: Der Prosatext erscheint tatsächlich fast wortwörtlich schon in dem Predigtband des protestantischen Theologen Christian Scriver *Das Verlohrne und wiedergefundene Schäfflein | Oder Historischer Christlicher Bericht von einem jungen Menschen | der sich vom Satan | mit Ihm einen Bund zu machen | und Ihm in allerley Gottlosen Wesen | Sechs Jahr zu dienen | verleiten lassen [...]. Nebst einer Historischen Zugabe von allerhand merckwürdigen Sachen | der heutigen sichern Welt zum Schrecken | denen Bußfertigen und Frommen aber zum Troßt [...]*, Magdeburg und Helmstedt 1672 (Herzog August Bibliothek Wolfenbüttel: Th 2423). Als ›historische Zugabe‹ zu § 3 seiner zweiten Predigt gibt Scriver diese Beispielgeschichte, die dann 70 Jahre später erneut abgedruckt wird: ein Predigtexempel als Jahrmarktsliteratur!

Die beiden anderen Lieder des Heftchens berichten von apokalyptischen Wunderzeichen (Engel, Schwert aus den Wolken, Gewitter); die Liedeingänge sind stereotyp; sie haben Wiedererkennungs- und Appellfunktion.

Wie noch weitere Texte dieser Anthologie stammt das Heftchen aus einer Sammlung des 19. Jh.s im Stadtarchiv Hannover, der Sammlung Jänecke. Diese Sammlung geht auf die Brüder Christian und Friedrich Jänecke zurück (1803–77 bzw. 1798–1862), die 1827 das Druck- und Verlagshaus Jänecke gründeten, das bis vor wenigen Jahren noch existiert hat. Die Sammlung enthält – neben einer ganzen Reihe unbekannter Bänkelsangtexte – zahlreiche Gelegenheitsdrucke aus dem 19. Jh. (Geburtstags-, Hochzeits- und Trinklieder, Reden aller Art usw.). Vgl.: »Übersicht über die Bestände des Stadtarchivs«, T. 2, in: *Hannoversche Geschichtsblätter* 26 (1923) S. 65–90, hier: S. 89 f. (Jäneckesche Schenkung); Heinrich Beyer, »Eine alte Sammlung erzählt«, in: *Hannoversche Geschichtsblätter*, N. F. 7 (1953) S. 111–135.

28 Kolophon: »Erlangen | gedruckt und zu finden bey Johann Dietrich Michael Kammerer, Universit. Buchdr.«
10 S., 20,2 × 17,0.
Landesbibliothek Stuttgart: Crim.R. qt K 46–12.

Auch hier handelt es sich vermutlich (wie bei dem Text S. 15) um eine bei einer Hinrichtung verkaufte Schrift; das zeigen die beigegebene Urgicht und der Text des Urteils. Wahrscheinlich wurden zwei ursprünglich getrennte Texte zusammengefaßt, denn – wie hier – einen Holzschnitt in derselben Schrift zweimal zu verwenden wäre kaum verkaufsfördernd gewesen. Die Abbildungen, insbesondere die gefelderte Bildgeschichte, erinnern an die Vorgeschichte der Bänkelsängertafeln, an die mittelalterlichen Freskenzyklen, an die auf Altartafeln und Türen (etwa den Hildesheimer Domtüren) erzählten biblischen Geschichten oder Heiligenviten, an die frühneuzeitlichen illustrierten Flugblätter. Sie machen anschaulich, daß zuweilen auch Bilder als populäre ›Lesestoffe‹ gelten können. Daß das Heftchen nicht allein der *applicatio moralis* wegen dem Publikum angeboten wurde, läßt sich der »Erinnerung«, die auf die »Erklärung« der Bildgeschichte folgt, entnehmen. Offensichtlich wurde das Ereignis auch von anderen Druckern vermarktet und der vorliegende Text dabei nachgedruckt. Das war beim Bänkelsang und bei der populären Literatur überhaupt gang und gäbe. Auch wenn viele Texte drohen: »Vor Nachdruck wird gewarnt«, gab es für die Drucker und Verleger doch kaum eine Möglichkeit, sich vor Raubdrucken zu schützen.
Beim Lied dieses Textes handelt es sich – wie oft im Bänkelsang – um eine Kontrafaktur. Die Melodie, auf die das »Abschieds Lied« Freymanns gesungen werden soll, gehört höchstwahrscheinlich zu dem 1663 erstmals veröffentlichten protestantischen Kirchenlied von Christoph Tietze (Titius, 1641–1703) *Ich armer Mensch, ich armer Sünder,* | *steh hier vor Gottes Angesicht* und stammt von Georg Neumarks (1621–81) bekanntem Vertrauenslied *Wer nur den lieben*

Gott läßt walten; vgl. Albrecht Friedrich Wilhelm Fischer, *Kirchenlieder-Lexicon*, Gotha 1878, S. 316 und 363. Es existiert aber auch eine Melodie von J. D. Meier (1692), die hier wiedergegeben wird:

{Ich ar = mer Mensch, ich ar = mer Sünder, steh hier vor Got=tes
{ach Gott, ach Gott, ver=fahr ge = lin=der und geh nicht mit mir

{An = ge = sicht; Er = bar = me dich, er = bar = me dich, Gott
{für Ge = richt.

mein Er = bar = mer, ü = ber mich.

Nach: Johannes Zahn, *Die Melodien der deutschen evangelischen Kirchenlieder*, Bd. 2, Gütersloh 1890, S. 217. Der gesamte Text des Liedes bei Albert Fischer / Wilhelm Tümpel, *Das deutsche evangelische Kirchenlied des siebzehnten Jahrhunderts*, Bd. 5, Gütersloh 1911, S. 315.

44 1779; 8 S., 15,7 × 10,6.
Stadtbibliothek Bern: Rar. 315 (94); Deutsches Volksliedarchiv: Bl 4087.

Der Text beruht auf Tatsachen. In der von Christian Oelhafen herausgegebenen *Chronik der Stadt Aarau, von deren Ursprung bis 1798*, Aarau 1840, heißt es (S. 176 f.):
»1779. Den 2ten März wird die Kindsmörderinn Margaritha Härdin von Thalheim durchs Schwerdt hingerichtet (durch den Stiefsohn des Scharfrichters Dl. Huber, dem 21jährigen Jakob Müller).
Sie hatte lange Zeit troz Folter und vielen Zeugen die Thatsache abgeläugnet. Die Folter wurde nur in geringem Grad angewendet und bestund in:
1) der Vorstellung des Scharfrichters;
2) Anlegung der Daumschrauben, doch ohne Zuzuben;

333

3) Setzen auf das Folterstühli;
4) binden zum Aufziehen;
5) einigemal leer aufziehen und 5, 10 bis 15 Minuten hangen lassen;
6) nur einmal auf kurze Zeit Anhängen eines Steines von 25 Pfund Gewicht an die Füße.

Sie wurde zu lebenslänglicher Gefangenschaft und ans Bloch zu Schließen verurtheilt, bekannte dann aber nach kurzer Zeit darauf freiwillig die That und bezeugte aufrichtige Reue darüber, worauf sie zum Tode durchs Schwert verurtheilt wurde. Ihr neugebornes ersticktes Kind hatte sie in eine Drucke verpackt und ab der Brücke in die Aare geworfen, welche in Biberstein aufgefunden wurde.«

Als Quelle gibt Oelhafen das handschriftliche *Thurmbuch* der Stadt Aarau an (Stadtarchiv Aarau Nr. 367), das das Ereignis ausführlich dokumentiert.

Das Problem des Kindsmords wird gerade in der Literatur der Spätaufklärung und des Sturm und Drang immer wieder und mit Sympathie und Verständnis für die Notlage der Mutter behandelt (vgl. etwa die Gretchen-Tragödie in Goethes *Faust*, Heinrich Leopold Wagners Drama *Die Kindermörderin* von 1776, Bürgers Ballade *Des Pfarrers Tochter von Taubenhain* von 1781, Schillers Ballade *Die Kindesmörderin* von 1782). Die beiden Balladen Bürgers und Schillers trafen ganz den Bänkelsängerton, das zeigen populäre Drucke mit diesen Texten. Auch für das 19. und 20. Jh. sind die Belege für literarische Bearbeitungen des Kindsmord-Motivs zahlreich, so in Hauptmanns Drama *Rose Bernd*, uraufgeführt 1903, und in Brechts Ballade *Von der Kindsmörderin Marie Farrar* (zu den Beziehungen zwischen Brechts Werk und dem Bänkelsang vgl. McLean). Von den sozialkritischen und anklägerischen Intentionen, welche die Bearbeitungen des Kindsmord-Motivs in der Hochliteratur zumeist prägen, ist in den populären Texten kaum etwas zu spüren.

Lit.: Elisabeth Frenzel, *Motive der Weltliteratur*, Stuttgart 1976 (»Verführer und Verführte«, insbes. S. 727 ff.); Schenda

(1977) S. 380 f.; Petzoldt (1974) S. 99 ff.; Regina Schulte, »Die Kindsmörderin Anna H. Szenen aus dem bayerischen Dorfalltag im 19. Jahrhundert«, in: *Journal für Geschichte* 5 (1981) S. 20–24.; Wilhelm Wächtershäuser, *Das Verbrechen des Kindesmordes im Zeitalter der Aufklärung. Eine rechtsgeschichtliche Untersuchung der dogmatischen, prozessualen und rechtssoziologischen Aspekte,* Berlin 1973; Beat Weber, *Die Kindsmörderin im deutschen Schrifttum von 1770–1795,* Bonn 1974; allgem. zu der Entwicklung, die sich im Bänkelsang kaum spiegelt: Gerd Kleinheyer, »Wandlungen des Delinquentenbildes in den Strafrechtsordnungen des 18. Jahrhunderts«, in: *Deutschlands kulturelle Entfaltung. Die Neubestimmung des Menschen,* hrsg. von Bernhard Fabian, Wilhelm Schmidt-Biggemann und Rudolf Vierhaus, München 1980, S. 227–246. Vgl. außerdem: Michael Mitterauer, *Ledige Mütter. Zur Geschichte illegitimer Geburten in Europa,* München 1983.

51 4 S., 22,9 × 18,0. S. 2 Ornamentstreifen über dem Text 3,8 × 11,8, S. 4 Schale mit Früchten am Schluß des Textes 4,8 × 6,8.
Wiener Stadt- und Landesbibliothek: E 112.742.

Ein Text ohne Lied, was nicht besagt, daß er auch ohne Lied vorgetragen wurde.
Der Text lebt von dem Gegensatz Wilde – Zivilisierte; Kannibalismus gilt dabei als Inbegriff der Barbarei, der die Gemeinschaft derer, die auf der Seite von Recht und Ordnung stehen, mit nicht minder barbarischen Methoden (s. die beiden letzten Abschnitte des Textes) zu begegnen sucht. (Vgl. etwa die Schilderungen in Defoes *Robinson Crusoe*; der Titelheld hat mit einer gewaltigen Lust zu kämpfen, nicht einfach in die kannibalischen Wilden hineinzufeuern.) Zu diesem weiteren Zusammenhang s. Urs Bitterli, *Die ›Wilden‹ und die ›Zivilisierten‹. Grundzüge einer Geistes- und Kulturgeschichte der*

europäisch-überseeischen Begegnung, München 1976, insbes.
S. 367 ff. (»›Barbar‹ und ›edler Wilder‹«); Karl-Heinz Kohl,
*Entzauberter Blick. Das Bild vom Guten Wilden und die
Erfahrung der Zivilisation*, Frankfurt a. M. / Paris 1983.

54 4 S., 19,6 × 17,8.
Stadtbibliothek Bern: Rar. fol. 1 (155); Deutsches Volksliedarchiv: Bl 3929.

Der Bauer als Feiertagsschänder: ein häufig variiertes Exem-
pelmotiv. Und als Exempel gibt sich dieser Text auch gleich
zu erkennen. Er argumentiert dabei vor allem mit der Hauptsünde der *superbia*, der Auflehnung des Geschöpfes gegen
seinen Schöpfer, dem Konsumenten dieser Beispielgeschichte
zur Warnung, sich vor solcher Gottlosigkeit zu hüten.
In einem Erbauungsbuch des 20. Jh.s wird dagegen viel
unverblümter versucht, den Leser vom Sinn und Zweck der
Feiertags- bzw. Sonntagsheiligung zu überzeugen:
»Zwei Fuhrleute machten eine Wette, wer von ihnen beiden
mit einer Fracht von 20 Zentner zuerst von Breslau nach
Elberfeld komme. Der eine hielt am S o n n t a g R a s t t a g,
der andere fuhr gleicherweise Tag für Tag. Und siehe da, der
erstere kam zwei Tage früher als der letztere an, auch waren
seine Pferde in besserem Stand.« (Friedrich Baun, *Christli-
cher Beispielschatz. 2000 kurze Erzählungen in alphabeti-
scher Ordnung zum Gebrauch für Kirche, Schule und Haus*,
Stuttgart 1928, Nr. 1548, S. 427 f.) Während der Jahrmarktstext sozusagen *autoritär* an die ersten drei Gebote erinnert,
indem er die Bestrafung des gottlosen Bauern vorführt,
begründet Baun *utilitaristisch*: Es zahlt sich einfach aus, es ist
ökonomischer, dem Herrn seinen Tag zu lassen. – Säkulari-
sierung eines christlichen Exempels.
Nur indirekt läßt sich dem Bänkelsangtext entnehmen, daß es
sicher nur zum besten des Bauern gewesen wäre, hätte er den
Feiertag nicht ignoriert: Mariä Lichtmeß (2. Februar; vgl.

Lk. 2,22 ff.), der Tag, an dem sich das Mirakel ereignet, galt im Volksglauben als entscheidend für Wetter und Fruchtbarkeit des kommenden Jahres; verschiedene Vorzeichen sollten darüber Auskunft geben (vgl. Hanns Bächtold-Stäubli (Hrsg.), *Handwörterbuch des deutschen Aberglaubens*, Bd. 5, Berlin/Leipzig 1932/33, Sp. 1261 ff.).

Der Text, nach dessen Melodie das »Buß-Lied« gesungen werden sollte, ist erstmals 1769 nachweisbar (vgl. Irving Lowens, *A Bibliography of Songsters Printed in America Before 1821*, Worcester 1976, S. 7 f.).

Fast genau der gleiche Text (jedoch ohne das Lied) befindet sich in der Wiener Stadt- und Landesbibliothek (E 102. 895); das Wunderereignis wird dort aber schon auf den 2. Februar 1770 datiert.

60 8 S., 18,0 × 10,4. Schlußvignette S. 8.
Niedersächsisches Staatsarchiv Wolfenbüttel: 56 Alt 59.

Ältester bisher bekannter Text vom Schicksal des Schornsteinfegers Weishaupt (s. auch den Text S. 98 von 1818); Schenda vermerkt (vgl. Komm. zu Text S. 98), daß der früheste erhaltene Text im Liegnitzer Stadtarchiv ebenfalls auf das Jahr 1789 zu datieren ist. Die sehr detaillierten Angaben zu Beginn des »Abschieds-Lieds« legen die Vermutung nahe, daß der Text tatsächlich aus Liegnitz oder Umgebung stammt. Die für das »Abschieds-Lied« angegebene Melodie bezieht sich auf das protestantische Kirchenlied von Christoph Knoll *Herzlich thut mich verlangen | Nach einem selgen End*, ein Sterbelied aus dem Jahr 1599, dem 1613 die Melodie des Liedes *Mein Gemüth ist mir verwirret | Das macht ein Jungfrau zart* aus Leo Haßlers (1564–1612) *Lustgarten Neuer Teutscher Gesänge* (Nürnberg 1601) unterlegt wurde (vgl. Albert Friedrich Wilhelm Fischer, *Kirchenlieder-Lexicon*, Gotha 1878, S. 291 f.).

337

Die Melodie – hier nach Johannes Zahn, *Die Melodien der deutschen evangelischen Kirchenlieder*, Bd. 3, Gütersloh 1890, S. 400 – ist bis heute sehr bekannt; sie wurde auch für die beiden Lieder Paul Gerhardts »O Haupt voll Blut und Wunden« und »Befiehl du deine Wege« benützt.

(Der Text wurde erst kurz vor Druck dieser Sammlung aufgefunden. Er konnte deshalb nicht mehr in die Argumentation des Nachwortes eingearbeitet werden. Zu der Wolfenbütteler Sammlung wird vom Herausgeber eine gesonderte Untersuchung vorbereitet.)

68 4 S., 18,0 × 10,2.
Wiener Stadt- und Landesbibliothek: E 103592.

Die Verwandtschaft der Schilderung des Kirchenraubes mit einem Predigtexempel ist auch hier ganz offensichtlich. Die Details des Geschehens spielen keine Rolle. Der Raub, als Kirchenraub ein Sakrileg und insofern besonders verwerflich, ist nur Exempel dafür, welche Folgen eine schlechte Erziehung zeitigt.
Die Melodie gehört zu einem Lied von Johann Georg Albinus (1624–79), der es für Johann Rosenmüller (geb. 1619, gest. 1684 als Hofkapellmeister in Wolfenbüttel) geschrieben haben soll. Angeblich hat Rosenmüller Liedtext und Melodie einem Gesuch an den Kurfürsten Johann Georg von Sachsen

beigefügt, in dem er um Gnade bat, weil er aus der Haft, in welche er »wegen Sodomiterey« geraten sein soll, nach Hamburg entflohen war. (Vgl. Martin Breslauer, *Documente frühen deutschen Lebens. Erste Reihe. Das deutsche Lied geistlich und weltlich bis zum 18ten Jahrhundert. Katalog III*, Berlin 1908, S. 350.)

Das Lied findet sich bis heute in evangelischen Gesangbüchern. Wiedergegeben wird hier eine Fassung von 1694, die Rosenmüllers Melodie (wahrscheinlich von 1655) vor allem rhythmisch vereinfacht. Ob das Bußlied des Kirchenräubers tatsächlich nach der auf Rosenmüller zurückgehenden Melodie gesungen wurde, läßt sich freilich nicht mehr mit Gewißheit feststellen, ist doch eine weitere Komposition von 1727 zu Albinus' Lied bekannt.

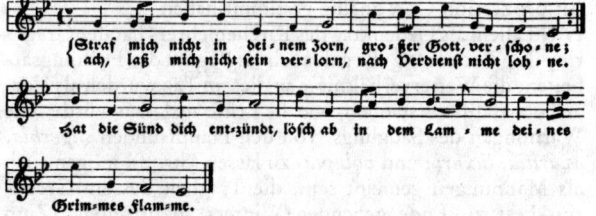

Nach: Johannes Zahn, *Die Melodien der deutschen evangelischen Kirchenlieder*, Bd. 4, Gütersloh 1891, S. 14 f.; die Melodie von 1727 ebd., S. 15. Zahn gibt noch eine ganze Reihe von Komponisten des 18. und 19. Jh.s an, die Rosenmüllers Melodie bearbeiteten, und belegt damit die Popularität des Liedes.

72 1798; 4 S., 19,0 × 11,6.
     Stadtbibliothek Braunschweig: III 0/379.

Daß die wunderbare Erscheinung eines Säuglings gerade »am St. Gregori-Tage« stattgefunden haben soll, ist kaum zufällig. Papst Gregor der Große (540–604) ist einer der vier lateinischen Kirchenväter; sein Tag wird eigentlich am 12. (nicht am 2.) März begangen. »Gregorius kommt von grex, Herde; und gore, das heißt predigen oder sprechen: also ist Gregorius soviel als ein Prediger der Herde. Oder Gregorius ist soviel als Egregorius, von egregius und gore; und heißt ein löblicher Prediger oder Lehrer. Oder Gregorius heißt in unserer Sprache ein Wachender«, so leitet Jacobus de Voragine in der *Legenda aurea*, dem berühmten und weitverbreiteten Legendenbuch aus dem 13. Jh. (hier zit. nach der Übersetzung von Richard Benz, Heidelberg [9]1979, S. 219 f.), das Kapitel über Gregor d. Gr. ein. Und wie der Säugling zu Buße und Umkehr mahnt, um apokalyptisches Unheil zu verhindern, so soll Gregor der Legende nach bei einer in Rom ausgebrochenen Pestepidemie durch beharrliche Mahnung zum Gebet, durch eigenes gutes Beispiel darin und durch eine Bittprozession Gott gnädig gestimmt haben.

Nicht allein als Gedenktag des Kirchenlehrers hat der Gregorius-Tag Bedeutung: Er galt auch als Beginn der Frühlingsarbeiten, die Wetterverhältnisse an diesem Tag wurden als Vorzeichen dafür verstanden, wie die Ernte ausfallen würde. Die Warnungen des Säuglings, von den Hauptsünden *superbia*, *avaritia*, *luxuria* und *voluptas* zu lassen (Str. 8), mögen auch als Mahnungen gemeint sein, die Trägheit des am Gregorius-Fest zu Ende gehenden Winters abzustreifen. (Zum Gregorius-Tag im Volksglauben s. Hanns Bächtold-Stäubli [Hrsg.], *Handwörterbuch des deutschen Aberglaubens*, Bd. 3, Berlin/Leipzig 1930/31, Sp. 1128 f.)

Der vorliegende Text – noch ganz in der Tradition der frühneuzeitlichen Flugblattlieder (vgl. Brednich, 1974/75, S. 199 ff.: »Wunderereignisse«) – ist ein recht später Beleg für einen Prodigientext im Jahrmarktsgewand. Erstaunlich, daß ein Text mit genau dem gleichen Titel noch 1848 nachweisbar ist (*Bänkelsang und Moritat*, Nr. 164, S. 145).

Offenbleiben muß, ob das Heftchen tatsächlich, wie es auf dem Titelblatt heißt, 1798 schon sechs Auflagen erlebt hat (aus diesem Jahr muß der Druck stammen; in der neunten Strophe wird das 99. Jahr als das kommende bezeichnet) oder

ob man hier nicht vielmehr mit einer absatzfördernden Lüge
eines Augsburger Winkeldruckers zu rechnen hat: So interessant und so wichtig sei der Text, daß er schon sechsmal auf-
gelegt werden mußte.
Die Geschichte der angegebenen Melodie verdient Beachtung. Der Text »Straff mich nicht...« stammt von Lazarus
Spengler (1479–1534), dem Nürnberger Juristen und Freund
Luthers, und wurde schon in Johann Walters 1524 erstmals
erschienenes Wittenberger Chorgesangbuch aufgenommen,
dort allerdings mit anderer Melodie. Eine Flugschrift aus dem
16. Jh. (Franz M. Böhme, *Altdeutsches Liederbuch*, Leipzig
³1925, S. 484, datiert es auf »c. 1530«) enthält auch Spenglers
Lied, jetzt aber mit anderer Tonangabe: »Ein Lyed / von
Adams fal | In einem newen thon / den man | sinngt von der
schlacht | vor Pauia« (Österr. Nationalbibl.: 22. 805. A;
DVA: Bl 9333). Die Melodie zu diesem Lied von der Schlacht
vor Pavia (1525, im ersten französisch-habsburgischen Krieg
werden die Truppen Franz I. besiegt, dieser gefangengenom-
men) war im 16. Jh. sehr verbreitet. Kein Wunder also, daß
ihre Popularität für reformatorische Zwecke benutzt wurde –
eben ganz wie der Bänkelsang, der seinerseits auch Kirchenlieder in Dienst nahm (wie das von »Adams Fall«, dessen
Melodie ja als Melodie eines *Kirchenliedes* dann bekannt
blieb), um seine Waren besser bekannt machen und absetzen
zu können.

Durch Adams Fall ist ganz verderbt menschlich Natur und Wesen;
dasselb Gift ist auf uns geerbt, daß wir nicht mochten g'nesen
ohn Gottes Trost, der uns erlöst hat von dem großen Schaden
darein die Schlang Evam bezwang, Gotts Zorn auf sich zu laden.

Nach: Johannes Zahn, *Die Melodien der deutschen evangelischen
Kirchenlieder*, Bd. 4, Gütersloh 1891, S. 464.

Das Pavierlied. 1525.

{ Was wöll wir a - ber he - ben an, ein new - es Lied zu sin - gen }
{ Wol von dem Kö - nig aus Frankreich, Mai - land das wollt er zwin - gen. }

Das gschach, da man zählt tausend - fünf - hun - dert Jahr im

fünfundzwanzigsten ists ge - sche - hen: er zog da - her mit

Hee - res - kraft, hat man - cher Lands - knecht gse - hen.

Nach: Ludwig Erk / Franz M. Böhme, *Deutscher Liederhort*, Bd. 2,
Hildesheim / New York 1972 [2. reprogr. Nachdr. der Ausg. Leipzig
1893], S. 70 f.

Lit.: Zur Geschichte des Pavierliedes s. Böhme, *Altdeutsches
Liederbuch*, S. 482 ff. (mit Textabdruck) und Erk/Böhme,
Deutscher Liederhort, Bd. 2, S. 70 ff. Das Lied von dem pro-
phezeienden Säugling auch bei Petzoldt, 1982, S. 106 ff. Zu
Gregor d. Gr. auch Otto Wimmer / Hartmann Melzer, *Lexi-
kon der Namen und Heiligen*, Innsbruck/Wien/München
[4]1982, S. 332 ff.

76 8 S., 17,2 × 9,9.
Stadtbibliothek Lübeck: Philol. Germ. 8° 3566; Deutsches Volksliedarchiv: Bl 10456.

Auf dem Titelblatt wird zwar behauptet, die »Beschreibung«
folge »den Sondershausischen Nachrichten 1801«; doch diese
Zeitung ist für die Zeit um 1800 nicht nachweisbar. Nur das
Sondershausische Wochenblatt erschien 1795 für ein halbes
Jahr und 1798 der *Thüringische Politicus* für einige Monate
(vgl. Joachim von Schwarzkopf, *Ueber politische Zeitungen
und Intelligenzblätter in Sachsen, Thüringen, Hessen und*

einigen angränzenden Gebieten, Gotha 1802, S. 58). Es sieht demnach so aus, als verweise der Text nur deshalb auf die ominösen »Sondershausischen Nachrichten«, um für glaubwürdig und authentisch genommen zu werden. So einmalig, wie diese Angabe glauben machen will, ist das geschilderte Ereignis nämlich gar nicht: In der Sammlung deutscher Sagen der Brüder Grimm (Darmstadt 1981) findet sich als Nr. 128 der Text *Die Müllerin*, der bis in viele Details hinein dem vorliegenden entspricht. Dort endet die Geschichte allerdings mit dem Tod der Hebamme; sie liegt nicht bloß, wie hier, scheintot in der Kammer.

Auch wenn das Motiv der Scheintoten nicht breit ausgestaltet wird, ist es doch wichtig, um die Verwicklungen im zweiten Teil des Textes zu ermöglichen, die schließlich mit der Hinrichtung der Übeltäterin angemessen aufgelöst werden.

Dieses Motiv der Scheintoten gehört zu den ganz wichtigen Erzählmotiven der populären Literatur und wird auch im Bänkelsang des 19. Jh.s immer wieder aufgegriffen. Vgl. Schenda, 1977, S. 386 ff.; zur Tradition Lutz Röhrich (Hrsg.), *Erzählungen des späten Mittelalters und ihr Weiterleben in Literatur und Volksdichtung bis zur Gegenwart*, Bd. 2, Bern/München 1967, S. 86 ff.; ein Bänkelsang-Text etwa bei Petzoldt, 1982, S. 32 ff.: *Der Schwur der Treue und die gezwungene Ehe oder: Die lebendig begrabene Braut*; allgemein: Philippe Ariès, *Geschichte des Todes*, München 1982, S. 504 ff. Auch Rudolph Zacharias Becker geht in seinem *Noth- und Hülfs-Büchlein für Bauersleute* (Nachdr. hrsg. von Reinhart Siegert, Dortmund 1980) auf das Problem ein, allerdings und ganz im Gegensatz zum Bänkelsang mit volksaufklärerischem Interesse, vgl. S. 13 ff. »Der Herr Pfarrer liest aus dem Noth- und Hülfsbüchlein die Vorschrift: was man thun soll, daß bey Sterbefällen die Leute nicht eher begraben werden, bis sie todt sind«, und S. 18 ff. »Was man mit Leuten machen soll, von denen man nicht gewiß weiß, ob sie todt sind«.

In die Ton-Angabe hat sich sicher ein Druckfehler eingeschlichen. Es muß sich um das im 19. Jh. sehr bekannte Gedicht

Gottfried August Bürgers *Die Weiber von Weinsberg* (Lied-eingang: »Wer sagt mir an, wo Weinsberg liegt?«) handeln, das 1777 im Voßschen *Musenalmanach* erschien. Die Melodie soll, so Franz Magnus Böhme, *Volksthümliche Lieder der Deutschen im 18. und 19. Jahrhundert* (Leipzig 1895, S. 127), von Johann André (1741–99, Kapellmeister in Berlin) stammen. Für die im *Musenalmanach* abgedruckte Fassung, die kaum von der bei Böhme gegebenen abweicht, wird jedoch D. Weiß als Komponist genannt. (Vgl. *Bürgers Gedichte*, T. 2: *Nachlese*, hrsg. von Ernst Consentius, Berlin/Leipzig [u. a.], [o. J.], S. 186 – Faksimile der Komposition für den *Musenalmanach* – und S. 420 f.). Über der Komposition der Hinweis »mit bänkelsängerischem Ausdruck« (ebd., S. 186). Daß Bürger selber dieser »Ausdruck« gelingen konnte, zeigen seine Balladen *Lenore* und *Des Pfarrers Tochter von Taubenhain*, welche die Bänkelsänger bald in ihr Repertoire aufnahmen (vgl. Sternitzke, S. 17 ff.).

Nach Böhme, S. 126.

82 Datum im Text 1802; 4 S., 16,6 × 10,9.
Bibliothèque Nationale et Universitaire Strasbourg: R 104 308 III, 2; Deutsches Volksliedarchiv: Bl 6829.

Die Teuerungswelle, von der hier die Rede ist, hat tatsächlich stattgefunden (von etwa 1800 bis zum Staatsbankrott von 1811). So kostete etwa eine »ordinari Semmel« 1805 auf dem Wiener Markt bereits 126 % mehr als 1800, fünf Jahre später war der Preis auf das Vierfache von 1800 gestiegen; die Preissteigerung für Roggenbrot betrug 116 % (1805) bzw. 255 % (1810), die für Rindfleisch 71 % (1805) bzw. 310 % (1810). (Nach Ferdinand Opll, »Studien zur Versorgung Wiens mit Gütern des täglichen Bedarfs in der ersten Hälfte des 19. Jahrhunderts«, in: *Jahrbuch des Vereins für Geschichte der Stadt Wien* 37, 1981, S. 50–87, hier: S. 85.) Sicherlich ist der Text in der Tradition des Motivs vom versteinerten Brot zu sehen. Wo dieses Motiv aber aufgegriffen wird, handelt es sich um zwei Schwestern, von denen die reiche den (ebenfalls) sechs Kindern der armen nichts abgeben will. (Einige Beispiele bei Lutz Röhrich / Rolf Wilhelm Brednich [Hrsg.], *Deutsche Volkslieder. Texte und Melodien*, Bd. 1, Düsseldorf 1965, S. 263 ff.).

Kornwucherer werden schon im frühneuzeitlichen Predigtexempel ganz ähnlich bestraft wie der Geizhals im vorliegenden Bänkelsangheftchen: »Im Jahr Christi 1571 ist bey Saltzburg ein Unbarmhertziger von Adel gewesen / der niemand / als sehr theuer etwas von Geträydige ausgelassen. Zu dem kam ein Bauer mit demühtiger Bitte / er wolte ihm / um gewisse Bezahlung / einen Sack Korn lassen. Aber der Edelmann schlug es ihm ab / weil wenig Groschen an Geld fehleten. Der Bauer gehet aus Ungedult heim / und bringet Weib und Kinder um / gehet bald wieder zu den Juncker / und zeiget ihm diese That an. Der Edelmann erschrickt / und befiehlet / man soll dem Bauer Geträydig zumessen / aber an statt des Korns sind eitel Kröten und Schlangen gefunden worden / darob hat sich der Edelmann noch hefftiger entsetzet / und von Sinnen kommen. Also kann Gott die Wucherer straffen.« (Zit. nach: Ernst Heinrich Rehermann, *Das Predigtexempel bei protestantischen Theologen des 16. und 17. Jahrhunderts*, Göttingen 1977, S. 347 f.)

Der Kornwucherer dieses Wiener Textes, der Hauptsünde der *avaritia*, der Habsucht, schuldig geworden, gewinnt schließlich Züge einer mittelalterlichen »Frau Welt«-Allegorie: Erst als er sein Hemd aufknöpft, sieht er seine von Würmern zerfressene Brust – so wie die liebliche Schauseite der Frau Welt nichts verrät von den Würmern, Schlangen, Krö-

345

ten, die ihren Rücken zerstört haben. Vielleicht hat sich auch Kafka in seiner Erzählung *Ein Landarzt* von diesem Topos inspirieren lassen: Der Junge, den der Arzt heilen soll, hat »in der Hüftengegend [...] eine handtellergroße Wunde [...] Wer kann das ansehen ohne leise zu pfeifen? Würmer, an Stärke und Länge meinem kleinen Finger gleich, rosig aus eigenem und außerdem blutbespritzt, winden sich, im Innern der Wunde festgehalten, mit weißen Köpfchen, mit vielen Beinchen ans Licht. Armer Junge, dir ist nicht zu helfen.« Die Erzählung verweigert ein einfaches Angebot von Heilung und Heil: »Immer das Unmögliche vom Arzt verlangen. Den alten Glauben haben sie verloren; der Pfarrer sitzt zu Hause und zerzupft die Meßgewänder, eines nach dem andern; aber der Arzt soll alles leisten mit seiner zarten chirurgischen Hand.« (Franz Kafka, *Gesammelte Werke*, hrsg. von Max Brod, Bd. 4, Frankfurt a. M. 1976, S. 115.) Da hätte es der Kornwucherer im vorliegenden Bänkelsangtext schon leichter: Er müßte ›nur‹ seine Habsucht bezwingen.

Die Ton-Angabe bezieht sich auf einen in Heftchen mit ›schönen neuen Liedern‹ sehr verbreiteten Text (vgl. die Bl-Nrn. im DVA 4504, 4827, 6930, 7111, 7163, 9861).

Die Angabe, »Von einem Wiener Studenten« stamme das Gedicht, könnte durchaus den Tatsachen entsprechen; neben den Bänkelsängern selbst betätigten sich Lehrer, Pfarrer, gescheiterte Intellektuelle als Hausdichter oder Gelegenheitspoeten für die Verlage.

Lit.: Einen weiteren Bänkelsangtext über einen Kornwucherer bringt Petzoldt, 1978, S. 193 ff. (*Schaudervolle Begebenheit | eines | Kornwucherers | Namens Steinholz | ein Handelsmann und Pachter | im | 66sten Jahre seines Alters | welcher | den 27sten Jan. 1795 von den Mäusen lebendig | gefressen worden,* [...] Frankfurt gedruckt 1795.) Nicht nur erleidet dieser Geizhals fast das gleiche Schicksal wie der Kornwucherer des Wiener Textes, er heißt auch so; möglicherweise liegt mit dem Wiener Heftchen eine aktualisierte Bearbeitung des Frankfurter Druckes von 1795 vor. Die

Motivvariante, daß der Geizkragen von Mäusen gefressen wird, ist jedoch auch aus der Sage bekannt; vgl. (mit zahlreicher Lit.) Hanns Bächtold-Stäubli (Hrsg.), *Handwörterbuch des deutschen Aberglaubens*, Bd. 1, Berlin/Leipzig 1927, Art. ›Brot‹, insbes. Sp. 1599 ff. Für den weiteren Zusammenhang vgl. Manfred Frank (Hrsg.), *Das kalte Herz. Texte der Romantik*, Frankfurt a. M. ²1981; dort vor allem Franks ausführlichen Essay »Steinherz und Geldseele. Ein Symbol im Kontext«.

87 8 S., 18,1 × 11,5.
Stadtbibliothek Braunschweig: III 0/379.

Ein Heftchen, dessen Text fast identisch ist mit dem Braunschweiger Exemplar, befindet sich im Stadtarchiv Hannover: Sammlung Jänecke Nr. 708. Es muß jedoch einige Monate später erschienen sein, denn im Titel heißt es »[...] welcher den Lohn für seine Greuelthaten den | 14ten May 1804 durchs Rad | empfangen hat. | Zelle 1804«. Der Schluß des Prosatextes ist ebenfalls entsprechend geändert: »Er wurde also den 14ten May 1804, nach Urtheil und Recht, von unten auf gerädert.« Der Text aus Celle ist also ein Nachdruck und belegt, wie der Bänkelsang Ereignisse aktualisiert, um sie als wichtige und bedeutungsvolle auch an entfernteren Orten, wo solche ›Bearbeitungen‹ kaum als Reprisen durchschaut wurden, abzusetzen.
Auch in diesem Text spielt die Siebenzahl eine wichtige Rolle (vgl. Text S. 20): Nach »sieben Mordthaten« ist Hammelmanns imaginäres Sündenmaß voll. Die Hauptsünde der Habsucht hat Initialwirkung; mechanisch reiht sich dann Mord an Mord.
Der Autor des Heftchens hat es hier dem Sänger überlassen, nach welcher Melodie das Lied vorgetragen werden sollte; wichtig nur: »In bekannter Melodie«.
Lit.: Braungart, S. 99 ff. Vgl. auch den Text bei Fraenger,

S. 68 ff.: *Beschreibung der 7fachen Mordtat, welche am 21. August 1817 der Schreinermeister Johann Gottlieb Moog zu Frankfurt am Main an seiner Ehegattin, fünf Kindern und an sich selbst verübt.*

93 1816; 8 S., 18,6 × 11,5.
  Stadtbibliothek Braunschweig: III 0/379.

Ausdrücklich bringt der Text den Brudermord in Verbindung mit dem Kain-Abel-Stoff (1 Mose 4,1 ff.), wenn auch mit vertauschten Rollen: Der Schäfer übernimmt hier den Part Kains; der arglose Abel »ist Hannöverscher Soldat«. Die Postfiguration, die in der Literatur immer wieder gestaltet wurde, wird hier allerdings säkularisiert: Der »guten Obrigkeit« bleibt die Tat nicht verborgen.
Motiviert wird die »Kainsthat« mit der Hauptsünde der *avaritia* (Habsucht) (Str. 7), während im biblischen Text die *invidia* (Neid) zum Brudermord treibt.
Mit besonderem Recht könnte man bei diesem Lied von einer Bänkel*ballade* sprechen: Lyrische, epische und dramatische Elemente vereinen sich hier.
Lit: Zum Kain-Abel-Stoff in der Literatur vgl. Elisabeth Frenzel, *Stoffe der Weltliteratur*, Stuttgart [4]1976, S. 386 ff. (mit weiteren Literaturhinweisen); zum verwandten Motiv des Bruderzwists und Brudermords dies., *Motive der Weltliteratur*, Stuttgart 1976, S. 80 ff.
Der gleiche Text auch im Stadtarchiv Hannover: Sammlung Jänecke Nr. 0732.

98 8 S., 18,5 × 11,0.
  Stadtbibliothek Braunschweig: III 0/379.

Für dieses Lied läßt sich begründet vermuten, daß es auch tatsächlich einmal in Bänkelsängermanier auf dem Jahrmarkt vorgetragen wurde (s. die Bemerkungen im Nachwort zu der

Belegstelle in Tiecks *Sternbald*). Der Text ist allerdings, wie häufig im Bänkelsang, eine Reprise; er ist bereits im 18. Jh. verbreitet (s. Text S. 60). Doch das schon auf dem Titelblatt als zentral ausgewiesene Motiv des versklavten und vor den Pflug gespannten Handwerksburschen dürfte mit dem in der Erzählforschung bekannten Motiv des Grafen von Gleichen bzw. des Edelmannes im Pflug zusammenhängen. Und das hat eine viel weiter zurückreichende Tradition. In ihre Sammlung *Deutsche Sagen* (Darmstadt 1981) nehmen die Brüder Grimm einige Texte auf, die dieses Motiv variieren (vgl. etwa Nr. 537 und Nr. 557). Ernst Heinrich Rehermann, *Das Predigtexempel bei protestantischen Theologen des 16. und 17. Jahrhunderts*, (Göttingen 1977), druckt mehrere Predigtexempel des 17. Jh.s ab, die dieses Motiv gestalten.

Das Lied ist als Akrostichon konzipiert: Die Anfangsbuchstaben der 25 Strophen ergeben, aneinandergereiht, den Namen des in Sklaverei geratenen Liegnitzer Schornsteinfegers. Derart artifizieller Gestaltungsprinzipien bedient sich der Bänkelsang selten; damit die kunstvolle Bauform dem Leser auch nicht entgeht, weist der Titel des Heftchens schon darauf hin.

In einem kurzen Prosanachwort werden die Raritäten aufgezählt, die der Handwerksbursche von seiner Reise mitbringt; gut möglich (die Numerierung deutet darauf hin), daß solche Gegenstände dem Jahrmarktspublikum direkt gezeigt (vgl. Text S. 68, »wo auf Dosen gemahlte drey Bader« erwähnt werden) oder als Abbildungen auf einer Tafel vorgeführt wurden.

Die für das Lied vorgesehene Melodie soll – so Petzoldt, 1982, S. 89 – der des Liedes von der »Schlacht vor Pavia« entsprechen (s. Komm. zu S. 72). Das populäre Lied »Als einstens Herr Merkurius« ist für die Zeit um 1800 zahlreich belegt.

Lit.: Der Text ist auch abgedruckt bei Petzoldt (1982) S. 86 ff. Zu einem Druck dieses Liedes von 1812 vgl. Schenda (1971) Sp. 1496 f., mit Reproduktion des Titelblattes; und ausführlich ders., »Sechs deutsche Sklaven in Ägypten. Ein Eninger

Hausierer, ein seltener Reutlinger Druck und ihre kuriose Geschichte«, in: *Unsere Heimat. Aus Kultur und Leben in Schwaben – Beilage des Reutlinger General-Anzeigers* (24. Juni 1967) S. 1 f. Schenda erwähnt dort einen Druck der Geschichte von 1789.

Ein dem vorliegenden Text ganz ähnlicher Flugblattdruck im DVA Bl 7790 (*Traurige Geschichte | von zwei jungen Menschen, welche zehn Jahre in der | indianischen Sclaverei waren. | Sie sind am 19. August 1856 wieder in ihrer Vaterstadt Wien angekommen. | Diese Geschichte ist von einem dieser Unglücklichen selbst geschrieben.* – Kolophon: »Saargemünd, gedruckt bei Ant. Weiß.«).

108 1824 oder später (Hinrichtungsjahr ist 1824); 2 S., 37,0 × 22,0.
Stadtarchiv Hannover: Sammlung Jänecke Nr. 0743.

Der Text versucht, wie eine Zeitung daherzukommen (s. Datierung); dabei ist das hier aufgegriffene Motiv wahrlich nicht besonders neu: Es ist eine Variante des Erzählmotivs vom ›Mordwirtshaus‹. Der arglose Gast – zuweilen ist das der unerkannt heimkehrende Sohn, der seine Eltern überraschen will; dann handelt es sich um das Motiv der ›Mordeltern‹ – wird in der Nacht umgebracht, weil er seinen Gastgebern leichtfertig gezeigt hat, wie wohlhabend er ist. Auch das Motiv des ›Räuberwirtshauses‹ gehört zu diesem Erzähltypus, der, so beliebt er in der populären Literatur auch ist, sich keineswegs auf diese beschränkt (vgl. etwa Kleists Erzählung *Die Verlobung in St. Domingo*, in welcher der Räuber Congo Hoango mit Hilfe der Mestize Toni sein mörderisches Unwesen treibt. Ganz im Gegensatz zu Kleist ist der Bänkelsang jedoch nicht an psychologischen Details – hier etwa: am Konflikt ›Vertrauen–Mißtrauen‹ – interessiert).

Immer wird das mörderische Geschehen an traditionell anrüchigen Orten angesiedelt: in der einsam gelegenen Schenke, im Forsthaus, in der Mühle (zu Müller und Mühle vgl. Wer-

ner Danckert, *Unehrliche Leute. Die verfemten Berufe*, Bern/
München 1963, S. 125 ff.). Eichendorff läßt Friedrich, den
Helden seines Romans *Ahnung und Gegenwart* (1811),
gleich zu Beginn schon vom Regen in die Traufe geraten: »Er
eilte darauf los und kam an eine elende, einsame Wald-
schenke. Er sah durch das kleine Fenster in die Stube hinein.
Da saß ein Haufen zerlumpter Kerls mit bärtigen Spitzbuben-
gesichtern um einen Tisch und trank. In allen Winkeln standen Gewehre angelehnt. An dem hellen Kaminfeuer, das
einen gräßlichen Schein über den Menschenklumpen warf,
saß ein altes Weib gebückt, und zerrte, wie es schien, blutige
Därme an den Flammen auseinander.« Die Mühle, in die er
sich deshalb lieber einquartiert, ist auch nicht komfortabler
als der Räuberkrug: Sie entpuppt sich als Mordmühle. Nur
mit Mühe gelingt es Friedrich, seine Haut zu retten (*Sämtli-
che Werke*, begr. von Wilhelm Koch und August Sauer, fort-
gef. und hrsg. von Hermann Kunisch und Helmut Koop-
mann, Bd. 3, hrsg. von Christiane Briegleb und Clemens
Rauschenberg, Stuttgart/Berlin [u. a.] 1984, S. 14 ff.). Man
sieht: Die ›hohe‹ Literatur steht hier der populären kaum
nach.

Dem vorliegenden Text ist ein Colmarer Druck von 1859
durchaus ebenbürtig; der Inhalt nach Schenda, 1977, S. 386:
»1859 übernachten drei französische Soldaten in einem russi-
schem [!] Forsthause, um in der Nähe einen verborgenen
Schatz zu holen. Sie geben dem Förster für seine Hilfe ein
Viertel, aber dessen Frau will alles Geld: ›Dann bereitete die
vom Teufel überwältigte Frau ein kochendes Oel und goß den
im Schlaf versunkenen Franzosen das kochende Oel in den
Mund, über das Gesicht, die Augen und die Ohren. Der
Mann, der zu dieser That leuchtete, durchbohrte mit einem
Hirschfänger die Brust der Franzosen und machte so ihrem
Leiden schnell ein Ende.‹ Der Oberförster entdeckt jedoch
Blutspuren und die Leichen im Keller. Die Mörder werden
nach Sibirien verbannt.« Ohne daß man diesen Text gleich als
Plagiat charakterisieren muß: das stofflich-motivische Behar-
rungsvermögen des Bänkelsangs macht er doch sehr deutlich.

Zu überlegen wäre, inwieweit solche Texte ›symbolische Bearbeitung‹ ermöglichen. Schließlich wird hier der ›Erbfeind‹ eliminiert (und das nicht ganz zu Unrecht, so legt es der Stolper Text nahe: Zu dem Schatz ist der Franzose ja nicht auf rechtmäßige Weise gekommen), und zwar auf so grausige Weise, daß der Leser über jeden Verdacht erhaben ist, er sympathisiere gar mit dem Mörder.

Lit.: Schenda, 1977, S. 410 ff. (»Höhle, Mühle, Försterhaus«); auch Friedrich Raumers, *Kulturgeschichte der Gaststätte,* Berlin 1942, S. 806 ff. (»Gefahren der Straße, Straßenraub, Räuberkrüge und Mordwirtshäuser / Gasthofsdiebstahl / Abenteurer und Hochstapler«).

116 1824; 8 S., 18,5 × 11,3.
     Stadtarchiv Hannover: Sammlung Jänecke Nr. 0745.

Tatsächlich ist Elze, wie es der Text behauptet, immer wieder von Bränden zerstört worden. Der Brand von 1734 dürfte dabei der folgenschwerste gewesen sein. – Bänkelsang als populäre Lokalgeschichtsschreibung: Die im vorliegenden Text geschilderten Ereignisse entsprechen weitgehend den historischen Tatsachen.

Das Leben der Brandstifterin, dieses »weiblichen Ungeheuers« (vgl. *Der Racheschwur oder: Formosa, das weibliche Ungeheuer,* Lied bei Gornik, S. 22 ff.), steht von Beginn an unter einem schlechten Stern: Sie ist eine ›Frucht der Sünde‹ und damit ihre Verbrecherkarriere unvermeidlich. Nicht mit einem Hinweis – etwa – auf die soziale Verwahrlosung der Brandstifterin wird ihre Tat erklärt, sondern ein Vorurteil wird aktiviert.

Prosaerzählung und Lied legen nahe, daß das Heftchen kurz vor oder während der Hinrichtung verkauft wurde.

Lit.: Jürgen Huck, »Elze, die Stadt der Brände«, in: *Niedersachsen* 49 (1949) S. 133–135.

124 8 S., 18,0 × 11,5.
Stadtarchiv Hannover: Sammlung Jänecke Nr. 0750.

Die Angaben auf dem Titelblatt entsprechen den Tatsachen:
In Friedrich Wilhelm Andreaes *Chronik der Residenzstadt
Hannover von den ältesten Zeiten bis auf die Gegenwart*,
Hildesheim 1859, wird S. 329 vermerkt: »Friedrich Lorenzen
aus Norwegen, 30 Jahr alt, ›weil er seine Braut und zwei
Kinder in's Wasser geworfen‹, am 19. April 1825 mit dem
Schwerte enthauptet.«
Die Gestaltung des Titelblattes läßt vermuten, daß der Druck
aus dem gleichen Verlag kommt wie der von der Brandstifterin Büscher. Möglicherweise handelt es sich um die Buchdruckerei S. A. Pockwitz, in der die Brüder Jänecke, aus
deren Sammlung der Text stammt, arbeiteten, bis sie sich
1827 selbständig machten (vgl. Komm. zu S. 20). Offensichtlich versucht der Text, die spektakuläre Tat und Hinrichtung Lorenz' noch besser zu vermarkten: Er wird einem
etwas früher erschienenen Heftchen mit dem eigentlichen
Hinrichtungslied nachgeschoben. Ein Exemplar dieses ersten
Heftchens befindet sich ebenfalls in der Sammlung Jänecke,
Stadtarchiv Hannover (Nr. 0753): *Gedicht* | *bey* | *der Hin-
richtung* | *des* | *dreifachen Mörders* | *Christian Friedrich
Lorenz.* | *Hannover 1825.* Unter dem Titel wiederum der
Totenschädel mit Schwert (in genau der gleichen Ausführung
und Größe wie beim vorliegenden Druck). Vermutlich war
das zweite (hier wiedergegebene) Heft schon bei der Herstel-
lung des ersten geplant. Beide teilen sich die Arbeit. Die
Gedichte des ersten schildern sehr effektvoll die Tat (»Heut'
verliert durch Henkershand das Leben, | L o r e n z , der die
Menschheit tief verletzt. | Selbst ein Tieger schützet seine
Jungen, | Er! – ein Mensch! – führt sie zum blut'gen Ort, |
Und das Winseln von der Kinder Zungen, | Rührt ihn nicht!
– verübt den Greuelmord.«) und spenden »Trostworte für
den armen Sünder«. Der zweite Text ›erhellt‹ dagegen die
Hintergründe.

128 1825 (oder später); 4 S., 23,0 × 18,5.
Stadtarchiv Hannover: Sammlung Jänecke Nr. 0755.

Die Nienburger Brücke stürzte tatsächlich am 6. Dezember 1825 ein; Neubau erst 1892/93 (Heinrich Lindner, *Geschichte und Beschreibung des Landes Anhalt*, Dessau 1833, S. 601; Erich Keyser [Hrsg.], *Deutsches Städtebuch*, Bd. 2, Stuttgart/ Berlin 1941, S. 622 ff.).
Erst am Ende des Prosatextes kommt ein traditionelles Argument des Bänkelsangs zum Vorschein, nachdem der Einsturz der Brücke zunächst ganz rationalistisch erklärt wurde (»Man äusserte indessen nicht sowohl Bedenken gegen die sichere Ausführbarkeit des Gedankens, als vielmehr gegen den höchst luftigen und kecken Bau«). Mit seinen rationalistischen Erläuterungen des Unglücks, die eindeutig dominieren gegenüber der Schilderung der Katastrophe, ist der Text ganz untypisch für den Bänkelsang (vgl. dagegen den folgenden Text vom Gossauer Kircheneinsturz). Nur in der ersten und letzten Strophe des Liedes deutet sich an, daß der Brückenbau als ein eitles, ein hybrides ›babylonisches‹ Projekt zu verstehen sei (»Alles, Alles – Tand«; vgl. Fontanes Ballade *Die Brück am Tay*: »Tand, Tand | ist das Gebilde von Menschenhand!«).
Die Melodie wird hier nach einer um 1801 bekannten Fassung wiedergegeben. Sie soll, nach Böhme, von Christian Benjamin Klein (gest. 1825) stammen.

Nach: Franz Magnus Böhme (Hrsg.), *Volksthümliche Lieder der Deutschen im 18. und 19. Jahrhundert*, Leipzig 1895, S. 595.

136 1825; 2 S., 37,0 × 22,5.
Stadtarchiv Hannover: Sammlung Jänecke Nr. 0756.

Der Text beruht auf historischen Tatsachen. Allerdings ereignete sich das Unglück bereits am 20. Juni 1820, und von einem Erdbeben, das den Einsturz der Kirche verursacht haben soll, ist nichts bekannt. Auch die Zahl der Toten und Verwundeten ist stark übertrieben. In Wirklichkeit sollen 25 Tote und 297 Verwundete zu beklagen gewesen sein. Möglicherweise wurden hier zwei Ereignisse durcheinandergebracht. (Vgl. Schenda, 1971, Sp. 1613, Nr. 868: *Trauriger | Bericht | von | dem verheerenden | Berg-Sturz | in der Schweiz, | welcher | vier beträchtliche Dorfschaften, in 331 Häuser | bestehend, nebst 1400 Einwohnern in Zeit | 5 Minuten ganz begraben, wo gar | keine Spur mehr zu sehen ist.* [...] *1809.* Der Goldauer Bergsturz ereignete sich allerdings bereits 1806.) Im Liedtext ist von dem Erdbeben nicht die Rede. Daran daß der Kirchenbau in Angriff genommen wurde, um »den Schöpfer zu verehren« (Str. 2), scheinen sich die Schaulustigen nicht mehr zu erinnern. *Säkulare* Neugierde läßt sie auf das Dach klettern (»Nehmt Euch, liebe Leut', in Acht, | Das Ihr Euch aus Neugierdsfreude | Nicht unglücklich dabei macht.« – Str. 7). So verfehlt man die eigentliche Legitimation des Kirchenbaus, und das wird dann auch prompt bestraft. Wie in diesem Text das mittelalterliche *curiositas*-Verbot fortlebt, das ist ein deutliches Beispiel dafür, wie im Bänkelsang Erklärungsmuster eines tradierten Weltbildes weitergetragen werden. (Zur Geschichte des *curiositas*-Verbots allgemein vgl. Hans Blumenberg, *Der Prozeß der theoretischen Neugierde*, Frankfurt a. M. 1973.)

Lit.: Der Liedtext mit geringen Abweichungen auch bei Fraenger, S. 44 ff., und Pinson, S. 426 ff. Ein *Historisches Trauerlied über das unglückliche Ereigniß zu Goßau, Kantons Zürich* in der Zentralbibliothek Zürich. Der Text dieses Liedes und ausführlicher Kommentar bei Jakob Zollinger, »Vor 150 Jahren: Der Gossauer Kircheneinsturz«, in: *Gossau*

– *Deine Heimat* (1970) H. 3, S. 12–32 und S. 78 (Lit.). Vgl.
auch: A[lbert] Heer, »Die Kirche von Gossau. Ergänzungen
durch J[akob] Zollinger, Nachtrag W[alter] Reiser«, in: *Gossau – Deine Heimat* (1982) H. 6, S. 5–109, insbes. S. 57 ff.
Der Kircheneinsturz wird auch in einem Kalender von 1821
beschrieben (»*Der lustige Schweizer | enthaltend nebst dem |
alten und neuen Kalender | auf das Jahr 1821: | eine Menge
lustiger Anekdoten und Geschichten, einige der merkwür- |
digsten Begebenheiten, so sich im Laufe des vergangenen
Jahrs zuge- | tragen, unter anderm das Unglük in Gossau
[. . .]*. Schaffhausen, in der Hurterschen Buchdruckerey zum
Jordan.«), aber ohne die Übertreibungen des Bänkelsangtextes.
Über den Goldauer Bergsturz, der auch in der populären
Literatur ein enormes Echo hervorgerufen hat, berichtet ausführlich Josef Niklaus Zehnder, *Der Goldauer Bergsturz.
Seine Zeit und sein Niederschlag*, Goldau 1974. Ein Bänkelsangtext über einen Hauseinsturz bei Petzoldt, 1968, Nr. 8:
*Das schreckliche Unglück | durch den | Einsturz eines Hauses |
in Edinburg, | wobei über 40 Menschen ihren Tod fanden.*

142 4 S., 22,0 × 18,5.
Stadtarchiv Hannover: Sammlung Jänecke Nr. 0758.

Isaac Moses alias Mausche Nudel gehörte zu einer bekannten
Gaunerfamilie (vgl. Carsten Küther, *Räuber und Gauner in
Deutschland. Das organisierte Bandenwesen im 18. und frühen 19. Jahrhundert*, Göttingen 1976, S. 81). Der vorliegende
Text, ein Beleg für das kaum überschaubare und alle literarischen Gattungen umgreifende Genre ›Räuberliteratur‹ des
18. und 19. Jh.s, kann seine Sympathie für den tollen Kerl
kaum verhehlen. Mit großem Respekt wird kommentiert,
wie Nudel sein Todesurteil entgegennimmt: »in diesem
Augenblicke bewies er eine Stärke des Geistes, die, um Räuberanführer seyn zu wollen, der stündlich der Gefahr ausge-

setzt ist, durch Henkers-Schwerdt fallen zu müssen, ihn wirklich unter die größten Personen dieser Sphäre zu zählen geeignet ist.« – Welchem Verbrecher brächte der Bänkelsang sonst schon einmal so viel ›Verständnis‹ entgegen (s. auch den Schluß des Prosateils)? Die berühmtesten Kollegen Nudels waren der bairische Wildschütz und Räuber Hiesel alias Mathias Klostermayer (1736–71) und der hessische Schinderhannes alias Johannes Bückler (1777 oder 1783–1803), beide schon zu Lebzeiten legendäre Gestalten; beider Leben und Hinrichtung wurde von zahllosen populären Drucken behandelt.

Die wichtigsten literarischen Räuber dieser Zeit – Schillers Karl Moor aus seinem 1782 uraufgeführten Drama *Die Räuber*, Heinrich Zschokkes *Abällino* aus seinem gleichnamigen Roman von 1794 und Christian August Vulpius' *Rinaldo Rinaldini* von 1798/99 – sind alle in populären Texten vertreten; besonders häufig Rinaldo. Die Beliebtheit von Räubergeschichten im Bänkelsang (und in der Literatur überhaupt) erklärt sich nicht allein daraus, daß hier das Thema gewissermaßen zur Kumulation zwang (*Liebe, Mord und Abenteuer* – so der Titel von Gustav Sichelschmidts *Geschichte der deutschen Unterhaltungsliteratur*, Berlin 1969, s. dort Kap. V ›Räuberpistolen‹, S. 78 ff.). In diesen Texten nahm sich einer – stellvertretend für die Konsumenten der Texte – die Freiheiten, die die Wirklichkeit vorenthielt, praktizierte Privatrevolution, rückte die Verhältnisse aus eigener Kraft zurecht. Nicht umsonst spielt der Typus des edlen, gerechten Räubers eine besonders wichtige Rolle (auch etwa bei Schiller).

Das *Lied vom Mausche Nudel* ist nach der Melodie eines im 18. und 19. Jh. vor allem, wie es scheint, in Norddeutschland verbreiteten Textes zu singen (vgl. DVA: Bl-Nrn. 1692, 2622, 4490, 6438, 6778). Auch wenn die Popularität dieser ›neuen Lieder‹ vom Bänkelsang immer wieder genutzt wurde: mit ihrem meist amüsant-witzigen Charakter hat er kaum etwas gemeinsam, das wird hier schon bei der ersten Strophe deutlich: »Verzeihen sie mein Herr Baron, mein armes Herz das wählte schon, sie sind zwar artig, jung und schön, doch Fritzchen hab ich mich ersehn. Verzeihen sie, mein Herr Baron, mein armes Herz das wählte schon.« (*Sechs schöne neue Lieder* [. . .]. *Zu bekommen in der Brauerschen Buchdruckerei* [o. O., o. J. – J. M. Brauer, 1751–1829]; Staats- und Universitätsbibliothek Hamburg: Scrin A 56, Nr. 9 [11]; DVA: Bl. 6439).

Lit.: Schenda, 1977, S. 397 ff. (›Rosige Räuber‹; mit zahlreichen Literaturhinweisen); Elisabeth Frenzel, *Motive der Weltliteratur*, Stuttgart 1976, S. 578 ff. (›Räuber, Der gerechte‹); die Literatur zum bairischen Hiesel, zum Schinderhannes, zum historischen Gaunertum überhaupt bei Küther, *Räuber und Gauner in Deutschland*. Außerdem: Manfred Franke (Hrsg.), *Schinderhannes. Kriminalgeschichte, voller Abentheuer und Wunder und doch streng der Wahrheit getreu, 1802* [. . .], Berlin 1977 [u. ö.]; ders., *Schinderhannes. Das kurze, wilde Leben des Johannes Bückler, neu erzählt nach alten Protokollen, Briefen und Zeitungsberichten*, Düsseldorf 1984; und allgemein Friedrich Christian Benedict Avé-Lallement, *Das deutsche Gaunertum in seiner sozialpolitischen, literarischen und linguistischen Ausbildung zu seinem heutigen Bestande*, Leipzig 1858–62.

152 1827; 2 S., 37,0 × 21,7.
Stadtarchiv Hannover: Sammlung Jänecke Nr. 0765.

Der Text greift ein Kapitel aus dem griechischen Unabhängigkeitskrieg auf. Das Seegefecht von Navarino (Pilos, Hafenstadt an der SW-Küste der Peloponnes) stellte eine wichtige Etappe in diesem Krieg dar, der erst im russisch-türkischen Krieg von 1828/29 endgültig zugunsten Griechenlands entschieden wurde. Die »Schutzmächte« Rußland, England und Frankreich bestätigten die griechische »Unabhängigkeit« auf der Londoner Konferenz von 1830; um sie zu »sichern«, wurde 1832 Otto I. von Bayern zum griechischen König gewählt (Otto blieb König bis 1862).
Der griechische Unabhängigkeitskrieg wurde in der Literatur

(wie auch in diesem Jahrmarktstext) verschiedentlich phil-
hellenistisch behandelt (vgl. Hölderlins *Hyperion*): Modell
eines Freiheitskampfes, der im eigenen Land nicht zu führen
war.

Der Text wiederholt das traditionelle Türkenbild (nicht nur)
der populären Literatur (vgl. etwa auch Uhlands Ballade
Schwäbische Kunde); seit dem 16. Jh. nehmen Berichte von
türkischen Greueltaten, Warnungen vor türkischen Invasio-
nen usw. in Flugblättern und Flugschriften einen breiten
Raum ein. Ein Hamburger Text von 1857 (s. Neunzig,
S. 56 ff.) ist ein besonders drastisches Beispiel dafür, wie auch
im Bänkelsang nationale Vorurteile weitergetragen werden:
*Babet und Zerlina, oder Die Schrecklichen zu Wasser und zu
Lande.* Das Lied teilt mit der ersten Strophe in Gute und
Böse: »O wie grausam mußte bluten | Hier der deutsche
Edelmuth! | Unter rohen Türkenhänden | Fließt der armen
Christen Blut; | Schaurig schallt ihr Angstgeschrei | In den
Lüften weit und breit.« Doch glücklicherweise stehen die
Rächer schon bereit: »Rache dieser Türkenbrut, | Die uns
raubte Hab und Gut! || Und bald nennt man schreckens-
voll | Babet und Zerlinas Namen | Ihrem Schwert nur Blut
entquoll | Schmach und Geißel den Islamen. | Sie vergelten
tausendfach | Aller Christen Ungemach. || Schonet weder
Greis noch Kind, | Alles muß ihr unterliegen, | Und ob
Türken rachgesinnt, | Immer nur die Christen siegen; | [...]
Doch ihr Mund im Sterben träumet | Aller Türken Unter-
gang, | Und die Christenschaar erneuet | Ihren alten Rache-
gang; [...] Und es fließt der Türken Blut | Fortan unter
Christenstreichen, | Es erliegt der Türkenmuth, | Ihren
Zweck je zu erreichen. | Eitel ist nur ihre Müh; | Denn nur
blutig fallen sie.« – Ein Text aus der Produktion des Verlags
Reiche (Nr. 887, nach 1900, DVA: Bl 9452) verbrämt deutschen Kolonialismus in Afrika, indem er deutsche Truppen
als Befreier von Sklavenhändlern rühmt. »Heil dem Volke,
welches endlich | Schnödem Sklavenhandel wehrt | Drum
den Deutschen über alles | In Kilwa der Schwarze ehrt.« – so
endet das Lied als Preisgesang auf deutschen Edelmut. Man

fühlt sich bei solchen Elaboraten nicht ganz zu Unrecht an manche balladeske Großtaten der Strachwitz, Münchhausen, Miegel und Strauß und Torney erinnert, die kaum weniger blutrünstig und nationalistisch sind.

Historische Ereignisse werden vom Bänkelsang immer wieder thematisiert (vgl. etwa Petzoldt, 1968, Nr. 25 und 26; einige Beispiele auch bei Neunzig, S. 99 ff.). Der Bänkelsang schließt damit an das frühneuzeitliche historische Ereignislied an, ist auch populäre Zeitung. (Zum historischen Ereignislied vgl. Brednich, 1974/75, Bd. 1, S. 133 ff.)

Lit.: Senol Özyurt, *Die Türkenlieder und das Türkenbild in der deutschen Volksüberlieferung vom 16. bis zum 20. Jahrhundert*, München 1972; zum Bänkelsang insbes. S. 104 ff.

158 1827.
Kolophon: »Zu finden bey Ignatz Eder, Kupferstichhändler am Thury in der Flecksieder Gasse im eigenen Hause Nr. 76 zum guten Hirten.«
4 S., 22,3 × 18,1.
Wiener Stadt- und Landesbibliothek: E 16 201.

Der in diesem Text beschriebene Brand hat sich tatsächlich 1827 ereignet, und er muß den im 19. Jh. berühmtesten und bedeutendsten Wallfahrtsort Österreichs weitgehend zerstört haben. Das Gnadenbild konnte jedoch gerettet werden.

Das Heftchen bringt nur einen Prosabericht, was aber nicht ausschließt, daß ein Lied zu diesem Text existiert hat (vgl. Komm. zu S. 54).

Lit.: Zum Drucker Ignaz Eder (1765–1830) vgl. Brückner (1975) S. 231 (mit weiteren Literaturhinweisen): »Fruchtbar auf allen Gebieten der populären Druckgraphik im Kupferstich war die Familie Eder samt ihren Nachfahren.« (Ebd.) Zur Mariazeller Wallfahrtsgraphik ebenfalls Wolfgang Brückner, »Expression und Formel in Massenkunst. Zum Problem des Umformens in der Volkskunsttheorie«, in:

bis 139 (mit zahlreichen Beispielen populärer Darstellungen
der Wallfahrtskirche).

163   Zwischen 1835 und 1850; 8 S., 19,4 × 11,4. S. 8 Urne
mit Putto 6,0 × 7,8.
Volkskundliches Seminar der Universität Münster,
Bibliothek: Inv. Nr. 3784; Deutsches Volksliedarchiv:
Bl 4930.

Dem Goldschmiedsohn wird die Einwilligung in die Heirat
mit der Schusterstochter nicht gegeben, obwohl er dreimal
darum bittet. Danach ist für ihn das Maß voll (vgl. das – etwa
in Märchen – ständig wiederkehrende Motiv der drei Wünsche), der Konflikt kann nur noch gewaltsam gelöst werden.
Indem die Eltern ihre Zustimmung verweigern, verhalten sie
sich nur der zünftischen Hierarchie gemäß, an deren Spitze
auch der Goldschmied (aber nicht der Schuhmacher) ran-
giert.
Das Motiv der aus Standes- und Vermögensgründen verweigerten Heirat, auf dem dieser Text aufbaut, wird vom Bänkelsang häufig aufgegriffen. Doch nicht nur vom Bänkelsang.
Die 1756 von dem Anakreontiker Gleim verfaßte Ballade
Marianne, die am Beginn einer ›sentimentalischen‹ Rezeption
des Bänkelsangs durch die Hochliteratur steht, gibt im Titel
eine Lehre, sehr ähnlich der, mit der das Lied des vorliegenden Textes schließt: »Traurige und betrübte Folgen der
schändlichen Eifersucht, wie auch Heilsamer Unterricht, daß
Eltern, die ihre Kinder lieben, sie zu keiner Heyrath zwingen, sondern ihnen ihren freyen Willen lassen sollen [. . .]«
(Johann Wilhelm Ludwig Gleim, *Gedichte*, hrsg. von Jürgen
Stenzel, Stuttgart 1969, S. 51.) Gerade so warnt auch ein später Bänkelsangtext aus der Produktion des Verlages Reiche
(Stemmle, S. 38–47, hier S. 47): »Wenn einst ins junge
Herze | Zieht die wahre Liebe ein, | Treibt dann, Eltern,
keine Scherze | Mit der Kinder Liebespein. | Trauet nur voll

Zuversicht, | Treue Liebe wanket nicht.« Die Nähe Gleims zum Bänkelsang kommt nicht von ungefähr; sie war von ihm geradezu beabsichtigt. Ihm sollten seine romanzenhaften Balladen für um so geglückter gelten, je häufiger sie von Bänkelsängern auf dem Jahrmarkt vorgetragen würden: »Je öfterer dieser Versuch, von den rühmlichen Virtuosen mit Stäben in der Hand, künftig gesungen wird, desto mehr wird der Verfasser glauben, daß er die rechte Sprache dieser Dicht-Art, getroffen habe.« (Gleim, ebd., S. 71.)

Der vorliegende Text belegt die wichtige Bänkelsangproduktion des Verlags Trowitzsch. Zwischen 1818 und 1850 waren die Verlagsorte von Trowitzsch Frankfurt a. d. Oder und Berlin, ab 1850 nur noch Berlin. Auch nach der Datierung im Titel dürfte der Text zwischen 1835 und 1850 erschienen sein.

Lit.: Zahlreiche Belege für literarische Bearbeitungen des Motivs vom Standesunterschied bei Elisabeth Frenzel, *Motive der Weltliteratur*, Stuttgart 1976, S. 468 ff. (»Liebeskonflikt, Der herkunftsbedingte«). Zum Verlag Trowitzsch s. Edmund Mangelsdorf, *Das Haus Trowitzsch & Sohn in Berlin. Sein Ursprung und seine Geschichte von 1711 bis 1911*, Berlin 1911; [anonym,] »Moritaten‹. Der Anteil des Hauses Trowitzsch & Sohn am Bänkelsang«, in: *Festschrift der Oderzeitung anläßlich des 225jährigen Bestehens der Firma Trowitzsch & Sohn*, [Stettin] 1936 [o. S.]; vgl. auch Brückner (1975) S. 218 (»Frankfurt/Oder«).

168 8 S., 18,6 × 11,6.
Stadtbibliothek Lübeck: Philol. Germ. 8° 3566; Deutsches Volksliedarchiv: Bl 10 458.

Wiederum spielt die Siebenzahl eine wichtige Rolle: Sieben Kinder werden ermordet, sieben Jahre dauert es, bis die Taten ans Licht kommen. Auch an diesem Text scheinen die aufklärerischen Diskussionen um das Problem des Kindsmords, um die Notlage der ledigen Mütter spurlos vorübergegangen zu sein. Kindsmord wird hier jedenfalls nicht als privilegiertes Delikt verstanden. In der strafrechtlichen Diskussion zu Beginn des 19. Jh.s interpretierte man den Kindsmord dagegen nicht mehr einfach als Verwandtenmord, der üblicherweise mit der Todesstrafe belegt wurde. Zum Kindsmord-Motiv in der Literatur vgl. im übrigen Komm. zu S. 44.

Ein Lied über dieses Ereignis ist auch abgedruckt bei Kramer, S. 180 ff. (*Schreckliche Entdeckung eines siebenfachen Kindermordes in dem Dorfe Degedow nahe bei Grevesmühlen in Mecklenburg*).

Der Liedeingang ist zwar offensichtlich angelehnt an Franz Theodor Kuglers (1808–58) Gedicht *Die Rudelsburg* (»An der Saale hellem Strande | stehen Burgen stolz und kühn«), doch es fragt sich, ob hier auch auf die von Kugler benutzte Melodie zurückgegriffen wurde (sie stammt von F. E. Fesca aus dem Jahr 1823 und gehört eigentlich zu Friedrich Müllers, gen. Maler Müller, Gedicht *Soldaten-Abschied*: »Heute scheid' ich, heute wandr' ich«). Denn Kuglers Strophen haben fünf Verse, die des Kindsmordliedes acht. (Zu Kuglers Gedicht und Fescas Melodie vgl. Franz Magnus Böhme, *Volksthümliche Lieder der Deutschen im 18. und 19. Jahrhundert*, Leipzig 1895, S. 393 f.) Man muß vielmehr annehmen, daß sich der Autor der Moritat die Popularität von Kuglers Lied zunutze gemacht hat, um einen zugkräftigen Eingangsvers zu erhalten.

174 8 S., 19,4 × 10,9.
Stadtbibliothek Lübeck: Philol. Germ. 8° 3566; Deutsches Volksliedarchiv: Bl 10 608.

Von der Räuberromantik eines Rinaldo läßt dieser Text nur noch wenig spüren. Das besonders grausame Geschehen wird in die Ferne verlagert und historisch überhaupt nicht mehr eingebunden. Es scheint charakteristisch für die Entwicklung des Bänkelsangs im 19. Jh. – und das müßte empirisch überprüft werden –, daß sich eine Gruppe eindeutig fiktional verfahrender Texte stabilisiert, in der darauf verzichtet wird, das Erzählte an die Erfahrungswelt der Textkonsumenten anzubinden (neben einer weiterhin bestehenden Gruppe, die Zeitereignisse aufgreift; s. das letzte Textbeispiel dieser Sammlung). Der Reiche-Text *Pietro Giorgio, der bekehrte Freibeuter* (DVA: Bl 7498) gibt gleich mit den ersten Sätzen zu erkennen, daß es ihm nicht um aktuelle Berichterstattung geht: »Vor einer Reihe von Jahren wurden die Bewohner der türkischen Küstenstadt St. Quaranto von griechischen Seeräubern arg bedrängt.« Die Funktionen, die solche Texte übernehmen, sind andere als die etwa der Heftchen, die von Wunderereignissen am Gregorius- oder Mariä-Lichtmeß-Tag berichten. Man könnte versucht sein, von städtisch-industriellem (mit geschlossener Gegenwelt) und bäuerlich-vorindustriellem Bänkelsang (mit Anknüpfungsmöglichkeiten gerade bei Mirakelereignissen) zu sprechen.

Das Gedicht dieses Druckes ist erstaunlich artifiziell: Daktylisches Metrum, nur ein Reimpaar in jeder Strophe, deren Kohärenz trotzdem gewahrt ist. Das stark balladeske Lied erweckt den Eindruck, als mache es oft Anleihen bei klassischen Balladen (etwa bei Schillers *Bürgschaft*).

Der Text wurde noch einmal 1853 bei J. F. Rohr in Vegesack gedruckt (DVA: Bl 51).

181 Kolophon: »Oedenburg, Druck von C. Romwalter 1853.«
4 S., 23,0 × 19,3.
Deutsches Volksliedarchiv: Bl 5662.

Die Überlieferungsgeschichte dieses Textes dokumentiert das thematisch-motivische Beharrungsvermögen des Bänkelsangs: Die Geschichte ist schon 1811 belegt (vgl. Schenda, 1971, Sp. 1509, Nr. 212); neben dem hier wiedergegebenen Text aus Oedenburg (Sopron, NW-Ungarn) sind weitere Drucke aus Oldenburg (s. Schenda, ebd., Sp. 1545, Nr. 441) und Hamburg (Verlag Kahlbrock) bekannt. Noch die Verlagsliste von Reiche, Schwiebus, von 1932 führt als Nr. 3 *Die elf Waisen*. 1936 wurde das Lied in einer mit der vorliegenden fast identischen Fassung in Ungarn gesungen (DVA: Gr. I *Ein Landmann mußt' zu einem Doktor gehen*). Eine ganz ähnlich gestaltete, fast ebenso beliebte Variante des Waisen-Motivs ist die von den *Traurigen | Erlebnissen | sieben armer | verlassener Waisenkinder | in Amerika* (Reiche Nr. 687; abgedr. bei Kohlmann, 1983, S. 66 ff.; Parallelbelege ebd., Lit. S. 136 f.).

Trostmittel sind diese Texte, Konsolationsliteratur, die die Ideologie des Spruches »Immer wenn du meinst, es geht nicht mehr, kommt von irgendwo ein Lichtlein her« reproduziert. (Freilich findet sich das Motiv von der edlen Dame, die gerade zur rechten Zeit vorbeikommt und milde Hilfe spendet, auch in der Hochliteratur – etwa in Goethes Roman *Wilhelm Meisters Lehrjahre*.)

Karl Romwalter (1825–1902) war ein wichtiger Buchdrucker in Oedenburg; er produzierte von 1850 bis 1895 Bücher, Zeitschriften, Tageszeitungen, Druckschriften usw.

Lit.: Der Kahlbrock-Text bei Neunzig, S. 73 ff., der von Reiche bei Müller-Waldeck, S. 240 ff. (beide Drucke bringen eine ganz andere, kürzere Fassung des Liedes); Schenda (1977) S. 403 ff. (»Findelkinder, Waisen, Savoyarden«).

192 Nach 1846; 8 S., 17,4 × 12,6.
Deutsches Volksliedarchiv: Bl 9818.

Stiefmütter, die nicht grausam sind, kennt der Bänkelsang nicht. Und die Methode, sich der Kinder zu entledigen, indem man sie in den Keller steckt und dort darben oder gar verhungern läßt, wird von solchen Rabenmüttern dabei bevorzugt (einen Eindruck von der Popularität dieses Verfahrens, das sich natürlich nicht auf den Bänkelsang beschränkt, gibt Schenda, 1977, S. 360 ff.: »Gefangenschaften im Souterrain«). Mit der Ballade von der Rabenmutter haben diese Texte außer der mütterlichen Grausamkeit nichts gemeinsam (zu diesem Balladentypus vgl. Hinrich Siuts, »Die Ballade von der Rabenmutter und ähnliche Liedtypen in Europa«, in: *Zeitschrift für Volkskunde* 58, 1962, S. 238–254). Ein später Bänkelsangtext bei Kohlmann (1983) S. 56 ff. (*Die Kinder | des Verschollenen | oder: | Eine Rabenmutter*) und ebd., S. 135 f. (Komm. und Lit.); s. auch Abb. 25 und 26 im vorliegenden Band. Am Schluß des Textes läßt der unbekannte Autor die Nemesis auftreten, die für ausgleichende Gerechtigkeit sorgt. Immer wird im Bänkelsang nach dem »Jus Talionis« abgerechnet, nach dem Grundsatz, Gleiches sei mit Gleichem zu vergelten. Carl von Linné charakterisiert die »Nemesis divina« gerade so: »Jus Talionis est« (Carl von Linné, *Nemesis Divina*, hrsg. von Wolf Lepenies und Lars Gustafsson, München/Wien 1981, S. 104), und an vielen Beispielen versucht er zu zeigen, wie sich dieser älteste Rechtsgrundsatz mit quasi naturgesetzhafter Notwendigkeit vollzieht:

»Slichert, Trabant, liebte die Witfrau von Byzen und gab ihr einen Fronhof. Den Schwiegersohn verdrießt dies, schoß in der Nacht mit 3 Kugeln durch das Fenster, die quer durch den Magen von Slichert gingen, der stirbt.
Nach einigen Jahren bekommt der Schwiegersohn den Krebs im Magen mit 3 Löchern, der ihn greulich tötete.« (Ebd., S. 220.)
Der Text weist (wie S. 20) mehrere Lieder auf, ist damit Bänkelsang- und Liedheftchen in einem. Das erste der beiden Lieder bezieht sich auf die »Beschreibung«, auf den Prosatext. Es lehnt sich mit der ersten Strophe eng an ein Gedicht von Pius Alexander Wolff zu Carl Maria von Webers Oper *Preziosa* von 1821 an und nützt dessen Popularität; es ist anzunehmen, daß es auch nach Webers Melodie gesungen wurde (einige Belege für die weite Verbreitung von Wolffs Lied nach Webers Melodie bei John Meier, *Kunstlieder im Volksmunde*, Hildesheim / New York 1976 [reprogr. Nachdr. der 1. Aufl. Halle a. d. Saale 1906], S. 13, Nr. 84):

Ein-sam bin ich nicht al-lei-ne, denn es schwebt ja süß und mild
um mich her im Mon-den-schei-ne dein ge-lieb-tes, theu-res Bild,
dein ge-lieb-tes, theu-res Bild.

2. Was ich denke, was ich treibe,
   Zwischen Freude, Lust und Schmerz,
   Wo ich wandle, wo ich bleibe,
   Ewig weilt bei dir mein Herz.

3. Unerreichbar wie die Sterne,
   Wonneblinkend wie ihr Glanz,
   Bist du nah und doch so ferne,
   Füllest mir die Seele ganz.

Nach: Franz Magnus Böhme, *Volksthümliche Lieder der Deutschen im 18. und 19. Jahrhundert*, Leipzig 1895, S. 198.

Das zweite Lied hat mit der Prosaerzählung nichts zu tun; es ist eine Zugabe. Im späten Bänkelsang wird immer häufiger darauf verzichtet, Prosatext und Lied funktionell aufeinander zu beziehen. Die für den Bänkelsang eigentlich charakteristische Zweiheit von Singen und Sagen wird damit aufgegeben: auch das ein Indiz für Auflösungserscheinungen in dieser populären Kunstform. Andere Texte (s. den Text S. 260) verzichten gleich ganz auf das Lied. Der Text dieses zweiten Liedes stammt von A. Glas.
Eine exakte Datierung des Heftchens ist nicht möglich. Johann Ferdinand Rietsch, aus dessen Druckerei es kommt, übernahm 1846 die »Vogelsche Druckerei« in Landshut, in der er zuvor schon als Geschäftsführer und Prokurist tätig gewesen war, und führte sie unter seinem Namen bis zu seinem Tod 1872 weiter. Die Nachfolge trat dann sein Sohn Johann Rietsch an. Man kann demnach annehmen, daß der Text zwischen 1846 und 1872 gedruckt wurde. (Vgl. Helmuth Heidersberger, *Landshuter Buchdruckerkunst und Verlagstätigkeit*, Landshut 1955, S. 28 ff.).

196   1875; 8 S., 18,5 × 11,8.
Stadtbibliothek Lübeck: Philol. Germ. 8° 3566; Deutsches Volksliedarchiv: Bl 10 622.

Der Text beruht auf Tatsachen und dokumentiert damit, wie der Bänkelsang immer wieder auch auf aktuelle Ereignisse reagiert. Das 3497 BRT große Dampfschiff »Schiller« gehörte zu einer Dampferflotte der 1873 eingerichteten Linie Hamburg–New York. Alle Schiffe trugen Namen deutscher Klassiker (Goethe, Schiller, Lessing, Herder, Klopstock, Wieland, Gellert). In den Angaben zum Schiff und zum Unglück selbst ist der Bänkelsangtext erstaunlich genau; wo dem Autor offensichtlich noch keine Informationen vorliegen, verzichtet er auf detaillierte Angaben (etwa bei der Zahl der Toten). Das Unglück ereignete sich, ganz wie es der Text beschreibt, im Mai (1875); der Text muß unmittelbar, nachdem die Katastrophe bekanntgeworden war, verfaßt worden sein. (Der zweite Kahlbrock-Text S. 203, der auf 1875 datiert ist, nimmt auf diesen Text Bezug.) Das Unglück hat über 300 Menschen das Leben gekostet; nur 41 sollen es überlebt haben.

Schiffsunglücke wurden vom Bänkelsang immer wieder beschrieben; der Untergang der »Cimbria« im Januar 1883 ist dabei eine bevorzugte Katastrophe (vgl. dazu Stroh). Von den antiken bzw. christlichen Schiffahrtsallegorien bis in unsere Zeit, von den barocken Schiffsemblemen (von denen die Titelholzschnitte der beiden vorliegenden Kahlbrock-Drucke nicht allzuweit entfernt zu sein scheinen) bis zu einer *der* Mythen der Moderne, dem Untergang der »Titanic« von 1912 (erneut aufgegriffen in Enzensbergers epischem Gedicht *Der Untergang der Titanic*, Frankfurt a. M. 1978): Immer sind die Fahrt hinaus – die »Fahrt nach der Neuen Welt« durch die Säulen des Herakles hindurch etwa bei Bacon – und ihr oft katastrophales Scheitern im Schiffbruch als »Daseinsmetaphern« verstanden worden (vgl. Hans Blumenberg, *Schiffbruch mit Zuschauer. Paradigma einer Daseinsmetapher*, Frankfurt a. M. 1979; Manfred Frank, *Die unendliche*

Fahrt. Ein Motiv und sein Text, Frankfurt a. M. 1979). Und
etwas davon ist auch in den Bänkelsangtexten spürbar, wenn
sie solche Unglücke beschreiben, wenn sie überhaupt Ereignisse aufgreifen, die zeigen, wie die technische, die instrumentelle Vernunft versagt. Die Deutung bleibt dort freilich
immer die gleiche: »Gott im Himmel möge trösten | Die
verloren Weib und Kind, | [...] | Und es sei uns täglich neu |
Seine ew'ge Vatertreu.«

Lit.: Kurt Himer, *75 Jahre Hamburg–Amerika Linie*, T. 1:
Adolf Godeffroy und seine Nachfolger bis 1886, Hamburg
1922, S. 57 ff.; Hans Jürgen Witthöft, *HAPAG Hamburg-
Amerika Linie*, Herford 1973, S. 25 ff.; Arnold Kludas / Her-
bert Bischoff, *Die Schiffe der Hamburg-Amerika Linie*,
Bd. 1: *1847–1906*, Herford 1979, S. 34 ff.

203 8 S., 18,4 × 12,0.
Stadtbibliothek Lübeck: Philol. Germ. 8° 3566; Deutsches Volksliedarchiv: Bl 10 613.

Der zweite Text aus der Produktion des Hamburger Verlags
Kahlbrock bietet dem Konsumenten eine Klimax des Schrek-
kens: Je weiter weg (und deshalb um so weniger nachprüf-
bar), desto schlimmer die Katastrophe. Auf welche Weise die
Titelblätter der Textheftchen ›Verpackungen‹ der Ware ›Bänkelsang‹ sind, wird an diesem Beispiel gut deutlich. Von dem
»Gebrauchswertversprechen« (zu dieser Kategorie vgl. Wolfgang Fritz Haug, *Kritik der Warenästhetik*, Frankfurt a. M.
[6]1977) bleibt bei näherem Zusehen nicht viel übrig: »die Zahl
[der Opfer] war [...] übertrieben, es fehlen im Ganzen nur
noch drei und auch diese hofft man in Kurzem zurückkehren
zu sehen«. Tatsächlich finden sich in den Jahresberichten der
Norddeutschen Seewarte von 1868 bis 1873 keine Hinweise
auf besonders heftige Stürme »bei Helgoland, an der schwedischen und schottischen Küste«. Damit sich der Leser nicht
ganz geprellt sieht, fällt der Bericht über die indische Katastrophe um so dramatischer aus; was er schildert, trägt gera-

dezu apokalyptische Züge. Möglicherweise hängt der Text mit der *Beschreibung | des furchtbaren | See- und Erd-bebens, | welches | am 26. Juli 1855 | im | indischen Archi-pel | stattgefunden* zusammen (»Druck von E. Guth in Aschersleben«, in: *Sang und Klang aus Deutschlands Leier-kasten*, in den Jahren 1850–1876 gesammelt von Karl Eich-wald, Bremen 1876, Nr. 21 [Stadtbibliothek Bremen]).
Kahlbrock gehört im 19. Jh. zu den wichtigen norddeutschen Produzenten populärer Literatur, bevor dann, in der Spät-phase des Bänkelsangs, der Verlag Reiche in Schwiebus domi-niert.
Lit.: Eine gute Sammlung von Kahlbrock-Drucken bietet Petzoldt (1968); die Texte sind bei Petzoldt alle faksimiliert und bringen viele Beispiele populärer Druckgraphik im Bän-kelsang. Über wichtige Bestände an Kahlbrock-Texten verfü-gen das Museum für Hamburgische Geschichte und das Deutsche Volksliedarchiv in Freiburg.
Zur Verlagsgeschichte vgl. Brückner (1975) S. 219, und Pet-zoldt (1974) passim; zur populären Moritaten- und Lied-publizistik in Hamburg einiges bei Rolf Wilhelm Brednich, »Hamburg als Innovationszentrum populärer Lieder«, in: *Stadt-Land-Beziehungen. Verhandlungen des 19. Deutschen Volkskundekongresses in Hamburg vom 1. bis 7. Oktober 1973*, im Auftrag der Deutschen Gesellschaft für Volkskunde hrsg. von Gerhard Kaufmann, Göttingen 1975, S. 115–129 und S. 269 f. (Abb.), und bei Riedel; s. außerdem die Antho-logie von Helmut Glagla (Hrsg.), *Hamburg im plattdeut-schen Drehorgellied des 19. Jahrhunderts*, Hamburg 1974.

209 Vor 1880 (s. auch Komm. zu Text S. 218); 8 S., 18,3 × 11,1.
Stadtbibliothek Lübeck: Philol. Germ. 8° 3566; Deut-sches Volksliedarchiv: Bl 10 439.

An diesem Text wird besonders deutlich, wie der Bänkelsang ›kumulativ‹ verfährt: Zunächst wird ein Kind unter widrigen

Umständen in der freien Natur geboren (das beliebte, etwa in der Genoveva-Legende und deren zahlreichen Bearbeitungen [s. Text S. 242] anzutreffende Erzählmotiv von der Geburt im Walde). Man setzt es aus: Es wird in einem hohlen Baum zurückgelassen (wie in dem Balladentypus von der ›Rabenmutter‹; s. Lit. im Komm. zu Text S. 192). Damit ist es, wie nicht anders zu erwarten, zum Findelkind prädestiniert, und so wird das dritte populäre Motiv eingeführt: Schon seit der Antike pflegen Hirten die elternlosen Kinder zu entdecken. (Romulus soll z. B. von einem Hirten gefunden worden sein. Findelkinder an geeigneter Stelle auftreten zu lassen hat übrigens auch die Hochliteratur nicht verschmäht, vgl. z. B. das Dortchen-Schönfund-Kapitel im 4. Bd. von Kellers *Grünem Heinrich*.) Nun beginnt die eigentliche Tragödie des Kindes, an der natürlich die böse Stiefmutter schuld ist (s. Text S. 192). Erst eine schöne Dame, die selbstverständlich im rechten Augenblick in einer Kutsche vorbeikommt (s. Text S. 181), erlöst es aus seiner elenden Lage. Doch das ist noch nicht das Ende der Verwicklungen: Ein Liebeshändel entspinnt sich. Die beiden Konkurrentinnen entdecken aneinander die Schwester. Damit schließt sich das Motiv der unbekannten Herkunft an, das eng mit dem des Findelkinds verknüpft ist (s. Abb. 11). Der motivische Gewalttritt gipfelt dann in einer Variante des Motivs vom Mädchen als Soldat (vgl. auch den Jeanne-d'Arc-Stoff). Die Heldin beschließt enttäuscht, der Liebe zu den Männern zu entsagen und sich mit der Vaterliebe zu begnügen. Zu überprüfen wäre, ob ein solcher Text repräsentativ ist für die Entwicklung des Bänkelsangs. Immerhin ist kaum zu verkennen, daß sich ältere Texte eher damit zu begnügen scheinen, *ein* Thema, *ein* Motiv zu bearbeiten (das aber freilich ›richtig‹: Wenn schon Kindsmord, dann wenigstens siebenfach!). Hier wird dagegen ein Motivkaleidoskop entfaltet, jede sich bietende Chance für eine neue Blüte genutzt.

Lit.: Zum Findelkind-Motiv s. Schenda (1977) S. 403 ff., und Elisabeth Frenzel, *Motive der Weltliteratur*, Stuttgart 1976, S. 342 ff. (»Herkunft, Die unbekannte«); zum Motiv der

Königstochter im Heeresdienst bzw. der Tochter als Fähnrich vgl. *Deutsche Volkslieder mit ihren Melodien*, hrsg. vom Deutschen Volksliedarchiv, Bd. 5, Freiburg i. Br. 1967, S. 64 ff. bzw. S. 88 ff., und Schenda (1977) S. 391 ff.; auch Erich Seemann, »Die Gestalt des kriegerischen Mädchens in den europäischen Volksballaden«, in: *Rheinisches Jahrbuch für Volkskunde* 10 (1959) S. 192–212.

218 Vor 1880; 8 S., 18,6 × 11,4.
     Stadtbibliothek Lübeck: Philol. Germ. 8° 3566; Deutsches Volksliedarchiv: Bl 10 612.

Die tollkühne Seeräuberin: eine Variante der Räuberbraut (wie die in populären Texten immer wieder behandelte Geschichte vom hessischen Schinderhannes und seiner Braut Julchen Bläsius). Der Name des Geliebten »Romaldo« ist wohl auch mit Bedacht gewählt worden, um die Popularität von Vulpius' *Rinaldo* zu nutzen.
Kahlbrock in Hamburg druckte den Text bereits 1868 (Deutsches Volksliedarchiv: Bl 135); vgl. auch Schenda (1971) Sp. 1566 f., Nr. 573: »*Der kühne Räuberheld* | *Romaldo* | *und seine Geliebte* | *Antonia della Roccino,* | *welche als* | *Räuber-Königin* | *genannt:* | *ANTONIO MARINO,* | *Alles zu Wasser und zu Lande mit* | *ihrer Bande in Schrecken setzte.* | Gedruckt bei P. F. Lamberti in Bremerhaven.«
Die Druckerei Bock, aus welcher der vorliegende Text stammt, war ab 1880 im Besitz des Verlegers Charles Colemann. Demnach dürfte das Heft vor 1880 gedruckt worden sein.

226 Zwischen 1878 und 1883.
     Kolophon: »Buchdruckerei von Fr. Rodewald in Hannover.«
     8 S., 18,2 × 11,5.
     Niedersächsische Staats- und Universitätsbibliothek

Göttingen: 8° Poet. Germ. IV 7588 (18); Deutsches Volksliedarchiv: Bl 4911.

Abgesehen davon, daß das Heft in einer langen Traditionslinie von Blaubart- und Mädchenräuber-Texten steht (vgl. etwa die Volksballade vom Räuber Halewijn, s. Walter Scherf [Hrsg.], *Räuber- und Landsknechtslieder*, Frankfurt a. M. 1981, S. 16 ff., und den bei Petzoldt, 1968, als Nr. 16 abgedruckten Bänkelsangtext *Der | Mädchenmörder | Dumollard | in Frankreich, | ein | menschliches Ungeheuer*): Interesse darf er auch seines Nachwortes wegen beanspruchen. Druckereibesitzer Rodewald wehrt sich gegen die Konkurrenz aus Schwiebus, indem er auf seinen guten, für Qualität bürgenden Namen und seine erzieherischen Ambitionen verweist. Natürlich unterscheidet sich Rodewalds Text in qualitativer Hinsicht nicht von den Reiche-Heftchen. Es ist ein vergeblicher Versuch, sich gegen die übermächtig werdende Konkurrenz zu wehren. Reiche hat im 20. Jh. schließlich eine Monopolstellung in der Produktion von Bänkelsangtexten inne.
Der Sammelband der Universitätsbibliothek Göttingen, dem dieser Text entnommen wurde, ist im alten Bandkatalog mit »Volkslieder und Gelegenheitsgedichte bis 1883« beschrieben. Bis 1878 nannte sich Rodewalds Verlag »Spiegel's Buchdruckerei«; das Heftchen muß also aus den Jahren 1878 bis 1883 stammen.

235 Letztes Drittel des 19. Jh.s.
Kolophon: »Druck von C. Schulze und Co. in Schmiedeberg, (Prov. Sachsen.)«
8 S., 18,3 × 11,1.
Stadtbibliothek Braunschweig: III 0/379; Deutsches Volksliedarchiv: Bl 39.

Bearbeitungen von Bergbauthemen und -stoffen gibt es in der populären Literatur häufig. Bevorzugt werden Unglücksfälle. Ein Ereignis hat die Autoren dabei besonders bewegt: das vom Bergmann von Falun, das sich schon im 17. Jh. ereignet haben soll. (Ein junger Bergmann wird bei einem Grubenunglück verschüttet, 50 Jahre später wiedergefunden; Kupfervitriol hat ihn konserviert; seine ehemalige Braut identifiziert ihn.) Das merkwürdige Ereignis wurde u. a. von Hebel in einer Kalendergeschichte (*Unverhofftes Wiedersehen*, 1810), Achim von Arnim in einem Gedicht (*Des ersten Bergmanns ewige Jugend*, 1810) und E. T. A. Hoffmann in der Erzählung *Die Bergwerke zu Falun* (1819/21) gestaltet. Eine Bänkelsang-Fassung ist noch im Verlagsprogramm von Reiche aus dem Jahr 1932 als Nr. 455 zu finden (*Gottes Wege sind wunderbar, | oder | 50 Jahre im Schoße der | Erde begraben.*).

Im vorliegenden Text, den auch Reiche als Nr. 569 unter leicht verändertem Titel in seinem Programm hatte, scheint das Bergbau-Milieu vor allem Beglaubigungsfunktion zu haben, es wird selbst gar nicht ausgeführt. Schmiedeberg, der Druckort des Heftchens, liegt im Bergbaurevier des Riesengebirges. Die Tragödie einer Bergarbeiterfamilie verkauft sich da natürlich besser, weil sich dem Konsumenten Berührungspunkte mit seiner Lebenswelt ergeben. Die Lehre soll er dem Text entnehmen: sich in ähnlich hoffnungsloser Lage eben nicht gegen den Schöpfer zu empören (und gegen die Verhältnisse, die es ihm trotz Arbeit »früh und spät« nicht gelingen lassen, den Lebensunterhalt der Familie zu sichern), sondern auf ihn zu vertrauen.

Wiederum arbeitet der Text mit populären Versatzstücken (sieben Kinder bringt der Bergmann um, nachdem ihm ein hartherziger Bäcker Brot verweigert hat).

Das Lied ist ganz als Valet-Lied gehalten. Daß sich der Bergmann darin mit einem Kranich vergleicht, mag ein unglücklich eingesetztes Bildungsrelikt des Autors sein: Der Bergmann als ›sein eigener Kranich‹, der das Unglück, die »Gräuelthat« an den Tag bringt (vgl. Schillers Ballade *Die Kraniche des Ibykus*).

Lit.: Zu diesem Text s. auch das Nachwort und Braungart; zum »Bergmann von Falun« Karl Reuschel, »Über Bearbeitungen der Geschichte des Bergmanns von Falun«, in: *Studien zur vergleichenden Literaturgeschichte* 3 (1903) S. 1–28, und die Übersicht bei Elisabeth Frenzel, *Stoffe der Weltliteratur*, Stuttgart ⁴1976, S. 91 ff. (›Bergwerk zu Falun‹); s. allgemein Gerhard Heilfurth, »Bänkelgesang – Geschichten ›aus dem Bergmannsleben‹ auf fliegenden Blättern«, in: *Volksüberlieferung. Festschrift für Kurt Ranke*, Göttingen 1968, S. 445–467; und ders., *Das Bergmannslied. Wesen/Leben/Funktion*, Kassel/Basel 1954. Der Reiche-Text über den Bergmann von Falun bei Petzoldt (1978) S. 161 ff.; ebd., S. 153 ff., ein Text über ein Grubenunglück (*Die | Schlagwetter-Explosion | auf der Zeche ›Vereinigte Präsident‹ | in Bochum. | Kampf der Menschen | gegen übermächtige Elemente*).

242 Letztes Drittel des 19. Jh.s.
Kolophon: »Druck von C. Schulze u. Co. in Schmiedeberg (Pro. Sachsen.)«
8 S., 17,7 × 11,0.
Stadtbibliothek Braunschweig: III 0/379.

Offensichtlich ist der Text zu großen Teilen der Genovefa-Legende nachgebildet, die zu den beliebtesten ›Volksbuch‹-Stoffen gehört. Die ersten Fassungen dieser Legende entstanden um 1400, danach zahlreiche Bearbeitungen (u. a. von Maler Müller, *Golo und Genovefa*, und Tieck, *Leben und Tod der heiligen Genoveva*). Genovefa soll – so die Legende – auf Befehl ihres Mannes im Wald hingerichtet werden, weil sie ein zurückgewiesener Liebhaber des Ehebruchs bezichtigt hat. Zwar lassen sich die Henker erweichen, sie setzen Genovefa im Wald aus, doch unter der Bedingung, nicht mehr zurückzukehren. Ihr Kind, das sie im Wald gebiert (s. auch Text S. 209), zieht sie mit Hilfe einer Hirschkuh auf. Diese Hirschkuh führt Genovefas Mann später auch während einer

Jagd zu seiner Frau. Die Intrige klärt sich auf, der Verleumder wird gerichtet.

Der vorliegende Text ersetzt das Motiv des rachsüchtigen, intriganten Liebhabers durch das der aus Standesgründen verweigerten Heirat (vgl. auch Text S. 163) und deutet darüber hinaus das der verführten Unschuld an (vgl. z. B. Höltys Ballade *Adelstan und Röschen*, 1774). Dagegen adaptiert das Bänkelsänger-Heftchen *Ludmilla, oder: Die Unschuld schützt Gott* die Genovefa-Legende ziemlich genau (Stadtbibl. Braunschweig: III 0/379). Bemerkenswert ist, daß im vorliegenden Text nicht die ›Sünde‹ der beiden Liebenden, sondern die Verstoßung Mildas durch ihren Vater als »Fehltritt« bezeichnet wird.

Das Lied soll, so die Tonangabe, nach einer Melodie gesungen werden, die zu den bekanntesten Bänkelsang-Melodien der zweiten Hälfte des 19. Jh.s gehörte und für die meisten Drucke von Kahlbrock (Hamburg) benutzt wurde. Verfaßt hat den Myrtill-Text, der erstmals 1790 publiziert wurde, der schwäbische Lehrer, dann Kanzleibeamte Johann Friedrich Schlotterbeck (1765–1840). Verschiedene Melodien sind bekannt. Wiedergegeben wird hier eine Fassung aus Sesenheim von 1913 (nach Joseph Lefftz, *Das Volkslied im Elsass*, Bd. 1, Colmar/Paris/Freiburg 1966, S. 342 f.):

1. In Myr-tils zer-fall-ner Hüt-te schim-mer-te die
   als in sei-ner Lauf-bahns Mit-te dü-ster sich der

Lam-pe noch,
Mond ver-kroch.
Wal-ter irr-te in dem Hai-ne,

sieht das Licht und folgt dem Schei-ne zu dem vä-

ter-li-chen Dach mit ge-press-tem Her-zen nach

Das Lied des vorliegenden Textes nützt jedoch nicht nur die Popularität der Myrtill-Romanze; auch seine Eingangsverse schließen an ein sehr verbreitetes Gedicht (*Ritter Ewald und seine Ida*) an. Es soll 1779 von Franz von Ratschky (1757–1810) verfaßt worden sein. Die ersten beiden Zeilen lauten: »In des Gartens dunkler Laube | Saßen beide Hand in Hand« (zit. nach Müller-Waldeck, S. 139).

Lit.: Zum Titelblatt s. auch das Nachwort; zum Ludmilla- und zum Milda-Text vgl. Braungart; das Milda-Lied auch bei Petzoldt (1982) S. 38 ff.; ebd. die Genovefa-Legende in einer Bänkelsang-Fassung (*Genoveva, der frommen Pfalzgräfin Leiden und Errettung*), S. 122 ff.; ein Überblick über literarische Bearbeitungen des Stoffes bei Elisabeth Frenzel, *Stoffe der Weltliteratur*, Stuttgart [4]1976, S. 235 ff. (›Genovefa‹); zum Myrtill-Lied vgl. Petzoldt (1974) S. 48 f., und eine weitere Fassung der Melodie ebd., S. 50; einige Belege für die Verbreitung des Liedes bei John Meier, *Kunstlieder im Volksmunde*, Hildesheim / New York 1976 (reprogr. Nachdr. der 1. Aufl. Halle a. d. Saale 1906), S. 30; zu Ratschkys Gedicht vgl. DVA: KiV »In des Gartens dunkler Laube«, I–IV.

251 Letztes Drittel des 19. Jh.s.
   Kolophon: »Eigenthum von Andreas Kindel.«
   8 S., 18,3 × 11,0.
   Stadtbibliothek Braunschweig: III 0/379.

Der Wildschütz dieses Textes frevelt doppelt: indem er unerlaubt jagt und das dazu noch am Feiertag (zum Feiertagsfrevel s. Komm. zu S. 54). Elfriede Moser-Rath, *Predigtmärlein der Barockzeit. Exempel, Sage, Schwank und Fabel in geistlichen Quellen des oberdeutschen Raumes* (Berlin 1964), gibt S. 102 ff. ein barockes Predigtexempel von einem »Edelmann, wie er gezüchtiget worden, umb daß er Sonn- und Feyrtag gejagt«. Einer der besonders beliebten Wilderer in der populären Literatur des 19. Jh.s war der bairische Hiesel (s. Komm. zu S. 142), einer, der sich stellvertretend über

bestehende Gesetze hinwegsetzt, stellvertretend Freiheits-
träume verwirklicht, nach eigenem Recht lebt (wie der ›edle
Räuber‹ – das mögen auch allgemein Gründe dafür sein, daß
Wilderer und Räuber zu populären Helden avancieren konnten). Der vorliegende Text läßt keinen Zweifel daran, daß bei
ihm der Wilderer nicht heroisiert werden soll. Wie im oben
angeführten Predigtexempel braucht es ein außergewöhn-
liches Ereignis, um den verstockten Sünder zu bekehren (im
Predigtexempel bringt die Frau des Jägers zur Strafe eine
Mißgeburt zur Welt; vgl. auch die Sagen Nr. 75 und 80 bei
Will-Erich Peuckert [Hrsg.], *Deutsche Sagen*, Bd. 2, Berlin
1962). Wiederum findet eine Stoff- und Motivklitterung statt:
Die Aroleid-Sage wird eingearbeitet (vgl. Gottfried Kellers
Gedicht *Aroleid*), die Sage vom Kindesraub durch einen
Adler.
Das Motiv der Gamsjagd ist fester Bestandteil von Wild-
schütz-Liedern. Auch Kafka gebraucht es in seiner Erzählung *Der Jäger Gracchus*: »Vor vielen Jahren, es müssen aber
ungemein viel Jahre sein, stürzte ich im Schwarzwald – das ist
in Deutschland – von einem Felsen, als ich eine Gemse verfolgte. Seitdem bin ich tot.« (F. K.: *Gesammelte Werke*, hrsg.
von Max Brod, Frankfurt a. M. 1976, Bd. 5, S. 77.) Zwar
wird es nicht ausdrücklich gesagt, doch immerhin nahegelegt,
daß Gracchus eigentlich Wölfe schießen sollte. »Aufgestellt
war ich als Jäger im Schwarzwald, wo es damals noch Wölfe
gab. Ich lauerte auf, schoß, traf, zog das Fell ab, ist das eine
Schuld?« (Ebd., S. 78.) Nein, seine ›Schuld‹ ist, daß er die
Gemse jagt. Kafkas ›Lösung‹ der Erzählung, den Jäger ziellos
als Ahasver auf dem Weltmeer zwischen Leben und Tod treiben zu lassen, seine Verweigerung von bündigem Sinn: damit
hat die vorliegende Bänkelsang-Geschichte freilich nichts
gemeinsam. Dort bekehrt sich der Wildschütz und legalisiert
schließlich auch das sündige Verhältnis mit seinem »schönen
Annerl«. Die Ordnung ist wieder intakt.
Lit.: Zwei Fassungen der Aroleid-Sage sind abgedruckt bei
Petzoldt (1978) S. 179 f., Bänkelsangtexte ebd., S. 171 ff.
(*Die Mutterliebe ist ohne Grenzen,* | *oder* | *merkwürdig*

grausenhafte Begebenheit, | *die sich kürzlich* | *in der Schweiz im Canton Bern* | *zugetragen hat.*), und ders. (1968) Nr. 2 (*Des Adlers Horst* | *oder:* | *Das durch Mutterliebe aus dem* | *Neste des Adlers gerettete Kind.*); s. auch den Text bei Stemmle, S. 68 ff. (*Gerettet durch die Hand der Vorsehung oder Die Macht der Mutterliebe!*); Wildschütz-Lieder (mit vielen Literaturhinweisen) bei Lutz Röhrich / Rolf Wilhelm Brednich (Hrsg.), *Deutsche Volkslieder. Texte und Melodien,* Bd. 2, S. 173 ff.

260 1926; 8 S., 17,0 × 11,8.
Deutsches Volksliedarchiv: Bl 9516.

Mit diesem Heftchen liegt nun tatsächlich eine ›Bild-Zeitung‹ vor: Statt der üblichen Holzschnitte werden Fotos verwendet – der Bänkelsänger als ›Zeitungssänger‹.
Das letzte Ereignis, von dem der Text berichtet (»im Mai d. J.«) ist der Polflug des Amerikaners Byrd von 1926. Der Text ist deshalb sicher 1926 gedruckt worden; Reiche hat ihn noch 1932 in seinem Verlagsprogramm.
Hervorgehoben werden in diesem Text die Katastrophen und ihre schauerlichen Umstände (Kannibalismus); auf die forschungs- und entdeckungsgeschichtlichen Aspekte kommt es ihm weniger an. Obwohl hier – dem ›Kumulationsprinzip‹ des Bänkelsangs ganz gemäß – »Tragödien beim Wettrennen zum Nordpol« geschildert werden, bleibt der Fortschrittsglauben, wie er sich am Schluß des Textes äußert, ungebrochen. Dieser Text begreift den Pol nicht als Tabuzone, nicht als einen menschlicher Neugierde verschlossenen Bereich. Während etwa im Text vom Gossauer Kircheneinsturz (s. Text S. 136) menschliche, säkulare »Neugierdsfreud« für das Unglück verantwortlich gemacht wird, kennt die *curiositas* hier keine Legitimationsprobleme mehr. Die technische, die ökonomische, die instrumentelle Vernunft möge endlich den Triumph der Poleroberung feiern können: das ist das Resümee dieses Textes. Und er bietet zum Abschluß deshalb auch

keine Katastrophe, sondern die aktuelle Nachricht vom geglückten Polflug, Dokument dafür, daß der Fortschritt trotz zahlreicher Rückschläge nicht aufzuhalten ist.

Von solcher Naivität ist Georg Heyms Erzählung *Das Tagebuch Shakletons* von 1911 nicht geprägt: Dort endet Shakletons Einbruch in die Tabuzone Südpol nun tatsächlich mit einer weitreichenden Katastrophe. Heyms Polfahrer entdecken zwar das sagenhafte Land im Süden, die terra australis incognita, zahlen jedoch den Preis des Persönlichkeitsverlustes. Sie werden golemisiert, das präadamitische Polvolk entfernt ihnen die Seele.

Gerade beim Vergleich mit Heyms *Tagebuch* sieht man, wie der Bänkelsang sich hier entwickelt hat: Das mittelalterliche *curiositas*-Verbot, charakteristisch noch für die Geschichte vom Gossauer Kircheneinsturz, ist jetzt einem – gewissermaßen – frühneuzeitlichen Fortschrittsoptimismus gewichen, der auch durch die schlimmsten Katastrophen nicht geschwächt wird. (Auf der Titelseite von Bacons philosophischer Abhandlung *Instauratio magna*, deren erster Teil 1620 erschien, sind die Säulen des Herkules zu sehen, seit der Antike Symbol für die Grenzen menschlicher Erkenntnis. Ein Schiff fährt durch diese Säulen gerade hindurch, ein anderes befindet sich längst schon auf offener See. Darunter der programmatische Satz: »Multi pertransibunt et augebitur scientia« – »Viele werden hindurchfahren, und die Wissenschaft wird vermehrt werden.«) Heyms Erzählung (und mit ihr viele Texte der Hochliteratur seit der Romantik) teilt den Optimismus dieses Bänkelsang-Heftchens nicht mehr – so wie Kafkas Gracchus, anders als der Wildschütz Joseph Winkler (Text S. 251), nicht mehr in den Schoß der tradierten Ordnung zurückkehren kann: zwei Beispiele für die ›Ungleichzeitigkeit‹ der Weltbilder der populären und der Hochliteratur.

Lit.: Zum Prozeß der Enttabuisierung der Polsuche und ihrer ›Bestrafung‹ bei Heym vgl. Joachim Metzner, *Persönlichkeitszerstörung und Weltuntergang. Das Verhältnis von Wahnbildung und literarischer Imagination*, Tübingen 1976, und Georg Braungart / Wolfgang Braungart, »Golemisierung im Pol-Paradies. Zur Kritik des neuzeitlichen Zukunftsentwurfs in Georg Heyms Erzählung ›Das Tagebuch Shakletons‹ (1911)«, in: *Text & Kontext* 12 (1984) H. 2; zum Schiffbruchsmotiv s. die Hinweise auf Blumenberg und Frank im Komm. zu S. 196; zur *curiositas*-Thematik s. Komm. zu S. 136; zum Verlag Reiche, dessen umfangreicher Bänkelsang-Produktion das Heftchen entstammt, vgl. Sabine Pich, *Der späte Bänkelsang. Eine volkskundliche Untersuchung der letzten Moritatenstoffe des Verlages Hermann Reiche in Schwiebus*, Magisterarbeit, Phil. Fak. Universität Freiburg 1982 (DVA: V 1.30 345).

Literaturhinweise

Weitere Literatur findet sich in den Kommentaren und im Nachwort.

Textsammlungen

Fraenger, Wilhelm (Hrsg.): Schock schwere Not! Drei Dutzend
Moritaten. Mit Federzeichnungen von Karl Rössing. 2. Aufl.
Hamburg 1944 (1. Aufl. Hamburg 1936). [Oft nur Liedtexte; ent-
hält auch Drehorgellieder.]

Gornik, Herbert A. (Hrsg.): Die begrabene und lebend wiederaufer-
standene Braut. Bilder und Moritaten. Gütersloh 1978. [Nur Liedtexte, keine Kommentare, kein Nachwort, Bildmaterial aus der
Gartenlaube; vgl. die Rezension von Rolf Wilhelm Brednich in:
Jahrbuch für Volksliedforschung 25, 1980, S. 140–142.]

Hetmann, Frederik (Hrsg.): Mord und Totschlag, Gift und Galle,
ausgewählt und vorgestellt von Frederik Hetmann mit gar schauerlichen Bildern versehen von Günther Stiller. Frankfurt a. M. /
Wien / Zürich 1968. [Bibliophil aufgemachter Band, vermischt
Straßen- und Salon-Bänkelsang, nur Liedtexte, dazu Nachwort
und Anmerkungen.]

Janda, Elsbeth / Nötzoldt, Fritz (Hrsg.): Die Moritat vom Bänkelsang oder Das Lied der Straße. Wieder ans Licht geholt und hrsg.
von E. J. und F. N. und von denselben auch mit mehr oder weniger
passenden An- und Bemerkungen versehen. München 1959. [Fast
nur Lieder, auch des stilisierten Bänkelsang, Abbildungen; Tb-
Auswahlausg. u. d. T.: Warum weinst du holde Gärtnersfrau ...
München 1965.]

Kohlmann, Theodor (Hrsg.): Traurige Schicksale der Liebe. Moritatentafeln. Dortmund 1982. [Neun Beispiele des späten Bänkelsangs, zahlreiche Abbildungen; Überschneidungen mit Stemmle;
vgl. die Rezension von Wolfgang Braungart in: Zeitschrift für
Volkskunde 79, 1983, S. 160–162.]

Kramer, Karl Heinz (Hrsg.): Lob der Träne. Ein Moritatenbuch.
Köln/Berlin 1968 (1. Aufl. 1936). [Sachlich gehaltene Sammlung;
z. T. nur Liedtexte; keine Kommentare, unklares Ordnungsprin-
zip, Nachwort.]

Müller-Waldeck, Gunnar (Hrsg.): In des Gartens dunkler Laube.
Moritaten und Bänkelsang aus vier Jahrhunderten. Düsseldorf
1977. [Falsche Verwendung der Bezeichnung ›Bänkelsang‹, enthält

zahlreiche politische Lieder; Tb-Ausg. u. d. T.: Die tote Braut und andere Moritaten von dem jetzigen Übelstand der Welt. Reinbek bei Hamburg 1984; vgl. die Rezension von Rolf Wilhelm Brednich in: Jahrbuch für Volksliedforschung 23, 1978, S. 186 f.]

Neunzig, Hans Adolf (Hrsg.): Das illustrierte Moritaten-Lesebuch. Geschichten und Lieder, Parodien und Fundsachen. München 1979. [1. Aufl. München 1973, keine Kommentare, kurzes Nachwort; vgl. die Rezension von Karl Veit Riedel in: Jahrbuch für Volksliedforschung 19, 1974, S. 177 f.]

Petzoldt, Leander (Hrsg.): Grause Thaten sind geschehen. 31 Moritaten aus dem verflossenen Jahrhundert. München 1968. [Prosa- und Liedtexte, faksimiliert, dokumentiert gut die Produktion des Verlags Kahlbrock, Nachwort und Kommentare.]

– Die freudlose Muse. Texte, Lieder und Bilder zum historischen Bänkelsang. Stuttgart 1978. [Vgl. die Rezension von Helmut Glagla in: Jahrbuch für Volksliedforschung 24, 1979, S. 177.]

– Bänkellieder und Moritaten aus drei Jahrhunderten. Texte und Noten mit Begleit-Akkorden. Frankfurt a. M. 1982. [Viele Melodie-Beispiele, häufig nur Liedtexte, zahlr. Reprisen des historischen und des stilisierten Bänkelsangs; vgl. die Rezension von Wolfgang Braungart in: Zeitschrift für Volkskunde 79, 1983, S. 160–162.]

Pinson, Roland W. (Hrsg.): Liebe, Mord und Schicksalsschlag. Moritaten, Bänkel-, Gassen- und Küchenlieder aus drei Jahrhunderten. Bayreuth 1982. [Kaum Neues, kein Nachwort, spärliche Worterklärungen, meistens nur Liedtexte, historischer und stilisierter Bänkelsang vermischt; vgl. die Rezension von Wolfgang Braungart in: Jahrbuch für Volksliedforschung 30, 1985.]

Riha, Karl, in Zusammenarbeit mit Mia Geimer-Stangier (Hrsg.): Das Moritatenbuch. Frankfurt a. M. 1981. [Kaum neue Texte, historischer und stilisierter Bänkelsang vermischt, nur Lieder, keine Kommentare, Nachwort.]

Stemmle, R[obert] A. (Hrsg.): Herzeleid auf Leinewand. Sieben Moritaten. München 1962. [Dokumentiert den späten Bänkelsang, zahlreiche Abbildungen; Überschneidungen mit Kohlmann; vgl. die Rezension von Rolf Wilhelm Brednich in: Jahrbuch für Volksliedforschung 10, 1965, S. 170.]

Forschungsliteratur

Bänkelsang und Moritat. Ausstellung der Staatsgalerie Stuttgart, Graphische Sammlung vom 14. Juni bis 24. August 1975. [Stuttgart 1975.]

Bänkelsang und Moritaten. 179. Wechselausstellung der Wiener Stadt- und Landesbibliothek. [Masch.schriftl. vervielfältigt, Wien 1977.]

Beall, Karen F.: Kaufrufe und Straßenhändler. Cries and Itinerant Trades. Eine Bibliographie. Deutsch von Sabine Solf. Hamburg 1975.

Becker, Albert: Bänkelsang in der Pfalz am Rhein. In: Volkskundliche Gaben. John Meier zum siebzigsten Geburtstage dargebracht. Berlin/Leipzig 1934. S. 15–24.

Becker, Horst: Bänkelsänger. In: Mitteldeutsche Blätter für Volkskunde 5 (1930) S. 175–177.

Beneš, Bohuslav: Die Bänkelballade in Mitteleuropa. Ein Beitrag zur morphologischen Typologie. In: Jahrbuch für Volksliedforschung 16 (1971) S. 9–41.

Böhme, Gabriele: Bänkelsängermoritaten, vornehmlich solche zu Anfang des 19. Jahrhunderts. Diss. München 1920 [masch.].

Braungart, Wolfgang: Emblematische Strukturen im Bänkelsang. Argumentation als Affirmation. In: Philobiblon 25 (1981) S. 97 bis 116.

Brednich, Rolf Wilhelm: Zur Vorgeschichte des Bänkelsangs. In: Jahrbuch des Österreichischen Volksliedwerkes 21 (1972) S. 78 bis 92.

– Die Liedpublizistik im Flugblatt des 15. bis 17. Jahrhunderts. Bd. 1: Abhandlung. Bd. 2: Katalog der Liedflugblätter des 15. und 16. Jahrhunderts. Baden-Baden 1974/75.

– Liedkolportage und geistlicher Bänkelsang. Neue Funde zur Ikonographie der Liedpublizistik. In: Jahrbuch für Volksliedforschung 22 (1977) S. 71–79.

Brednich, Rolf Wilhelm, unter Mitarb. von Wolfgang Brückner: Geistlicher Bänkelsang. In: Enzyklopädie des Märchens. Hrsg. von Kurt Ranke. Berlin / New York 1979. Bd. 2. Sp. 345–347.

Brückner, Wolfgang: Populäre Druckgraphik Europas. Deutschland. Vom 15. bis zum 20. Jahrhundert. München ²1975.

– Massenbilderforschung 1968–1978. T. 1: Die traditionellen Gattungen der populären Druckgraphik des 15. bis 19. Jahrhunderts. In: Internationales Archiv für Sozialgeschichte der deutschen Literatur 4 (1979) S. 130–178.

Brüggemann, Fritz (Hrsg.): Bänkelgesang und Singspiel vor Goethe. Leipzig 1937.

Gladt, Karl: »Beschreibung der grâußlichen Mordthaten ...« Von Moritaten und Bänkelliedern aus Wien. In: Librarium 7 (1964) S. 19–38.

Görner, Otto: Der Bänkelsang. In: Mitteldeutsche Blätter für Volkskunde 7 (1932) S. 113–128 und S. 156–171.

Golowin, Sergius: Berner Märit-Poeten. Bänkelsänger-Dichtung vor 250 Jahren. Mit einem Vorw. von Alfred Rasser. Bern/Kassel 1969.

Gugitz, Gustav: Lieder der Straße. Die Bänkelsänger im josephinischen Wien. Wien 1954.

Heilfurth, Gerhard: Bänkelgesang. Geschichte »aus dem Bergmannsleben« auf fliegenden Blättern. In: Volksüberlieferung. Festschrift für Kurt Ranke zur Vollendung des 60. Lebensjahres. Göttingen 1968. S. 445–467.

Hereinspaziert, Hereinspaziert. Jahrmarktsgraphik aus drei Jahrhunderten. Ausstellung des Puppentheatermuseums im Münchner Stadtmuseum. München 1975.

Hinck, Walter: Volksballade – Kunstballade – Bänkelsang. In: Weltliteratur und Volksliteratur. Probleme und Gestalten. Hrsg. von Albert Schaefer. München 1972. S. 80–101.

Hirdt, Willi: Italienischer Bänkelsang. Frankfurt a. M. 1979.

Jacob, Georg: Zur Geschichte des Bänkelsangs. In: Litterae Orientales 41 (1930) S. 3–15.

Köpf, Gerhard: Die Ballade: Probleme in Forschung und Didaktik. Kronberg (Ts.) 1976. S. 198 ff. und passim.

Kohlmann, Theodor: Bevor die Bilder laufen lernten. Die Sammlung R. A. Stemmle zu Bänkelsang und Moritat. Sonderausstellung des Museums für Deutsche Volkskunde Berlin. Führungsblätter Nr. 22. Berlin 1976.

Kuckei, Max: Moritat und Bänkelsang in Niederdeutschland. Hamburg 1941.

Lechzend nach Tyrannenblut. Ballade, Bänkelsang und Song. Colloquium über das populäre und das politische Lied. Berlin 1972.

Martin, Fred: Bänkelsänger und Straatzanger. Vergleiche zwischen deutschen und niederländischen Bänkelliedern sowie ein Vorschlag, den »Moormann-Nachlaß« neu zu ordnen. Doktoralarbeit Amsterdam/Utrecht 1979.

McLean, Sammy K.: The ›Bänkelsang‹ and the work of Bertolt Brecht. The Hague / Paris 1972.

Musikhistorische Gesellschaft für selbstspielende Instrumente in

Deutschland e. V. (Hrsg.): Die Drehorgel in der Graphik. Sonderdruck. [o. O. 1980.]

Naumann, Hans: Studien über den Bänkelgesang. In: Zeitschrift des Vereins für Volkskunde 30/32 (1922) S. 1–21.

Petzoldt, Leander: Bänkelsang. In: Handbuch des Volksliedes. Hrsg. von Rolf Wilhelm Brednich, Lutz Röhrich, Wolfgang Suppan. München 1973. Bd. 1. S. 235–291.

– Bänkelsang. Vom historischen Bänkelsang zum literarischen Chanson. Stuttgart 1974.

– Bänkelsang. In: Enzyklopädie des Märchens. Hrsg. von Kurt Ranke. Berlin / New York 1977. Bd. 1. Sp. 1177–91.

Pieske, Christa: Der Moritatenschildermaler Adam Hölbing aus Neustadt in Holstein. In: Jahrbuch für Heimatkunde im Kreis Oldenburg/Holstein 9 (1965) S. 88–114.

Rauhe, Hermann: Zum volkstümlichen Lied des 19. Jahrhunderts. In: Studien zur Trivialmusik des 19. Jahrhunderts. Hrsg. von Carl Dahlhaus. Regensburg 1967. S. 159–198.

Riedel, Karl Veit: Der Bänkelsang. Wesen und Funktion einer volkstümlichen Kunst. Hamburg 1963.

Riha, Karl: Moritat, Bänkelsong, Protestballade. Kabarett-Lyrik und engagiertes Lied in Deutschland. Königstein (Ts.) ²1979.

Ruttkowski, Wolfgang Victor: Das literarische Chanson in Deutschland. Bern/München 1966. S. 20 ff. und passim.

Schenda, Rudolf: Tausend deutsche populäre Drucke aus dem neunzehnten Jahrhundert. In: Archiv für Geschichte des Buchwesens (1971) Sp. 1465–1652.

– Die Lesestoffe der Kleinen Leute. Studien zur populären Literatur im 19. und 20. Jahrhundert. München 1976.

– Volk ohne Buch. Studien zur Sozialgeschichte der populären Lesestoffe 1770–1910. München 1977 (1. Aufl. Frankfurt a. M. 1970).

Schmidt, Leopold: Geistlicher Bänkelgesang. Probleme der Berührung von erzählendem Lied und lesbarer Bildkunst in Volksdevotion und Wallfahrtsbrauch. In: L. Sch., Volksgesang und Volkslied. Proben und Probleme. Berlin 1970. S. 223–237.

Seemann, Erich: Newe Zeitung und Volkslied. In: Jahrbuch für Volksliedforschung 3 (1932) S. 87–119.

– Bänkelsänger. In: Reallexikon der deutschen Literaturgeschichte. 2. Aufl. Berlin 1958. Bd. 1. S. 128 f.

Die Singenden in der graphischen Kunst 1500–1900. Ausstellung anläßlich des XV. Deutschen Sängerbundfestes in Essen. Kunstsammlungen der Veste Coburg 1962.

Sternitzke, Erwin: Der stilisierte Bänkelsang. Diss. Marburg 1933.

Stief, Wiegand: »Bänkelsang« im Bayerischen Wald anno 1976. In: Jahrbuch für Volksliedforschung 22 (1977) S. 95–101.

Stroh, Fritz: Bänkellieder im Volksmund. In: Volkskundliche Beiträge. Festschrift für Richard Wossidlo. Neumünster 1939. S. 180 bis 188.

Traurig aber wahr! Die Sammlung R. A. Stemmle zu Bänkelsang und Moritat. Ausstellung des Puppentheatermuseums im Münchner Stadtmuseum vom 3. Oktober 1980 bis 4. Januar 1981. München 1980.

Würzbach, Natascha: Anfänge und gattungstypische Ausformung der englischen Straßenballade 1550–1650. Schaustellerische Literatur, Frühform eines journalistischen Mediums, populäre Erbauung, Belehrung und Unterhaltung. München 1981.

Zeraschi, Helmut: Drehorgeln. Leipzig 1976. Bern/Stuttgart 1979.

Nachwort

Die gelehrten Bänkleinsänger
sind die ärgsten Müßiggänger.

Benjamin Neukirch, 1709

Immer wieder hat sich die Hochliteratur – wie auch die bildende Kunst (vgl. vor allem die Abb. 4–10, 13 und 14) – mit dem Bänkelsang auseinandergesetzt, hat ihn adaptiert oder sich von ihm abgegrenzt.[1] Von Bürger und seinem Zeitgenossen Gleim bis hin zu Brecht und Biermann reichen die Belege für bewegende und belehrende, unterhaltende und parodistische, kritische und politisch-agitatorische Lyrik in Moritatenmanier (ein Wort übrigens, dessen Etymologie noch immer nicht ganz geklärt ist; vermutlich handelt es sich um eine Zerdehnung von ›Mordtat‹). Arnim und Brentano waren vom Bänkelsang gar so beeindruckt, daß sie daran dachten, eine Bänkelsängerschule aufzumachen. Goethe scheint solche Sympathien bemerkt zu haben: In seiner Rezension von *Des Knaben Wunderhorn* kommentiert er die Annäherung der beiden Romantiker an dieses Jahrmarktsgenre kritisch, wenn er die Herausgeber ermuntert, »bald noch einen Band folgen zu lassen, wobei wir denn freilich wünschen, daß sie sich vor dem Singsang der Minnesinger, vor der bänkelsängerischen Gemeinheit und vor der Plattheit der Meistersänger [...] höchlich hüten mögen«.[2]

Fasziniert vom ›Ton‹ der Bänkelsänger einerseits, von ihrer Art, auf ein Publikum zu wirken, von ihren schaurigen Themen und Stoffen, mißtrauisch gegenüber ›bänkelsängerischer Gemeinheit‹ andererseits: diese Ambivalenz kennzeichnet die Einstellung der Hochliteratur, der Gebildeten überhaupt, zum Bänkelsang. Dessen eigene Beziehung zur Kunstlitera-

---

1 Eine gute Übersicht über das gesamte Problem gibt Reinhard Döhl, »Bänkelsang und Dichtung – Dichtung und Bänkelsang«, in: *Bänkelsang und Moritat, Ausstellung der Staatsgalerie Stuttgart, Graphische Sammlung vom 14. Juni bis 24. August 1975* [Stuttgart 1975], S. 64–81.

2 Weimarer Ausgabe, Abt. 1, Bd. 40, S. 357.

tur war dagegen stets viel handfester: Was er brauchen konnte, hat er sich genommen, Bürgers Balladen *Lenore* und *Des Pfarrers Tochter von Taubenhain* etwa (vgl. Komm. zu S. 76).

Haben also beide Seiten in der Lyrik wenig Berührungsängste gezeigt und immer wieder voneinander profitiert, so ist Distanz in erzählerischen Texten der Hochliteratur schon deutlicher spürbar. Interesse können solche Textpassagen, in denen Bänkelsänger für einen Augenblick in den Mittelpunkt rücken, vor allem deshalb beanspruchen, weil hier diese populäre Kunstform (und damit ›Volkskunst‹ überhaupt) aus der Sicht der weniger populären Hochliteratur reflektiert und bewertet wird.

Eine solche Belegstelle in einem Prosatext, die in der Forschung bislang nicht beachtet wurde, soll bei den folgenden Bemerkungen als Leitfaden dienen. Man findet sie in Ludwig Tiecks 1798 erschienenem Romanfragment *Franz Sternbalds Wanderungen*.[3]

Während Tiecks Titelheld nach Italien wandert, um sich, nach seiner Lehrzeit bei Dürer in Nürnberg, weiterzubilden und seine Auffassung von Malerei zu klären, gerät er in einer Stadt auf einen Jahrmarkt und beobachtet dort Bänkelsänger. Was ihm dabei auffällt, was ihn stört, das zeigt zum einen etwas von seinem künstlerischen Selbstverständnis, zum andern aber auch einiges von der populären Kunstform ›Bänkelsang‹ selber.

Zunächst gefällt das bunte Jahrmarktstreiben Sternbald offensichtlich: »Franz ergötzte sich, wieder in einem Gewühl von unbekannten Menschen herumzuirren. Es war Jahrmarkt, und aus den benachbarten kleinen Städten und Dörfern hatten sich Menschen aller Art versammelt, um hier zu verkaufen und einzukaufen. Sternbald freute sich an der allgemeinen Fröhlichkeit, die alle Gesichter beherrschte,

---

3 Ludwig Tieck, *Franz Sternbalds Wanderungen*, hrsg. von Alfred Anger, Stuttgart 1966 [u. ö.] (Reclams Universal-Bibliothek, Nr. 8715); Seitenangaben künftig im Text.

die so viele verworrene Töne laut durcheinander erregte.«
(S. 336.)
Aber seine Sympathien schwinden, als er Bänkelsänger wahr-
nimmt, die ihre Tafeln vorstellen: »Leute zogen mit Bildern
umher, die sie erklärten und zu denen sich eine Menge Volks
versammelte. Es waren schlechte, grobe Figuren auf Leinwand gemalt. Das eine war die Geschichte eines Handwer-
kers, der auf seiner Wanderschaft den Seeräubern in die
Hände geraten war und in Algier schmähliche Sklavendienste
hatte tun müssen. Er war dargestellt, wie er mit andern Christen im Garten den Pflug ziehen mußte und sein Aufseher ihn
mit einer fürchterlichen Geißel dazu antrieb. Eine zweite
Vorstellung war das Bild eines seltsamlichen Ungeheuers,
von dem der Erklärer behauptete, daß es jüngst in der mittel-
ländischen See gefangen sei. Es hatte einen Menschenkopf
und einen Panzer auf der Brust, seine Füße waren wie Hände
gebildet, und große Floßfedern hingen herunter, hinten war
es Pferd.« (S. 337.) Was die Bänkelsänger zu sagen und zu
zeigen haben, trifft beim Publikum auf großes Interesse;
»eine Menge Volks« hört ihnen zu. Der Maler Sternbald freilich kann sich da nicht anschließen. Er beurteilt diese Kunst
nach *ästhetischen* Gesichtspunkten.
Tiecks kurze Schilderung vermittelt einen guten Eindruck
von dieser Kunst der Straße. Die Rede ist von den attraktiven
Schildern (niederl. *schilderij* ›Gemälde‹), auf denen Aben-
teuerliches zu sehen ist. Von den Melodien der Sänger erzählt
uns Tieck allerdings nichts. Die sind für Sternbalds Bildungs-
prozeß wohl weniger wichtig. Deutlich wird aus dieser Text-
stelle auch, daß der Bänkelsang davon lebt, auf dem Markt-
platz aufgeführt zu werden. Es ist keine private Kunstform,
er braucht sein Publikum.
Für das erste der beiden Schilder läßt sich, so scheint es, sogar
der zugehörige Text ausmachen: Es handelt sich sicherlich
um eine ältere Variante der *Beschreibung der sechs deutschen
Sclaven, (Handwerksburschen) welche in der Tunischen Sclaverey über 10 Jahre am Pfluge haben ziehen müssen, worunter auch Johann Ehrenfried Weishaupt, ein Schornsteinfeger-*

Gesell aus Lygnitz (s. Text S. 98 und die älteste bisher bekannte Variante des Weishaupt-Textes S. 60). Wie viele Texte des frühen Bänkelsangs liegt uns auch dieser nur als Lied vor. Zwar werden am Schluß des Liedes von Text S. 98 in einigen kurzen Prosasätzen die Raritäten aufgezählt, die der Handwerksbursche von seiner aufregenden Fahrt mitgebracht haben soll, doch über das, was ihm eigentlich zugestoßen ist, berichten allein die 25 *Lied*strophen und der weitschweifige Titel. Längere *Prosa*texte sind im frühen Bänkelsang überhaupt selten. Im 19. Jahrhundert professionalisiert sich das Gewerbe dann nach und nach; um 1900 wird es auf den Jahrmärkten von Bänkelsänger-Dynastien beherrscht. Die Prosateile der Heftchen werden zu Kurzromanen ausgebaut, zu populären *Lese*stoffen. Daß das mit der Lesefähigkeit des ›gemeinen Mannes‹ korrespondiert, die seit der Aufklärung zunimmt, darf man mit Recht vermuten. Immer häufiger haben die Lieder jetzt nichts mehr mit der Geschichte zu tun (vgl. Text S. 192), oder sie fallen gleich ganz weg (vgl. Text S. 260). In einem Text des 19. Jahrhunderts (*Der Liebesmord, verübt von dem Matrosen Jan van de Berg an seiner Braut*[4]) wendet sich sogar das *Lied* direkt an den ›lieben Leser‹:

>»Das Lied der Geschichte
>
>Wie die Liebe kann bethören,
>Manchen bringen ins Unglück,
>Dieses Leser wird dir lehren,
>Hier im Liede die Geschicht';
>die bemeld't, wie ein Matrose
>Ermord'te am hellen Tag
>Seine Braut, da die Treulose
>Ihren Schwur der Treue brach.«

---

4 *Der Liebesmord, verübt von dem Matrosen Jan van de Berg an seiner Braut am 17. April auf öffentlicher Straße zu Antwerpen. Hierbei ein auf die Geschichte bezügliches Lied von J. H. Wiedefeld. Jever.* Staatsbibliothek Oldenburg: Sprach XIII 4c; Deutsches Volksliedarchiv (künftig DVA): Bl 4552.

Und ein noch 1932 angebotenes Heftchen aus der umfangreichen Moritatenproduktion des Verlags Reiche macht schon im Titel deutlich, daß es gekauft und *gelesen* werden will: *Paul und Marie (Nimm und lies), eine Bergmannsgeschichte*.[5] So wie diese Texte im 19. Jahrhundert allmählich von ansehnlichen Bänkelsang-Unternehmen vertrieben werden (s. Abb. 15), so werden sie auch von größeren Verlagen industriell hergestellt. Spezialisiert auf diese Billigstdrucke waren etwa Kahlbrock in Hamburg, Trowitzsch in Frankfurt a. d. Oder und Berlin und, marktbeherrschend bis in die dreißiger Jahre unseres Jahrhunderts hinein, der eben genannte Verlag Reiche in Schwiebus (heute poln. Swibodzin). Alle drei sind in dieser Sammlung mit Beispielen aus ihrer Produktion vertreten (s. die Texte S. 163, 196, 203, 260).

Hat der Text, der dem einen bei Tieck beschriebenen Schild zugrunde liegt, einen ersten Ausblick auf die weitere Entwicklung des Bänkelsangs im 19. Jahrhundert möglich gemacht, so gibt er auch Anlaß, auf die *Vor*geschichte einzugehen. Denn was und wie hier berichtet wird, steht in der Tradition des Zeitungs- und Flugblattliedes des 16. und 17. Jahrhunderts. Auch der Zeitungssang erzählt in vielstrophigen Liedern von allerhand merkwürdigen Ereignissen, und der Sänger trägt dabei gleichfalls vom Bänkel herab vor, wirbt in der Manier von Bänkelsängern mit Darstellungen und verkauft seine Drucke.[6] Wie man sich das vorzustellen hat, läßt sich sehr anschaulich den »Continuationen« zu Grimmelshausens *Simplizissimus* entnehmen:

---

5 Zit. hier und im folgenden nach der Verlagsliste von Reiche im DVA: Bl 9574; hier: Nr. 668. (»Nimm und lies!« ist übrigens ein Augustinus-Zitat, wo eine mysteriöse Stimme mit diesem Satz die Conversio veranlaßt; *Confessiones* 8, 12, 28–30.)
6 Vgl. Rolf Wilhelm Brednich, *Die Liedpublizistik des 15. bis 17. Jahrhunderts*, 2 Bde., Baden-Baden 1974/75; ders., »Zur Vorgeschichte des Bänkelsangs«, in: *Jahrbuch des Österreichischen Volksliedwerkes* 21 (1972) S. 78–92; für die englische Straßenballade Natascha Würzbach, *Anfänge und gattungstypische Ausformung der englischen Straßenballade 1550–1650. Schaustellerische Literatur, Frühform eines journalistischen Mediums, populäre Erbauung, Belehrung und Unterhaltung*, München 1981.

Um seine triste Finanzlage aufzubessern, beschließt Simplizissimus, der »auf traurige Mordzeitungen, große Seeschlachtzeitungen und dergleichen ungehindert spintisieren möchte«,[7] sich als Zeitungssänger zu versuchen. Sein Wirt gibt ihm dabei nützliche Ratschläge: »Der [Wirt] gab mir nun alsobald an die Hand, ich sollte nicht weit von seinem Haus, das ohnedem [dem] öffentlichen Markt nahe gelegen war, meine Kalender auf einem Tischlein, das er mir dazu leihen wollte, auslegen und, hinter dasselbe auf einer Bank stehend, frisch, getrost und unverzagt meine wohlinventierte Zeitung auf das beweglichste absingen.« (S. 551.)

Ganz unerfahren ist Simplizissimus auf diesem Gebiet nicht: »Ich hatte oft probiert einen Marktschreier abzugeben und mein Katharinenöl, Zahnpulver, Wurmsamen, Lebküchlein, Pflästerlein für die Hühneraugen, Güldenwasser, Giftlatwergen und dergleichen Zeugs mehr den Leuten einzuschwatzen, befand mich auch eine Zeitlang gar wohl dabei.« (S. 544.)

Simplizissimus ist Zeitungssänger und Quacksalber in einer Person. Als er seine Lieder abzusingen beginnt, muß einer seiner Zuhörer derart über den verqueren Gesang lachen, daß ihn eine Kiefersperre befällt. Sogleich preist sich Simplizissimus an, da Abhilfe zu schaffen: »Ihr meine lieben Herren und anwesenden guten Freunde! [. . .] Ich bin ohne Ruhm zu melden nicht nur ein Kalenderhändler, nicht nur ein Zeitungsinger, sondern auch vor langer Zeit ein wohlapprobierter Wundarzt, Stein- und Bruchschneider gewesen und habe manchem Menschen mit Gottes Hilfe von seiner Leibsgebrechlichkeit geholfen.« (S. 552.) Mit einer kräftigen Maulschelle gelingt ihm das auch in diesem Fall.

Diese Personalunion des Simplizissimus hat der Autor der »Continuationen« nicht einfach frei erfunden: Der Quacksalber ist darin, wie er auf sich aufmerksam macht und seine Waren ausruft, dem Zeitungs- und auch dem Bänkelsänger eng verwandt. Bei Tieck läßt sich das ebenfalls erkennen.

---

7 *Simplizianische Schriften*, hrsg. von Alfred Kelletat, München 1958, S. 546; Seitenangaben künftig im Text.

Sternbald wendet sich von den Bänkelsängern ab und einem Quacksalber zu: »Ein Arzt hatte auf der andern Seite des Marktes sein Gerüst aufgeschlagen und bot mit kreischender Stimme seine Arzneien aus. Er erzählte die ungeheuersten Wunder, die er vermittelst seiner Medikamente verrichtet hatte. Auch er hatte großen Zulauf, die Leute verwunderten sich und kauften.« (S. 337 f.)

Was der Quacksalber dem Jahrmarktspublikum anpreist und wie er es zu überreden versucht, das erscheint Sternbald genauso absurd wie die Geschichten, welche die Bänkelsänger erzählen. Die Bewertung, die bei Tieck kaum zu überhören ist, spricht der Zeitungssänger Simplizissimus ganz offen und ohne schlechtes Gewissen aus: »Wie nun der angenehme Tag erschienen war, daran ich meiner Sache eine löbliche Probe tun sollte, da befliß ich mich nicht anders als ein Meistersänger, meine Kehle hell und geläufig auszurüsten, zu dem Ende mir denn mein Wirt mit einem Paar Kannen Bier trefflich behilflich war. Also ausgestaffieret und wohl versehen machte ich mich im Namen Mercurii, des Gottes aller Quacksalber und Leutbetrüger, auf den Markt, legte meine herrlichen Autores auf das zierlichste aus, verfügte mich auf meine Bank als auf einen Predigtstuhl und machte solche Mienen mit Hin- und Herstreichung meines Barts, der meinen Mund und Kinn als ein festes Bollwerk umschanzet hatte, daß auch die meisten vorübergehenden Leute nur demselben zu Gefallen stillestanden, um zu sehen, was ich doch endlich nach langem Räuspern anfangen und verrichten würde.« (S. 551.) Simplizissimus weiß, daß er als Scharlatan auftritt, daß er die Leute betrügt. Sein ganzes Gebaren zielt darauf, sich dem Publikum als respektabler Verkünder wichtiger Neuigkeiten zu präsentieren. Daß er seinen erhöhten Standort dabei mit einem Predigtstuhl vergleicht, macht eine besondere und, wie sich noch zeigen wird, nicht bloß beiläufige Pointe aus.

Das negative Urteil über Jahrmarktskünstler vom Schlage eines Simplizissimus hat Tradition. Kaspar Stieler grenzt in *Zeitungs Lust und Nutz* von 1695, der, wie man sagen könnte, ersten zeitungswissenschaftlichen Abhandlung, die ›richtige‹ Zeitung scharf von den Zeitungen der Jahrmarktssänger ab: »Pflegen mannichmal die Gassen-sänger / Landfarer und Bettel-weiber in Städten und Dörfern herum zu wandeln / welche gedruckte Lieder von vielen Wunder-Werken und Geschichten / so sich hier und dar begeben haben sollen / absingen und verkaufen. Unter solchem Lumpen-Volk stekken manche Ausspäher / Lands-Verräter / Beutelschneider und Spitzbuben / welche sich etwa von einem verdorbenen Schul- oder Pritsch-meister / einen Traum und Lügen in hinkende Reime bringen lassen / und die einfältige Leutlein darmit betören. Solches Zeug ist so wenig zu unsern Zeitungen zu rechnen / daß es vielmehr hoch bestrafet / und mit Landesverweisung belohnet werden solte.«[8] Schon im Mittelalter zählte man die Spielleute zu den ›unehrlichen Leuten‹.[9] Und bis ins 19. Jahrhundert hinein gelten die Zeitungs- und Bänkelsänger als soziale Außenseiter; sie entstammen den untersten sozialen Schichten: Bettler, Krüppel, Kriegsinvalide (s. Abb. 1). Dabei sind sie immer auch, schon bei Stieler wird das ganz deutlich, politisch verdächtig.

Diese Einschätzung ist dem Maler Sternbald weniger wichtig, auch wenn sie noch durchzuhören ist. Ihm sind die Bänkelsänger nicht in erster Linie – wie Stieler die Zeitungssänger – aus moralischen und politischen Gründen suspekt, sondern, das wurde schon gesagt, aus ästhetischen. »Alles Volk war erstaunt« über die Geschichten der Bänkelsänger, registriert Sternbald, und er kommentiert: »Dies ist es [...], was die Menge will, was einem jeden gefällt. Ein wunderbares Schicksal, wovon ein jeder glaubt, es hätte auch ihn ergreifen können, weil es einen Menschen trifft, dessen Stand der seinige ist. Oder eine lächerliche Unmöglichkeit.« (S. 337.) Er

8 Kaspar Stieler, *Zeitungs Lust und Nutz. Vollständiger Neudruck der Originalausgabe von 1695*, hrsg. von Gert Hagelweide, Bremen 1969, S. 54.

9 Vgl. Werner Danckert, *Unehrliche Leute. Die verfemten Berufe*, Bern/München 1963, S. 221 ff.; vgl. auch ebd., S. 214 ff. (»Fahrendes Volk«). Ausführlich zu diesem Problem jetzt: Antonie Schreier-Hornung, *Spielleute, Fahrende, Außenseiter: Künstler der mittelalterlichen Welt*, Göppingen 1981.

beobachtet also, daß »die Menge« sich mit dem Schicksal des Handwerksburschen, das die Bänkelsänger erzählen, identifiziert und sich bewegen und ergreifen läßt – und genau darauf haben es jene ja auch angelegt (vgl. den Text in Abb. 10).

Sternbald erkennt die ästhetischen Prinzipien, denen der Bänkelsang gehorcht, sehr genau: Furcht und Mitleid und Unterhaltung dazu (wobei letztere nie mit Komik zu tun hat). Die Katharsis, die erreicht werden soll, ist immer an moralische Aufrüstung gekoppelt, für die in der Regel eine das Lied abschließende Appellstrophe sorgt. Auch in dem Lied vom versklavten Handwerksburschen aus Liegnitz wird das Publikum ausdrücklich dazu aufgefordert, das bewegende Schicksal auf sich selbst zu beziehen und daraus die Lehre zu entnehmen, sich vor der »Schlechtheit« der Welt draußen zu hüten:

> »Thut diesen meinem Lebenslauf,
> Nun merken wohl mit Fleiße,
> Besonders merket fleißig d'rauf
> Ihr Burschen, auf der Reise,
> Daß ihr auf eurer Wanderschaft,
> Nicht, wie ich, werdet weggerafft,
> Und hüt't euch hin und wieder,
> Vor Schlechtheit all' ihr Brüder.«

Mit dieser Kunstform, die so sehr auf Wirkung beim Publikum zielt, indem sie traditionelle Funktionen anbietet (movere, prodesse, delectare), ist der Künstler Sternbald nicht einverstanden. Nicht nur die ästhetische Qualität der *Tafeln* lehnt er ab (»Es waren schlechte, grobe Figuren«), sondern das gesamte ästhetische System[10], dem der Bänkelsang noch gehorcht. Eine Kunst, die sich – wie der Bänkelsang – dem Publikumsgeschmack andient, ist ihm zuwider: »Seht, dies muß der Künstler erfüllen, diese abgeschmackten

---

10 Zu den Begriffen ›ästhetisches System‹ und ›Funktion‹ vgl. Jan Mukařovský, *Kapitel aus der Ästhetik*, Frankfurt a. M. ²1974.

Neigungen muß er befriedigen, wenn er gefallen will.«
(S. 337.) Beides kritisiert er also: den schlechten Geschmack
des Publikums und die Kunst, welche diese »abgeschmackten
Neigungen« auch noch befriedigt. Vor dem Hintergrund
einer solchen Bewertung muß es nicht verwundern, wenn die
Bezeichnung ›Bänkelsänger‹ uneigentlich und abwertend
gebraucht wird. Johann Christoph Adelung (1732–1806)
führt in seinem Wörterbuch aus: »*Der Bänkelsänger*, [...]
derjenige, welcher auf den Gassen von hölzernen Bänken
allerley Mordgeschichten absinget; der Bänkelreiter. Figür-
lich und in verächtlichem Verstande, ein schlechter Dichter,
der sich ein Geschäft daraus macht, gemeine Gegenstände auf
gemeine Art zu besingen.«[11]
Der Bänkelsang, so darf man verallgemeinern, ohne sich solchen Wertungen anzuschließen, ist eine Kunstform, die sich
gerade gemeinmachen, die wirken will, die den Erwartungs-
horizont ihrer Rezipienten zu bestätigen sucht. Tiecks Maler
weist das wirkungsästhetische Normsystem dieser Jahrmarktskunst aber nicht bloß zurück; er deutet auch an, welchem Konzept er selbst folgt: »Er stellte sich etwas abseits
und sah nun die Ankommenden oder die schon mit ihren
eingekauften Waren zurückgingen. Alle Fenster am Markte
waren mit Menschen angefüllt, die auf das verworrene
Getümmel heruntersahen. Franz sagte zu sich selbst: ›Welch
ein schönes Gemälde! und wie wäre es möglich, es darzustellen? Welche angenehme Unordnung, die sich aber auf keinem
Bilde nachahmen läßt! Dieser ewige Wechsel der Gestalten,
dies mannigfaltige, sich durchkreuzende Interesse, daß diese
Figuren nie auch nur einen Augenblick in Stillstand geraten,
ist es gerade, was es so wunderbar schön macht. Alle Arten
von Kleidungen und Farben verirren sich durcheinander,
alle Geschlechter und Alter, Menschen, dicht zusammenge-
drängt, [...].‹« (S. 336.)
Sich selbst zählt Sternbald natürlich nicht zu der ›Menge‹; aus
der Distanz genießt er den Jahrmarkt ästhetisch und konzi-

11 *Grammatisch-kritisches Wörterbuch der hochdeutschen Mundart* [...],
   Bd. 1, Leipzig ²1793, Sp. 718.

piert das ideale Bild. Die Vielheit, die Fülle, die Bewegung zu
malen: das wünscht er sich. Einfach nur »darzustellen« ist der
›Endzweck‹ seiner Kunst, nicht *für ein Publikum* zu arbeiten.
Das empfände er als Anbiederung. Im Anschluß an diese
Passage wird dann der Auftritt der Bänkelsänger geschildert.
Verärgert über eine Kunst, die dem Publikum »gefallen will«,
zieht sich Sternbald schließlich zurück: »Er verließ das
Gewühl und ging vors Tor, um recht lebhaft die ruhige
Einsamkeit gegen das lärmende Geräusch zu empfinden.«
(S. 338.)

Mit solchem Selbstgenuß, solch introspektivem Künstlertum
hat der Bänkelsang nichts im Sinn. Die Kategorien Privatheit,
Innerlichkeit, subjektive Empfindung, die sich zur Zeit
Tiecks schon längst in Kunst und Literatur etabliert haben,
kennt er nicht. Er preist lauthals an, was er an den ›kleinen
Mann‹ zu bringen hat: »Was ist denn das für ein Gebrüll?
denn Gesang kann man es nicht nennen! Das sind Bänkelsänger. Auf die Tafel, welche die Frau an der Stange hält, sind
Mordgeschichten, Feuersbrünste, u. s. w. abgebildet, und der
Mann und die Frau singen mit Begleitung der Drehorgel die
Erklärung dazu ab, während ein Dritter dieselbe gedruckt
zum Verkaufe ausbietet. Da kaufen sie denn die Leute und
lesen sie zu Hause nach.«[12] So heißt es auf einem Bilderbogen
des 19. Jahrhunderts. Diese Absicht, das Publikum unbe-
dingt erreichen zu wollen, bestimmt den Bänkelsang bis in
seine einzelnen Elemente hinein: Bei den von Sternbald
monierten, schlecht und grob gemalten Tafeln geht es nicht
um subtile ästhetische Reize. Auf ihnen dominieren vielmehr
einsinnige Zeichen, mit einem Begriff Aby Warburgs:
Pathosformeln,[13] die im deiktischen Vortrag ausgedeutet
werden (vgl. Abb. 4–11). Die ersten beiden Felder des Mori-
tatenschildes *Arno Felsenau, das Opfer väterlicher Härte und
Selbstsucht* (Abb. 21) zeigen zweimal die verzweifelte Ge-

12 Zit. nach der Abbildung in: *Bänkelsang und Moritat* (Anm. 1) S. 53.
13 Warburg führt den Terminus ein, um zu charakterisieren, wie die Renais-
  sance bestimmte Phänomene der antiken Kunst (etwa die pathetische Gebärdensprache) aufgreift.

liebte des jungen Felsenau, und in beiden Fällen entsprechen sich die Verzweiflungsgebärden genau. Die Selbstmörder Felsenau (Abb. 21 rechts unten) und Adele (Abb. 19 rechts unten) liegen beide in ganz derselben Weise theatralisch über den Felsen hin ausgestreckt. Gebärden des Erschreckens, des Bittens, des Trauerns: Sie kehren immer wieder. Die Figuren sind die eigentlichen Bedeutungsträger; sie zeugen von der populären Gebärdenrhetorik des Bänkelsangs[14] – narrative Kunst, die *gelesen* werden will. Auch in dieser Hinsicht kann sich der Bänkelsang auf eingeübte Rezeptionsweisen verlassen. Schon die mittelalterlichen Freskenzyklen bieten populäre Bildgeschichten, und erzählend verfährt auch ein Großteil der Votivmalerei; dort finden sich viele der vom Bänkelsang benutzten Gebärden wieder.[15] Bänkelsängertafeln und Votivbilder konzentrieren sich beide auf das Geschehen, über das zu berichten oder das zu bezeugen ist. Landschaft wird immer genau daraufhin funktionalisiert (vgl. etwa die Felsendarstellungen im Mittelfeld von Abb. 20 und in den beiden Selbstmordszenen in Abb. 19 und 21).

Analoges gilt für die formelhaften und aus Versatzstücken gebauten Texte. Im Text S. 251 vom Wildschützen und Sonntagsfrevler Joseph Winkler ›jagt‹ eine Spruchweisheit die andere. Und der Text S. 209 von Freia, dem Findelkind, ist geradezu eine Montage aus lange tradierten Erzählmotiven. Die Texte sind keine Produkte einer sich selbst aussprechenden Autorenindividualität, und dementsprechend wird der Autor auf den Titeln auch so gut wie nie angegeben. Viele altbekannte Stoffe und Erzählmotive kommen im Bänkelsang

14 Zur volkskundlichen Gebärdentheorie vgl. Leopold Schmidt, »Die volkstümlichen Grundlagen der Gebärdensprache«, in: *Beiträge zur sprachlichen Volksüberlieferung. Festschrift für Adolf Spamer*, hrsg. von Ingeborg Weber-Kellermann und Wolfgang Steinitz, Berlin 1953, S. 233–249; vor allem Lenz Kriss-Rettenbeck, »Probleme der volkskundlichen Gebärdenforschung«, in: *Bayerisches Jahrbuch für Volkskunde 1964/65*, S. 14–46 (mit zahlreichen Literaturhinweisen).
15 Vgl. Erna Hannelore Krobath, *Beispiele zur Gebärdensprache auf steirischen Votivbildern. Eine volkskundliche Untersuchung*, Diss. Graz 1978.

zum Einsatz; das Publikum kennt sie aus Sagen, Märchen, Kalendergeschichten usw., die Geschichten sind ihm fremd und bekannt zugleich. Schornsteinfeger Weishaupt, dessen Abenteuer das bei Tieck beschriebene Schild illustriert, war gewiß nicht der erste Held eines populären Textes, der in ›heidnische‹ Gefangenschaft geriet. Bei dem protestantischen Barockprediger Gregor Strigenitz gibt es einige Varianten der Sage vom ›Grafen von Gleichen‹ bzw. der ›Edelleute im Pflug‹, die als Predigtexempel herangezogen wurden und aus dem 16. Jahrhundert stammen.[16] Eine dieser kurzen Beispielgeschichten sei hier zitiert, um das stoffliche und motivische Beharrungsvermögen des Bänkelsangs zu illustrieren und damit anzudeuten, über welchen Zeitraum hinweg so auch Denkschemata, Vorurteile (wie in diesem Fall das von den ›bösen Heiden‹) eingeschliffen wurden: »Die arme gefangene Leute in der Türckey / werden bißweilen aus ihrem Pfluge / und von dem Joch bey / zeit erlöset oder loß gebeten. Jener Graffe von Gleichen / da er im Kriege wider den Türcken gefangen und in Pflug gespannet wurde / daß er auffm Felde ackern muste / wurde durch des Türckischen Soldans Tochter loß gemacht / da er ihr zusagte / daß er sie Ehlichen unnd sie mit sich in Deutschland führen und nehmen wolt.«[17]

So wenig dem Konsumenten des Bänkelsangs also viele *Stoffe* und *Motive* fremd sein dürften, so wenig fremd sind ihm zumeist auch die *Melodien* der Lieder, die sich oft bis ins 16. Jahrhundert zurückverfolgen lassen (s. etwa Komm. zu S. 72). Nicht selten werden die von Kirchenliedern kontrafaziert. Die Melodie des Liedes zur Geschichte vom traurigen Schicksal der *Kinder des Kapitän Bêllmont* (vgl. Abb. 25) war im 19. und 20. Jahrhundert als Drehorgelmelodie so populär, daß sie Horst Wessel 1927 dem Text seines nationalsozialistischen Propagandaliedes »Die Fahne hoch« (dem sog. Horst-Wessel-Lied) unterlegte.[18]

16 Ernst Heinrich Rehermann, *Das Predigtexempel bei protestantischen Theologen des 16. und 17. Jahrhunderts*, Göttingen 1977, S. 404 f.
17 Zit. nach ebd., S. 405.
18 Text und Melodie des Bêllmont-Liedes bei Leander Petzoldt (Hrsg.), *Bän-*

Die Jahrmarktskunst ›Bänkelsang‹ entsteht als Montage, sie
wird gewissermaßen aus vorfabrizierten Teilen zusammen-
gesetzt. Immer erkennt ihr Konsument im Neuen Bekann-
tes. Für ihn »gibt es nichts mehr zu klassifizieren, was nicht
selbst im Schematismus der Produktion vorweggenommen
wäre«.[19] Der Text *Müller-Anna oder: Das Verbrechen des*
Säufers. Begebenheit aus Rußland (Nr. 397 im Verlagsprogramm von Reiche, Schwiebus) schließt mit einem Lied, dessen erste Verse sicher auch dem Jahrmarktspublikum geläufig
waren:

> »In einem kühlen Grunde,
> Da geht ein Mühlenrad,
> Die schöne Müller-Anna
> Alldort gewohnet hat.«[20]

Tatsächlich war Eichendorffs berühmtes Gedicht aus seinem
1811 vollendeten, 1815 erschienenen Roman *Ahnung und*
Gegenwart im Laufe des 19. Jahrhunderts so volksläufig
geworden,[21] daß der Autor des Bänkelliedes auf Sympathie
für seine ›Bearbeitung‹ hoffen konnte. (Die Strophe lautet bei
Eichendorff: »In einem kühlen Grunde | Da geht ein Müh-
lenrad, | Mein' Liebste ist verschwunden, | Die dort gewoh-
net hat.«) Nicht nur in diesem Fall hat der Hausdichter des
Verlags Reiche, der Volksschullehrer Zerndt, aus dem vollen
seines Bildungsfundus geschöpft. Auch Goethes Mignon-
Lied hat ihn bei einer Moritat inspiriert (zu dem Text Nr. 653
Das Weib des Banditen oder: der Verrat am Cruzifix):

kellieder und Moritaten aus drei Jahrhunderten. Texte und Noten mit
Begleit-Akkorden. Frankfurt a. M. 1982, S. 55 f.

19 Max Horkheimer / Theodor W. Adorno, *Dialektik der Aufklärung. Philoso-*
phische Fragmente, Frankfurt a. M. 1971, S. 112.

20 DVA: Bl 9392; abgedr. bei Karl-Heinz Kramer (Hrsg.), *Lob der Träne. Ein*
Moritatenbuch, Köln/Berlin 1968, S. 125–134.

21 Einige Hinweise bei John Meier, *Kunstlieder im Volksmunde. Materialien*
und Untersuchungen, mit einem Nachw. von Rolf Wilhelm Brednich, Hildesheim / New York 1976 (reprogr. Nachdr. der Ausg. Halle a. d. Saale
1906), S. 30.

>»Im Süden, wo Citronen blühen,
Wo lau und lind ist jede Nacht,
Wo zart die Goldorangen blühen
Und ewig blau der Himmel lacht. –
Dort geht mit einem lust'gen Lied,
Zum blut'gen Morde der Bandit.«[22]

Man sieht nach all dem vielleicht deutlicher, inwiefern die
zitierte Stelle aus Tiecks Künstlerroman Beachtung verdient.
Sie stammt aus einer Phase, in der sich ein ästhetischer Para-
digmenwechsel vollzieht. Doch nicht für den Bänkelsang. Er
gehorcht dem in allen künstlerischen Bereichen im Barock
und noch in der Aufklärung gültigen wirkungsästhetischen,
operativen Konzept. Tiecks Sternbald dagegen vertritt die
neue Ästhetik. Seine Apologie der Kunst fällt entsprechend
aus: »Nur das Niedrige versteht der Pöbel, nur das Verächtli-
che wird von ihm geachtet. Zufälle und Nichtswürdigkeiten
sind die Wohltäter des Menschengeschlechts gewesen, wenn
du den häuslichen Nutzen dieser armen Welt so hoch an-
schlägst. Und was drückst du mit dem Worte Nutzen aus?
Muß denn alles auf Essen, Trinken und Kleidung hinauslau-
fen? [...] Ich sage es noch einmal, das wahrhaft Hohe darf
und kann nicht nützen; dieses Nützlichsein ist seiner göttlichen Natur ganz fremd, und es fodern heißt die Erhabenheit
entadeln und zu den gemeinen Bedürfnissen der Menschheit
herüberwürdigen.« (S. 177.) Für ihn steht also außer Frage,
daß wahre Kunst ›nutzlos‹ sein muß, dem schnöde nur an
Zweck und Nutzen orientierten ›Pöbel‹ unverständlich. Das
heißt aber auch: Den ›Pöbel‹ interessiert nur die Kunst, die er
gebrauchen kann. Der Bänkelsang ist solche Gebrauchskunst, die – Sternbald stimmt mit seiner Kritik in den großen
Chor ein, der das Klagelied von der schlechten Lektüre singt
– für so minderwertig gehalten wird wie die Bedürfnisse,
denen sie nachkommt. Und die meint man immer genau zu
kennen. Noch die neuere wissenschaftliche Literatur glaubt,

22 DVA: Bl 7500.

vom Bänkelsang auf die ›Tümlichkeit‹ des Volkes schließen zu können. So heißt es in einer Veröffentlichung von 1963, »die starke moralische Färbung aller Moritaten entstamm[e] ursprünglichen Bedürfnissen und nicht nur dem Wunsch der Obrigkeit«.[23] Eine Monographie von 1974 kommt in dieser Hinsicht auch nicht wesentlich weiter. Sie ordnet den Bänkelsang der volkstümlichen Literatur zu: »Volkstümliche Literatur, das heißt in diesem Falle Auftragsdichtung, von einzelnen hergestellt, um als Ware verkauft und von bestimmten Volksschichten konsumiert zu werden. Nichtsdestoweniger spiegelt diese Literatur auf exakte Weise die Wünsche, Vorstellungen und Bedürfnisse dieser Schichten.«[24] Auf exakte Weise? Lehrer Zerndt, Reiches Hausdichter, sollte tatsächlich ein solch intimer Kenner der Wünsche des ›Volkes‹ gewesen sein? Wohl wußte er, was sich dem ›Volk‹ verkaufen läßt.

Daß der Bänkelsang alles daransetzt, sein Publikum zu erreichen, wurde schon gesagt. Noch einmal soll nun Tiecks Jahrmarktsszene aufgegriffen werden, um genauer zu fassen, was der Bänkelsang denn eigentlich in so drastischer und eindringlicher Manier unters Volk bringen will. Ein erneuter Rückgriff auf seine Vorgeschichte wird diese Frage klären helfen.

Das erste Schild, von dem bei Tieck die Rede ist, zeigt Stationen aus dem turbulenten Schicksal des deutschen Handwerksburschen; der zugehörige Liedtext hat unseren Blick auf den Zeitungssang des 16. und 17. Jahrhunderts gelenkt. Das zweite Schild verlangt, auch auf stofflich-thematische Vorläufer einzugehen. Auf der Tafel ist ein Monstrum abgebildet, das einem Zentaur ähnelt – und von solchen Monstren wimmelt es nur so in den ›Newen Zeitungen‹ der frühen Neuzeit. Zwar lockt die Abbildung des Monstrums eine große

23 Karl Veit Riedel, *Der Bänkelsang. Wesen und Funktion einer volkstümlichen Kunst*, Hamburg 1963, S. 67.
24 Leander Petzoldt, *Bänkelsang. Vom historischen Bänkelsang zum literarischen Chanson*, Stuttgart 1974, S. VII.

Menschenmenge an, doch für Tiecks Künstler ist es eine »lächerliche Unmöglichkeit«. Dem Publikum braucht es das keineswegs gewesen zu sein. Monstren werden in den ›Newen Zeitungen‹ meistens als Vorzeichen, als Prodigien interpretiert. (Lat. *prodigium* ist ja übersetzbar mit ›Wunderzeichen‹ und mit ›Ungeheuer‹.) An diese Tradition knüpft auch der Bänkelsang an. Bei ihm finden sich die Themen der Prodigienliteratur[25] wieder: Monstren und Wundergeburten, Himmelszeichen und Naturkatastrophen (vgl. etwa die Texte S. 20 und 72). Merk-würdige Ereignisse werden hier geschildert, dem Konsumenten solcher Lesestoffe zur Warnung und Ermahnung, möglichst schnell umzukehren und den Pfad der Sünde zu verlassen. Das ist – in einem weiteren Sinne – Erbauungsliteratur. Auch unser Beispieltext, der das Schicksal des Schornsteinfegers schildert (S. 98), erinnert noch an diese Verwandtschaft des Bänkelsangs mit der Erbauungsliteratur. Wie bereits erwähnt, hat der anonyme Autor des Heftchens anscheinend die Sage vom Grafen von Gleichen für seine Geschichte verwertet. Und dieser Sagenstoff ist auch im barocken Predigtexempel anzutreffen. Die Nähe des Bänkelsangs zur Gattung der kleinen Beispielgeschichte, des Exempels, ist bei einem anderen Text dieser Sammlung noch viel deutlicher: *Ein denkwürdiges Exempel der göttlichen gerechten Vorsehung und der Rache, die denen unbußfertigen Sündern allzeit nacheilet* wird dem Leser oder Hörer in Text S. 20 angekündigt. Und tatsächlich entspricht der Prosatext dieses Heftchens fast wortwörtlich dem eines Exempels, das der protestantische Barockprediger Christian Scriver in den ›Historischen Zugaben‹ einer seiner Predigten beigefügt hat (s. Komm. zu S. 20).

Viele der Bänkelsangtexte kann man als solche kurze Beispielerzählungen verstehen. Dabei wird der Präzedenzfall, das ›Exempel‹, nicht bloß in einer einfachen moralischen Belehrung zusammengefaßt (das käme der Fabel nahe, die freilich

25 Für eine Übersicht über die deutsche Prodigienliteratur vgl. Rudolf Schenda, »Die deutschen Prodigiensammlungen des 16. und 17. Jahrhunderts«, in: *Archiv für Geschichte des Buchwesens* 4 (1963) Sp. 637–710.

genauso Eingang in die barocke Predigt gefunden hat). Gewicht gewinnt die Belehrung vielmehr gerade erst dadurch, daß sie im Rückgriff auf eine von Gott gesicherte Ordnung erfolgt. So gesehen überrascht es nicht, daß der Bänkelsang im 17. Jahrhundert und bis ins 19. hinein direkt für religiöse Zwecke in Dienst genommen wurde: geistlicher Bänkelsang an Wallfahrtsorten beispielsweise, um das Mirakel, auf das die Wallfahrt zurückgeht, anschaulich und populär zu vermitteln.[26]

1827 erscheint in zwei Teilen bei Steinkopf in Stuttgart vom anonymen Herausgeber der *Beyspiele des Guten* eine Sammlung mit dem Titel *Vorsehung und Menschen-Schicksale oder Preis der Weisheit und Vater-Liebe Gottes in der besonderen Lebens-Führung einzelner Menschen* (der Herausgeber ist, nach Holzmann/Bohatta[27], der Tübinger Professor für evangelische Theologie Johann Christian Steudel, 1779–1837); ein in der Masse ähnlicher Erbauungsliteratur ziemlich zufälliger Beleg, gleichwohl interessant in zweierlei Hinsicht. Der Titel kündigt an, daß es in diesem Buch um bedeutungsvolle und verweisungsmächtige Einzelschicksale gehen wird, die von der Güte Gottes zeugen. Ausdrücklich wird dabei auf die historische Faktizität dieser Einzelschicksale hingewiesen: »Darstellung geschichtlicher Thatsachen« heißt es im Untertitel. Genauso verfährt der Bänkelsang. Stets beteuert er, und sei es nur durch die stereotypen Formeln »Geschehen in neuester Zeit« oder »Geschehen in diesem Jahr«, daß sich die Ereignisse auch wirklich zugetragen haben. Die einzelnen

---

26 Zum sog. geistlichen Bänkelsang vgl. Brednich, »Zur Vorgeschichte des Bänkelsangs« (Anm. 6); ders., »Liedkolportage und geistlicher Bänkelsang. Neue Funde zur Ikonographie der Liedpublizistik«, in: *Jahrbuch für Volksliedforschung* 22 (1977) S. 71–79; ders. unter Mitarb. von Wolfgang Brückner, »Geistlicher Bänkelsang«, in: *Enzyklopädie des Märchens*, hrsg. von Kurt Ranke, Berlin / New York 1979, Bd. 2, Sp. 345–347; Leopold Schmidt, »Geistlicher Bänkelgesang. Probleme der Berührung von erzählendem Lied und lesbarer Bildkunst in Volksdevotion und Wallfahrtsbrauch«, in: L. Sch., *Volksgesang und Volkslied. Proben und Probleme*, Berlin 1970, S. 223–237.

27 *Deutsches Anonymen-Lexikon*, Bd. 4, Weimar 1907, S. 357.

Kurzerzählungen in Steudels Erbauungsbuch gäben ohne Mühe ausgezeichnete Prosatexte für die Heftchen der Bänkelsänger ab. Das 5. Kapitel des zweiten Bandes ist etwa überschrieben: »Gott der Retter aus Gefahren, oder wunderbare Lebens-Rettungen«; der Text S. 181 der vorliegenden Sammlung trägt den Titel: *Geschichte von eilf herumirrenden vater- und mutterlosen Waisen, worunter sich 8 Söhne und 3 Töchter befanden, jedoch alle Kinder durch die göttliche Vorsehung und durch einen wunderbaren Zufall glücklich versorgt wurden. (Eine wahre Geschichte).* Im 7. Kapitel gibt der Theologieprofessor Beispiele für die »Entdeckung geheim begangener Verbrechen«; aus der zweiten Hälfte des 19. Jahrhunderts stammt der Bänkelsangtext *Frau Eckart das Schauderweib, oder: Wunderbare Entdeckung eines gräßlichen Mordes.*[28] – Muß man sich also wundern, wenn Moritatenzettel zuweilen sogar in Gebetbücher gelegt wurden?[29]

Mit diesen Hinweisen sollte nur angedeutet werden, wo der Bänkelsang herkommt und wie er in die Menge der populären Lesestoffe auch eingeordnet werden kann.[30] Freilich gibt es weitere populäre Gattungen, die in Bänkelsang-Manier erzählen. Die meisten Exempel im Erbauungsbuch *Vorsehung und Menschen-Schicksale* gehen auf Kalendergeschichten zurück, wie der Herausgeber im Nachwort mitteilt. Kalendergeschichten und Bänkelsang-Erzählungen sind sich überhaupt oft sehr ähnlich (auch bei Johann Peter Hebel kann man solche bänkelsängerischen Geschichten entdecken).

Doch ist diese Frage der Gattungsverwandtschaft nur ein Aspekt. Skizziert wurde damit schon, wie der Bänkelsang sich auf ein Verfahren stützt, das seine Geschichte hat und das

---

28 »Geschehen zu Neubrück im Brandenburgischen. Herausgegeben und im Selbst-Verlag von Friedrich Stellberger in Stralsund.« Stadtbibliothek Braunschweig: III 0/379; Das Lied bei Petzoldt (Anm. 18), S. 47 f.

29 Riedel (Anm. 23) S. 64.

30 Vgl. die Bibliographie bei Rudolf Schenda, »Tausend deutsche populäre Drucke aus dem neunzehnten Jahrhundert«, in: *Archiv für Geschichte des Buchwesens* 11 (1971) Sp. 1465–1652; allgemein ders., *Volk ohne Buch. Studien zur Sozialgeschichte der populären Lesestoffe 1770–1910*, München 1977.

auch von anderen Gattungen verwendet wird: Anhand von
Einzelfällen, und seien sie auch noch so absurd (ja, es hat gar
den Anschein: je absurder, desto geeigneter), wird die Stim-
migkeit und Sinnhaftigkeit des göttlichen Ordo demonstriert. Die Vorgeschichte des Bänkelsangs ist auch die Vorgeschichte dieses für ihn typischen Beweisverfahrens. Es soll
im folgenden als *emblematisch* charakterisiert werden.[31]

Gabriel Rollenhagen (1583–1619, ein Sohn von Georg Rollenhagen) nimmt in seinen *Nucleus emblematum selectissimorum* von 1611 ein Emblem auf, das man fast für die graphische Umsetzung einer Moritatentafel halten könnte:[32]

*Gabriel Rollenhagen, Nucleus emblematum selectissimorum. Utrecht 1611,
Nr. 57. Nach dem Exemplar der Herzog August Bibliothek Wolfenbüttel:
21.2 Eth. (1.3)*

Mittel- und Hintergrund des Emblems erzählen eine Bildgeschichte. Rechts vollzieht sich eine Begrüßungsszene; doch deren Einverständnis trügt, denn links sieht man, wie der Grüßende vom Begrüßten erstochen wird. Der Hintergrund aber zeigt bereits den am Galgen baumelnden Bösewicht. Unterm Galgenberg steht eine Kirche, und das ist möglicherweise als Hinweis darauf zu verstehen, welche Instanz dafür sorgt, daß der Mörder nicht ungeschoren davonkommt: die göttliche Gerechtigkeit. »Dem Übeltäter wird seine Strafe zuteil«, so die inscriptio (das Motto) des Emblems. Vorne, aufs Rad gespannt, Ixion, eine Figur der griechischen Mythologie. Er soll seinen Schwiegervater Eioneus umgebracht haben und gilt als der erste Mörder. In diesem Emblem bürgt er dafür, daß kein Verbrechen ungerächt bleibt: »Die Bestrafung bleibt gewiß, dem Übeltäter wird seine Strafe zuteil. Vor dem Erwarteten kommt die hinkende Göttin.« – so lautet die subscriptio, die verallgemeinernde Bildunterschrift. (Dieser letzte Vers bezieht sich vermutlich auf eine Stelle bei Horaz, *Carmina*, III.2,31 f.: »raro antecedentem scelestum | deseruit pede Poena claudo.« – »Selten läßt die hinkende Strafe [wörtl.: die Strafe mit dem lahmen Fuß] von dem vorausgehenden Verbrecher«, d. h., sie verfolgt ihn unermüdlich und unerbittlich.) Auf den ersten Blick mag befremden, daß eine mythische Figur im Vordergrund des Emblems erscheint; doch das ermöglicht gerade die notwendige Verallgemeinerung: Ixion ist der Verbrecher *schlechthin*, der mit seiner Hinrichtung bezeugt, daß keiner ungestraft frevelt.[33]

31 Zu den folgenden Überlegungen ausführlich Wolfgang Braungart, »Emblematische Strukturen im Bänkelsang. Argumentation als Affirmation«, in: *Philobiblon* 25 (1981) S. 97–116.

32 Auch abgebildet in: Gabriel Rollenhagen, *Sinn-Bilder. Ein Tugendspiegel*, bearb., mit einem Nachw. vers. und hrsg. von Carsten-Peter Warncke, Dortmund 1983, S. 125.

33 Schenda gibt in *Tausend deutsche populäre Drucke aus dem neunzehnten Jahrhundert* (Anm. 30), Sp. 1627, die Abbildung eines Titelblattes (allerdings keines Bänkelsang-Heftchens): *Das Wahrzeichen von Tübingen oder der unschuldig Gerädete. Aus der Greuelchronik des Doktor J. N. v. Isny*. Die Figur dieses Titelblattes zeigt, ganz wie das Ixion-Emblem, nur den aufs Rad Geflochtenen, also nicht den Hinrichtungs*vorgang*.

Schon im mittelalterlichen Altartriptychon wird das Bauprinzip dieses Emblems angewendet: Der Mittelteil zeigt (in Malerei oder Plastik) die Figur bzw. die Figuren, denen der Altar geweiht ist, etwa den gekreuzigten oder auferstandenen Christus, Märtyrer oder andere Heilige. Auf den Flügeln sind dann in der Regel Szenen aus der jeweiligen Vita zu sehen. Für den geistlichen Bänkelsang sind solche einem Triptychon ähnelnde Bildobjekte mehrfach belegt.[34] Aber auch im profanen Bänkelsang wird diese Bauform gerne gewählt: Abb. 11 gibt eine Jahrmarktsszene mit einem Bänkelsängerpaar. Die Frau deutet auf ein Schild mit einer Darstellung des mysteriösen Nürnberger Findlings Kaspar Hauser: In der Mitte die zentrale Figur, präsentiert ohne direkten Bezug zur Geschichte; die wird von Bildfeldern geschildert, welche das ganzfigurige Porträt umrahmen (rechts oben etwa Kaspar Hauser in seinem Kerker). Der Moritatenschilder-Maler Kottermann benutzte genau diese Bauform noch zu Beginn unseres Jahrhunderts (s. auch Abb. 27).[35] Worum es in den Geschichten der Bänkelsänger im einzelnen ging, konnte den Tafeln selbst kaum entnommen werden (die beiden niederländischen Tafeln – vgl. Abb. 16 und 17 – unterscheiden sich in dieser Hinsicht grundsätzlich von den deutschen Schildern). Attraktiv durch grelle Farbigkeit, etwas erhöht aufgehängt und deshalb schon von weitem wahrnehmbar (»Die großen Bilder der Bänkelsänger drücken sich weit tiefer ein als ihre Lieder, obgleich auch diese die Einbildungskraft mit starken Banden fesseln«, bemerkt Goethe in *Wilhelm Meisters theatralische Sendung*[36]), geben die Schilder dem Publikum ein Rätsel auf, das den deutenden Sänger braucht – ganz wie die emblematische pictura, die auf die mitzudenkende

34 Vgl. Anm. 26. Der geistliche Bänkelsang darf jedoch nicht bloß als Vorstufe des Jahrmarktsbänkelsangs verstanden werden; er ist bis ins 19. Jh., in die ›Blütezeit‹ des Bänkelsangs hinein belegt (vgl. *Bänkelsang und Moritat* [Anm. 1] S. 88–90).

35 Schilder Kottermanns (mit den zugehörigen Texten) bei Theodor Kohlmann (Hrsg.), *Traurige Schicksale der Liebe. Moritatentafeln*, Dortmund 1982, S. 104–131.

36 Weimarer Ausgabe, Abt. 1, Bd. 51, S. 150.

oder mitgelieferte inscriptio bzw. subscriptio angewiesen ist. Die pictura des Bänkelsangs wird mit deiktischem Gestus singend und erzählend zunächst vorgestellt und dann, vor allem in der üblichen Moralstrophe, ausgedeutet.

Man mag sich an dieser Stelle des barocken Trauerspiels erinnern, das mit Albrecht Schönes grundlegender Studie als emblematisch interpretiert werden kann.[37] Diese Analogie erscheint vor allem dann einleuchtend, wenn man die ›Ästhetik‹ des barocken Theaters mit der Theaterästhetik des Bänkelsangs vergleicht und sich etwa vor Augen führt, daß die scenae mutae, die stummen Bilder (der schlesische Dramatiker Johann Christian Hallmann [um 1640–1704] nennt sie ›stille Vorstellungen‹), die in den Gang der Handlung des barocken Dramas z. B. als richtige Gemälde eingeschaltet wurden, um den emblematischen Lehrgehalt des Stückes zusammenzufassen,[38] zuweilen auch durch einen Ausleger gedeutet wurden. Die zentralen Figuren des barocken Trauerspiels, Tyrann und Märtyrer, ja die in den ›Abhandlungen‹ (Akten) ›ad oculos‹ demonstrierte Historie überhaupt, erhalten so emblematische Allgemeinheit, was die jeweils auf die Abhandlungen folgenden ›Reyen‹ (Chorstrophen) dann auch klarlegen: »Wie pictura und scriptura des Emblems, so sind die Abhandlung und der Reyen des Trauerspiels deutlich von einander unterschieden. [. . .] Auf eben dieser Unterscheidung [. . .] aber beruht zugleich ihre Verbindung. Denn unterschieden (und also in ihrem spezifischen Charakter bestätigt) werden hier Darstellung und Auslegung, Besonderes und Allgemeines, Bild und Bedeutung, die doch als Komplementärerscheinungen erst miteinander das charakteristische Ganze bilden. Im Sinne dieser Verbindung bliebe die pictura der Abhandlung ohne den Reyen gleichsam ›bedeutungslos‹, erschiene die subscriptio des Reyen ohne die Abhandlung ›gegenstandslos‹. Aufeinander bezogen aber gewinnen beide Teile ihren eigentlichen Sinn: Abhandlung

37 Albrecht Schöne, *Emblematik und Drama im Zeitalter des Barock*, München [2]1968.
38 Ebd., S. 185 ff.

und Reyen des Trauerspiels folgen dem emblematischen Formprinzip.«[39]

Im Beispiel von dem in Sklaverei geratenen Handwerksburschen übernehmen die erzählenden Strophen des Liedes zusammen mit der Moritatentafel die Funktion der pictura, der Abhandlung; und analog dazu läßt sich die Schlußstrophe dann als deutender Reyen verstehen. Bei den Textheftchen, die zwischen Prosatext und Lied klar trennen, wie sich das im 19. Jahrhundert schließlich durchsetzt, wird diese Entsprechung zum Bauprinzip des barocken Trauerspiels noch deutlicher. Die Prosaerzählung repräsentiert die pictura, gibt vor, was gedeutet werden *muß*; das Lied, die subscriptio der Erzählung, resümiert das Geschehen nur noch partiell, verallgemeinert stark und liefert vor allem die in der Moralstrophe gipfelnde, bündig zusammengefaßte Interpretation. Die kann und soll der Konsument des Textes und seiner ›Aufführung‹ auf dem Jahrmarkt auf sich beziehen, und dazu wird er in der Regel sowohl vom Sänger als auch vom Text aufgefordert. Gedeutet wird im Verweis auf den unhinterfragbaren transzendenten Ordo, der seine Stabilität und Gültigkeit selbst in der ›grausigsten Mordthat‹ offenbart: Jede Katastrophe ist so ›erklärbar‹, jedes Verbrechen kommt im Bänkelsang ans Licht – ganz wie es das oben gegebene Emblem behauptet –, wird gesühnt und demonstriert damit sinnfällig die ›Logik der Schöpfung‹, das Walten göttlicher Gerechtigkeit. Der Mörder, der sich kurz vor seiner Hinrichtung noch einmal ans Publikum wendet und mahnt, Gott nur ja im Herzen zu behalten und nicht von der Tugend Mitte zu weichen,[40] zeigt sich selbst als Exempel, als Emblem vor, paradigmatisch für einen Lebenslauf auf der »Sünde lockend Pfad«.[41] Ganz so die emblematische Figur des barocken Dra-

---

39 Ebd., S. 169 f.

40 Das erinnert an die sog. Urgicht, die, wie die Hinrichtungsliteratur überhaupt, dem Bänkelsang eine wichtige Quelle abgab (vgl. Text S. 36).

41 Im Bänkelsang genügt es, sich einmal einen Fehltritt geleistet zu haben; denn der hat dann Initialeffekt. Zwei Laster aus dem Katalog der vitia principialia, der Hauptsünden, rangieren an der Spitze: *avaritia* (Habsucht) und *voluptas* (Wollust).

mas: »Die emblematische Figur aber weist auf sich selbst: *Schaut uns an!* Denn sie erhebt sich über die personale Befangenheit, sie begreift ihre Bedeutung und spricht sie aus. Sich selber zeigt sie als pictura vor und verkündet zugleich die eigene subscriptio.«[42] Gryphius' Märtyrer Catharina von Georgien und Aemilius Paulus Papinianus sind Sinnbilder ›bewehreter Beständigkeit‹ und echter ›Großmüthigkeit‹, so wie Ludmilla in dem Bänkelsangtext *Ludmilla, oder: Die Unschuld schützt Gott*[43] für wahre Tugendhaftigkeit, die standhaft bleibt und sich unterm Schutze Gottes deshalb schließlich doch durchsetzt.

Bereits der typische Doppeltitel des Bänkelsangs, der den Titeln barocker Dramen zum Verwechseln ähnelt, signalisiert das emblematische Bauprinzip dieser Kunstform, ja ist selbst schon emblematisch. Das Titelblatt vom Text S. 242 dieser Sammlung ist dafür ein schönes Beispiel: Die pictura wird durch den ersten Teil des Doppeltitels repräsentiert (*Die verstoßene und schwergeprüfte Milda*) und, wie es auf den ersten Blick scheint, in einem einfachen Holzschnitt, der eine Flutkatastrophe zeigt, bildlich wiederholt. Den Konsumenten wird glauben gemacht, der Holzschnitt stelle die Prüfungssituation Mildas dar. Daß dem gar nicht so ist – der Holzschnitt hat mit dem Schicksal Mildas nichts zu tun –, brauchte der potentielle Käufer kaum zu bemerken. Schließlich verkauften die Bänkelsänger nicht bloß, was sie in Wort und Bild zuerst vorgestellt hatten, sondern auch einfach Texte für die ›Heimlektüre‹. Sie waren auch Kolporteure, Heftchenkrämer, und gerade davon lebten sie. Wer also am *Milda*-Text interessiert war, kannte ihn möglicherweise noch gar nicht durch den Vortrag. Wie es im Bänkelsang immer wieder vorkommt, wird hier ein und derselbe Holzschnitt für verschiedene Heftchen benutzt. Ein Text aus dem Hause Kahlbrock, Hamburg, gebraucht ihn schon 1855 (*Die schreckliche Sturmfluth und Wassersnoth, am 1ten und 2ten Januar 1855, welche die*

42 Schöne (Anm. 37) S. 219.
43 »Eine wahre Thatsache, welche sich vor Kurzem in Italien zugetragen hat.« Stadtbibliothek Braunschweig: III 0/379.

armen und unglücklichen Bewohner der Elbufer so furchtbar heimgesucht hat).[44] Erneut verwendet wird der Holzschnitt zwei Jahrzehnte später für das Heftchen *Die große Überschwemmung und Verwüstung durch die Sturmfluth der Ostsee am 13. November 1872.*[45] So verpackt man also die Ware ›Bänkelsang‹, verwertet eine Titelillustration.

Der zweite Teil des Doppeltitels dieses Textes vom leidvollen Schicksal Mildas bringt dann die subscriptio zu der in Bild und Wort gegebenen pictura: *Gott verläßt die Seinen nie, | das Vateraug' bewachet sie.* Mit dem Doppeltitel ist dem Leser also schon klar: Die arme Milda gehört zu den besonderen Schützlingen Gottes. Warum, das sagt das Motto, das unter dem Holzschnitt erscheint und als erbaulicher Appell formuliert ist: »Auf Gott vertrau' in deinen Unglückstagen, | Er giebt den Seinen Kraft, die Leiden zu ertragen.« Der Käufer des Textes darf also hoffen, daß Milda ihre Bewährungssituation, wie sie der Holzschnitt vor Augen stellt, mit solidem Gottvertrauen schon meistern wird. Damit erhebt sich Milda zum Emblem dafür, wie sich der rechtschaffen auf Gott Vertrauende auch aus heiklen Lagen zu retten vermag. Gott sorgt eben für die Seinen.

Alle die Charakteristika des Bänkelsangs, die bisher gestreift worden sind und die die Sammlung belegen soll: die formelhaften Bilder, die schematische Sprache, die stets wiederkehrenden Melodien, weisen in dieselbe Richtung. Der Bänkelsang ist keine Erlebniskunst, er versucht nicht, Konkretes um seiner selbst willen zu gestalten, er ist überhaupt nicht konkret. Das Besondere interessiert als Exempel des Allgemeinen. Daß unser Beispieltext von dem Handwerksburschen natürlich kein Ereignis aus dem Jahre 1818 erzählt, wie es die Datierung auf dem Titelblatt suggeriert, tut gar nichts zur Sache (s. Komm. zu S. 98). Mit Datierungen und Wahr-

44 Riedel (Anm. 23) bildet die Titelseite ab (Tafel IX).
45 Dieser Text bei Hans Adolf Neunzig (Hrsg.), *Das illustrierte Moritaten-Lesebuch, Geschichten und Lieder, Parodien und Fundsachen*, München 1979, S. 11–15, Holzschnitt S. 12.

heitsbeteuerungen soll dem Publikum ja bloß die Faktizität verbürgt werden. Nur so kann es das Gesehene und Gehörte oder Gelesene für wirklich und wirklich wichtig halten: Der Bänkelsang emblematisiert ›Geschichte‹, auch hierin dem barocken Trauerspiel vergleichbar: »Solche Emblematisierung der Historie aber, die gegenwärtiges und nahes Geschehen nicht minder erfaßt als das längst vergangene und entfernte, macht das Wesen aller emblematischen Erfassung von Wirklichkeit im Drama deutlich. Sie entmächtigt die Realität, indem sie sie entwirklicht, sie im Drama zum emblematischen Bilde läutert, von ihr ein Bildnis macht. [. . .] Sie erlöst aus der Sinnlosigkeit, indem sie das Vereinzelte aufs Allgemeine, das Willkürliche aufs Grundsätzliche bezieht, alles Seiende noch einmal als ein zugleich Bedeutendes verkündet.«[46]

Emblematisierung von Geschichte, Emblematisierung von Geschichten: Der Bänkelsang leistet dies zumeist im Rückgriff auf einen einfachen Schuld-Sühne-Schematismus als Demonstration der Funktionstüchtigkeit des göttlichen Ordo. Es sei noch einmal erinnert an die Verwandtschaft des Bänkelsangs mit der narrativen, insbesondere der narrativen religiösen Kunst: Auf einem Votivbild aus dem 17. Jahrhundert »Das geschossene Bild von Wald« wird gezeigt, wie ein Soldat auf einen Bildstock schießt und dafür – stante pede – von der sich plötzlich öffnenden Erde verschlungen wird.

Die Bildunterschrift faßt das Dargestellte kurz zusammen: »Wahre abbildung deß so genanten geschossenen bildß, bey | Closter Wald, auf welcheß im schwedischen Krieg ein Leicht- | fertiger soldat drey schuß gethan, zur straf aber gleich | nahe darbei von der sich Eröffnenten erden verschlungen worden.« Die einzelnen Szenen des Simultanbildes sind mit

---

46 Schöne (Anm. 37) S. 231. – Die pictura des Emblems muß vom ›Benutzer‹ für wirklich gehalten werden. Diesen Status versucht Schöne mit dem Begriff ›potentielle Faktizität‹ zu beschreiben. Daß der Konsument der Moritaten auch tatsächlich glaubt, was ihm vom Bänkel herab vorgetragen wird, daran liegt dem Sänger ganz besonders; deshalb beteuern die Sänger auch die Wahrheit und versuchen, sich mit Frack und Zylinder ein seriöses Image zu verschaffen.

»Das geschossene Bild von Wald«, Votivtafel, Öl auf Holz, 17. Jh.,
59 cm × 72 cm, Klosterkirche Wald (Oberschwaben)

Ziffern versehen, die nun nicht auf eine genauere Beschreibung verweisen. Ihnen werden vielmehr links und rechts
unten jeweils kurze Bibelverse zugeordnet, die eine eigen-
tümliche, man darf wohl sagen: emblematische Doppelfunk-
tion ausüben, indem sie darstellen und gleichzeitig deuten.
Unter Nr. 8 heißt es etwa: »Die erden thate ihren Rachen auf,
und verschluckte ihn. AP. 12. v. 16.« (Offb. 12,16: »und die
Erde tat ihren Mund auf und verschlang den Strom, den der
Drache aus seinem Maul ausgespieen hatte«). Durch dieses
Verfahren erscheint der Frevel des Soldaten beinahe als Post-
figuration biblischer Ereignisse; er ist gleichsam schon in der
Bibel ›enthalten‹, das ›Erklärungssystem Bibel‹ genügt für die
konkrete historische Tat vollkommen, indem es schuldhafte
Verfehlung und Sühne und also die Lehre, daß auf Schuld
Sühne folgt, auf das Einzelereignis bezogen formuliert: eben

416

die emblematische Geschlossenheit des Weltbildes, die uns auch im Bänkelsang begegnet.

Immer wieder ist betont worden, daß der Bänkelsang ein konservatives, ein affirmatives Medium sei. Das ist er tatsächlich: Der Bänkelsang versucht, zerfallende Ordnungen zu stabilisieren, und er stützt sich dabei auf ein Verfahren, das die Hochkunst zur gleichen Zeit schon längst verabschiedet hat; er ist, wie man zugespitzt formulieren könnte, eine Kunstform ›aus dem Geist des 17. Jahrhunderts‹. Und genau damit hängt zusammen, daß man ihn im Zeitalter der Industrialisierung von den Jahrmärkten nicht wegdenken kann. Wo einem Publikum fundamentale Lehren so attraktiv und ganzheitlich angeboten, holzschnitthafte Erklärungen geliefert und dazu noch affektische Turbulenzen in Hülle und Fülle ermöglicht werden, da scheint die Popularität eines solchen Remediums gesichert; und das Gewerbe der Bänkelsänger prosperiert im 19. Jahrhundert entsprechend. Das barocke, emblematische Erklärungsmodell des Bänkelsangs hält ›Lösungen‹ auch für die Probleme des Industrialisierungsjahrhunderts bereit, für die wachsende soziale Not, die entstehende industrielle Umwelt, die sich rasch verändernden gesellschaftlichen Verhältnisse: Lösungen, die gerade deswegen so anziehend wirken, weil sie überhaupt nicht passen. Der schlesische Bergmann, der vom Schicksal seines verarmten englischen Kollegen hört oder liest (Text S. 235), weiß, was er in einer ähnlichen Situation zu tun hätte, nämlich sich zu bemühen, »das Böse mit Gutem zu überwinden, daß nicht bei uns auch solche ähnliche Fälle eintreten mögen«. Zur Erholung von solchen Anstrengungen darf er dann etwa Zaaras exotischen Liebesabenteuern in der Türkei folgen (vgl. Abb. 23). Man versteht, daß der Hochkunst der Bänkelsang suspekt sein mußte, wie das Tieck-Zitat gezeigt hat. Solch ein Kombinationspräparat (prodesse, movere, delectare) konnte und wollte sie nicht mehr anbieten.

Wenn diese Anmerkungen zutreffen, wenn der Bänkelsang tatsächlich beschwichtigte und tröstete (vgl. z. B. den Text

S. 181), wie erklärt es sich dann, daß er stets (wie die gesamte Jahrmarktskultur und die populären Lesestoffe überhaupt) einer strengen Zensur unterlag?[47] Denn die Sänger mußten die Heftchen, die sie verkaufen wollten, zuvor der örtlichen Zensurbehörde vorlegen. Es scheint so, als befürchtete diese Präventivzensur zweierlei: Die ungeheuerlichen Schilderungen könnten ja auch – ex negativo – zur Kritik an der Obrigkeit ermuntern, die nicht in der Lage sei, für ›Ruhe und Ordnung‹ zu sorgen, ganz zu schweigen von den immer wieder geäußerten Bedenken, die schlechten Vorbilder würden zu moralischer Verwahrlosung des Volkes führen. Ganz in diesem Sinne beschwört Markmann, der Mörder der »unglücklichen Gräfin von Bardendorf« in einem Rathenower Text von 1822, seine Zuhörer und Leser: »Vor seiner Hinrichtung hielt er noch eine Rede an die versammelten Menschen, und ermahnte besonders die Jugend, doch ja keine so unnützen und schlechten Bücher zu lesen, wie es deren genug gäbe; er hätte in seiner Jugend immer von Räubergeschichten gelesen, und wäre dadurch für sein unglückliches und böses Leben vorbereitet worden.«[48] Die Paradoxie des Bänkelsangs: Ganz ambitioniert warnt dieser Text – eigentlich vor sich selbst.

Die Skepsis der Zensurbehörden scheint – aus ihrer Sicht – verständlich. Denn wer garantierte ihnen, daß der Affektaufruhr, den die Texte verursachten, nicht einmal in offenen Aufruhr mündete? In seiner ›gekrönten Preisschrift‹ *Zur Charakteristik der heutigen Volksliteratur*[49] von 1863 deutet

---

47 Eine Geschichte der Zensur *populärer* Lesestoffe steht noch aus. Zum 19. Jh. vgl. Schenda, *Volk ohne Buch* (Anm. 30) S. 91–141.

48 »*Schreckliche Ermordung der unglücklichen Gräfin von Bardendorf, die mit ihrem Cammermädchen am 25sten May 1822 in dem Walde bei Greifswalde von einem Försterssohn und dessen Bedienten ermordet wurde; nebst der Geschichte der Mörder, die später noch mehrere Mordthaten begingen, und bei Gelegenheit einer Feuersbrunst gefangen, und am 9ten Juli dieses Jahres bei Greifswalde hingerichtet worden sind.* Rathenau 1822, gedruckt in der Fleck'schen Buchdruckerey.« (Niedersächsisches Staatsarchiv Wolfenbüttel: 56 Alt 59.) Über diese Wolfenbütteler Texte wird vom Hrsg. eine gesonderte Untersuchung vorbereitet.

49 Hamburg 1863, hier S. 79 f.

F. Schaubach diese Argumente an, indem er die Lieder der Drehorgelmänner mit einem Vorbild in Sachen Widerstand gegen Einordnung und Anpassung vergleicht: »Sind nicht die Leierkastenlieder, welche in der Regel an irgend ein geschichtliches Ereigniß der neuesten Zeit oder an eine Hinrichtung u. dergl. anknüpfen, als das Urbild der Struwelpeter anzusehen, was die Fratzenhaftigkeit und die damit zusammenhängende Unsittlichkeit in der Auffassung betrifft; es sei hier beispielsweise nur an vier der allerbekanntesten erinnert, an die beiden Lieder, welche Attentate auf den verstorbenen König von Preußen besingen, an das Lied vom Räuber V. Heitmann und endlich an ein Lied, welches die Verbrechen und endliche Strafe eines schwäbischen Vicars erzählt.«

Einige Texte, vor allem aus der Spätzeit des Bänkelsangs, zeigen das ›emanzipatorische Potential‹, das man durch Präventivzensur zu kontrollieren suchte, auf andere Weise recht deutlich. Da arbeitet der uns bereits bekannte Bergmann (Text S. 235) »früh und spät« und lebt mit seiner Familie trotzdem »in einer großen hülflosen Armuth«. Verständlich, daß er unzufrieden wird. »Noth treibt zum Gebete, aber hier war es der Fall nicht: hier trieb die Noth zum Verderben.« Auch wenn die ›Moral von der Geschicht‹, mit der der Konsument versorgt wird, schließlich doch heißt: *Brich dem Hungrigen dein Brot* (so der Titel des Reiche-Textes Nr. 547),[50] so wird die Sünde des Bergmanns (er bringt, völlig verzweifelt, seine ganze Familie um) trotzdem nicht bloß konstatiert und als verwerflich vorgeführt, sondern aus seiner sozialen Notlage abgeleitet. Die Forderung liegt dann nahe: Ändert solche Verhältnisse! Der könnten sich die Zensurbehörden kaum anschließen. Der Jahrmarkt »als Brutstätte der sozialen Rüge«:[51] da heißt es rechtzeitig einschreiten.

---

50 Vgl. Jes. 58,6 f.: »Ist das nicht ein Fasten, wie ich es liebe: [...] daß du dem Hungrigen dein Brot brichst und Arme, Obdachlose in dein Haus führst?« – ein Beleg mehr dafür, wie im Bänkelsang mit eingeschliffenen Sprachformeln gearbeitet wird.

51 Schenda, *Volk ohne Buch* (Anm. 30) S. 413.

Wurden bislang einige Aspekte des Bänkelsangs im Rückgriff auf seine Herkunft (zugegeben: oft recht summarisch) beschrieben, so soll jetzt noch angedeutet werden, wie sich dieses Massenmedium im 19. Jahrhundert entwickelt und wo Gründe für sein Aussterben im ersten Drittel unseres Jahrhunderts liegen mögen. Ein letztes Mal sei dafür der Tiecksche Text in Erinnerung gerufen: Zwei Moritatentafeln erregen Sternbalds Unmut. Die eine behandelt ein zur Identifikation einladendes Einzelschicksal – so jedenfalls sieht er es –, die andere ein Monstrum, eine »lächerliche Unmöglichkeit«. Die Funktion des movere und, wie der zugehörige Text klarlegt, des docere weist er eher dem ersten Schild zu, die des delectare dem zweiten. Ob das Publikum das auch so gesehen hat, entgeht der ›elitären‹ Rezeptionsweise Sternbalds. Diese Opposition, die sich hier andeutet, wird dem Bänkelsang im 19. Jahrhundert tatsächlich zum Problem. Das emblematische Verfahren macht, wie zu zeigen versucht wurde, das Formprinzip des Bänkelsangs aus, und es dient dazu, emblematische, d. h. voraufklärerische Lehren an den ›kleinen Mann‹ zu bringen. Verlangt ist dabei, daß die pictura für wahr gehalten wird, andernfalls funktioniert das emblematische Verfahren nicht mehr. Doch ihm steht der Zwang zur ökonomischen Verwertung entgegen, dem der Bänkelsang unterliegt und der im 19. Jahrhundert ihn mehr und mehr beherrscht. Immer perfekter bietet sich die Ware ›Bänkelsang‹ an, immer attraktiver werden die Heftchen aufgemacht. Die Titelblätter erhalten Bordüren und häufiger Titelholzschnitte (vgl. die Abb. S. 422 f.). Das gesamte Gewerbe gewinnt zunehmend professionelle Züge (s. Abb. 15). Für die Textinhalte bedeutet das: Noch mehr Morde, noch unglaublichere Ereignisse.[52] Tatsächlich scheint ihr Blutrünstigkeitspegel zum Ende des 19. Jahrhunderts hin anzusteigen.[53] Der Titel eines Heftchens von 1874:

---

52 Vgl. hierzu allg. Rolf Wilhelm Brednich, »Das Lied als Ware«, in: *Jahrbuch für Volksliedforschung* 19 (1974) S. 11–20.
53 So sieht es auch Schenda, *Volk ohne Buch* (Anm. 30), S. 350.

*Haarsträubende Mordthat! Zwei junge Leute schlachten eine
wehrlose, alte Frau mit der größten Kaltblütigkeit und Ueberlegung vermittelst eines Rasirmessers ab, um in Besitz einiger
Thaler zu gelangen. Die beiden Mörder Johann Maturski und
Ferdinand Malitz wurden am 2. März 1874 in Berlin zum
Tode verurtheilt. Grausamer als dieser Mord ist noch keiner
verübt worden.*[54]

Wahrlich haarsträubend! Schwierigkeiten mit dem emblematischen Bauprinzip zeichnen sich da ab, denn die pictura muß
glaubhaft sein, um für das emblematische Verfahren zu tau-
gen.[55] Die Absurdität der Texte läßt sich nicht beliebig steigern, wenn diese noch nach dem emblematischen Prinzip
konstruiert werden sollen. Die Konsequenz? In den späten
Bänkelsangtexten spielt die Moralstrophe, die im Verweis auf
den *transzendenten* Ordo Sinn zu stiften sucht, eine immer
geringere Rolle. Der Reiche-Text Nr. 24 *Eine grausame Stiefmutter oder: Gott ist gerecht*[56] erinnert mit seinem Doppeltitel zwar noch an das emblematische Verfahren; doch die
Gerechtigkeit, der die Mörderin ihres Stiefkindes natürlich
auch in diesem Text nicht entgeht, ist nur noch Gerechtigkeit
im Dienste der Obrigkeit, nicht obrigkeitliche Gerechtigkeit
im Dienste eines für Ordnung sorgenden und deshalb strafenden Gottes:

>»Doch wie sie's mit dem Kind gemacht,
>So tat man auch ihr an,
>Sie sank zur Erde finst'rer Nacht –
>Zur Straf', was sie getan.«

Aufgebrachte Männer steinigen die Frau, aber »Niemand
wurde wegen unbefugten Richtens von der Obrigkeit bestraft, weil die Mörderin nach aller Meinung wohlverdient
gerichtet worden war.«

54 Schenda, »Tausend deutsch populäre Drucke aus dem neunzehnten Jahrhundert« (Anm. 30) Sp. 1539.
55 Vgl. Anm. 46.
56 Text mit zugehörigem Schild bei Kohlmann (Anm. 35) S. 92–103.

Sieben Mordthaten,

welche

der Schneidermeister

Hammelmann

zu Zelle im Hannöverschen

ausgeübt,

welcher den Lohn für seine Greuelthaten
durchs Rad empfangen hat.

—

Hannover, den 3ten Januar.

1804.

Titelblätter der Texte S. 87 und 203

Die fürchterlichen Seestürme

bei

Helgoland, an der schwedischen und schottischen Küste

und im westindischen Archipel (Inselmeer),

die dadurch veranlaßten Verheerungen, insbesondere das große Unglück der in diesen Meeren beschäftigten Fischer und Seefahrer.

Ausführlich beschrieben und mit einem Liede versehen.

Druck von H. A. Kahlbrock. Hamburg, Hütten 63. — 1875.

Die Auflösung des festen emblematischen Formprinzips, die an diesem und an zahlreichen anderen Texten des späten Bänkelsangs zu beobachten ist, schlägt sich auch in den Themen nieder. Prodigienähnliche Texte bietet der Sänger um 1900 jedenfalls keine mehr an, statt dessen ein buntes Kaleidoskop jetzt meist undatierter, oft sehr exotischer (vgl. Abb. 18, 19 und 23), geschichts- und gegenwartsferner Drucke (s. dazu den Komm. zu S. 174). Es ist aufschlußreich, wie Hermann Reiche in seinem Verlagsprogramm von 1932 die Produkte aus seinem Hause anpreist: »Verzeichnis | der Beschreibungen von Weltereignissen, | Liebes-, Abenteuer- und romantische [!] Geschichten. | (Bänkelsängergeschichten, auch ›Moritaten‹ genannt.) Diese Beschreibungen von Unglücksfällen, Ueberschwemmungen, Bergwerkskatastrophen, Feuersbrünsten und merkwürdigen Begebenheiten, auch Liebes- und Abenteuergeschichten, Bergmannsgeschichten u. dergl. sind ein jahrein jahraus gangbarer Artikel. Sie werden sehr gern gekauft und bringen den Händlern einen leichten und guten Verdienst.«[57] Vom moralischen Impetus des Bänkelsangs redet hier niemand, nur davon, daß sich der Handel mit den Sensationsdrucken lohnt.

Zwei Themengruppen führt Reiche an, die mit der Gegenwart der Konsumenten zu tun haben könnten: »Bergbaugeschichten« (vgl. den Text S. 235) und »Weltereignisse« (vgl. den Text S. 260) – und in dem Beispiel dieser Sammlung für die eine Gruppe gerät das emblematische Prinzip in Schwierigkeiten, im andern spielt es gleich gar keine Rolle mehr. Die Geschichte des Bänkelsangs bis hin zu seinem Verschwinden von den Jahrmärkten im ersten Drittel unseres Jahrhunderts dokumentiert also auch ein Stück Säkularisierungsprozeß (s. auch Komm. zu S. 260). Ob es zufällig ist, daß der Verlag Kahlbrock die Melodie zu Schlotterbecks Myrtill-Romanze fast allen seinen Texten unterlegt hat (vgl. auch den Komm. zu S. 242), nicht aber die bekannter Kirchenlieder, die dem späten Bänkelsang insgesamt kaum mehr als Melodielieferant

57 DVA: Bl 9574.

dienen? Die Unterhaltungsfunktion, welcher der Bänkelsang als Ware auch genügen muß, widerspricht in der Spätphase zunehmend der Erziehungs- und Belehrungsfunktion, wie sie sich im emblematischen Bauprinzip niedergeschlagen hat. Spätestens dann aber wird die populäre Kunstform Bänkelsang ganz überflüssig, wenn ein konkurrierendes Medium die ihr verbliebenen Funktionen besser anbieten kann. Der frühe Stummfilm hat mit dem Bänkelsang zunächst einiges gemeinsam: Er wird auch auf dem Jahrmarkt präsentiert und rivalisiert damit direkt mit seinem Vorläufer, mit dem er auch die starke Orientierung an der Theaterästhetik teilt; er setzt ebenfalls eine drastische Gebärdensprache ein, und zuweilen wird er sogar von einem Erklärer kommentiert. Schon bald gelingt ihm die Illusionierung des Publikums ungleich besser: Das Ende des Bänkelsangs stellt auch eine Etappe im Prozeß sich mit Macht durchsetzender Kulturindustrie dar. Wenn diese populäre Jahrmarktskunst vergangener Jahrhunderte heute wieder aktiviert wird,[58] ob von Geschichtsvereinen oder Bürgerinitiativen, so kann das trotzdem nicht darüber hinwegtäuschen, daß ihre Zeit schon längst vorbei ist.

---

58 Ein Beispiel bei Wiegand Stief, »›Bänkelsang‹ im Bayerischen Wald anno 1976«, in: *Jahrbuch für Volksliedforschung* 22 (1977) S. 95–101.

Philipp Reclam jun. Stuttgart

Dank

Die nachstehenden Personen und Institutionen und ihre Mitarbeiter haben meine Arbeit mit Anregungen und Kritik, Hinweisen und Material gefördert:

Dr. M. Altfahrt, Wien; Dr. M. Arndorfer, Wien; H. M. Blankenburg, Utrecht; Dr. H. Blume, Braunschweig; Dr. G. Boner, Aarau; G. Braungart, Tübingen; H. Braungart, Tuttlingen; Th. Bürger, Wolfenbüttel; Dr. F.-J. Christiani, Braunschweig; Prof. Dr. F. Czeike, Wien; M. Eschler, Bern; Dr. L. Ferenczy, Budapest; Dr. W. Galler, Wien; E. Golawski, Wolfsburg; Dr. F. Grieshofer, Wien; H. Hampe, Berlin [DDR]; Dr. E. Handschur, St. Johann (Tirol); Dr. E. Hauswedell, Hamburg; Dr. T. Hinrichsen, Wien; Dr. O. Holzapfel, Freiburg i. Br.; E. James, Freiburg i. Br.; Dr. A. Janeck, Nürnberg; E. und P. Jezler, Hermatswil (Schweiz); J. H. Koch, Neustadt i. Holstein; Kolß, Hamburg; J. Kotalik, Prag; J. Kucera, Wien; Dr. Leitner, Stuttgart; W.-D. Mechler, Hannover; Dr. K. Mlynek, Hannover; W. Müller, Elze; Dr. S. Netzer, Coburg; Dr. F. Patzer, Wien; Dr. U. Pietsch, Lübeck; S. Preuß, Berlin; Dr. Resmini, Koblenz; F. Schaaf, Stuttgart; G. Schindl, Wien; D. Schöttker, Braunschweig; Dr. L. U. Scholl, Bremerhaven; Hr. Schrape, Oldenburg; H. Schröder, Lübeck; Dr. G. Spies, Braunschweig; Dr. H.-B. Spies, Lübeck; Dr. G. Spitzelberger, Landshut; Pfr. K.-H. Stadelmann, Wald; Prof. Dr. J. Stenzel, Braunschweig, und das Braunschweiger Oberseminar; Dr. Waißenberger, Wien; Dr. M. Welke, Bremen; Dr. L. von Wilckens, Nürnberg; H. Würtz, Wien; Mme. Zehnacker, Strasbourg; H. Zimmermann, Hannover; J. Zollinger, Gossau (Schweiz); Dr. H. Zoltán, Sopron.

Aarau, Stadtarchiv; Berlin, Landesarchiv; Berlin [DDR], Märkisches Museum; Bern, Stadt- und Universitätsbibliothek; Braunschweig, Universitätsbibliothek, Stadtbibliothek und Städtisches Museum; Bremen, Deutsche Presseforschung; Bremerhaven, Deutsches Schifffahrtsmuseum; Budapest, Nationalbibliothek; Coburg, Kunstsammlungen der Veste Coburg; Dortmund, Museum für Kunst und Kulturgeschichte; Freiburg, Deutsches Volksliedarchiv; Göttingen, Niedersächsische Staats- und Universitätsbibliothek; Hamburg, Staatsarchiv; Hannover, Stadtarchiv; Koblenz, Landeshauptarchiv; Köln, Stadtmuseum; Landshut, Stadtarchiv; Lübeck, Stadtarchiv, Museum für Kunst und Kulturgeschichte und Stadtbibliothek; München, Puppentheatermuseum im Münchner Stadtmuseum; Neustadt i. Holstein, Kreismuseum; Nürnberg, Germanisches Nationalmuseum; Oldenburg, Niedersächsisches Staatsarchiv; Prag, National-galerie; Sopron, Stadtarchiv; Strasbourg, Bibliothèque Nationale et Universitaire; Stuttgart, Stadtarchiv und Württembergische Landes-bibliothek; Utrecht, Nationaal Museum van Speelklok tot Pierement; Wald, Erzbischöfliches Pfarramt; Wien, Historisches Museum, Museum für Volkskunde, Stadt- und Landesbibliothek, Stadt- und Landesarchiv und Österreichisches Staatsarchiv; Wolfenbüttel, Herzog August Bibliothek und Niedersächsisches Staatsarchiv; Zürich, Jacobs Suchard Museum.

Ganz besonders danke ich meiner Frau Jutta Golawski-Braungart für geduldige Kritik und ausdauernde Hilfe.

Anthologien
aus der deutschen Literatur
